하나님의 선택

아더 핑크

The Doctrine of Election

도서출판
누가

하나님의 선택

The Doctrine of Election

아더 핑크
하나님의 선택

_초판1쇄 발행 2012년 7월 1일

_지은이 아더 핑크
_옮긴이 임원주
_펴낸이 정종현
_펴낸곳 도서출판 누가

_등록번호 제20-342호
_등록일자 2000. 8. 30.
_서울시 강서구 염창동 282-19 현대아이파크상가 B 102호
_Tel(02)826-8802, Fax(02)826-8803

_정가 12,000원
_ISBN 978-89-92735-70-4

The Doctrine of Election

"창세 전에 그리스도 안에서 우리를 택하사" 엡 1:4

차례
Contents

서 론

서론

선택은[1] **근본적인** 교리이다. 과거에 가장 유능한 교사들 가운데 많은 이들이 조직신학을 서술할 때 하나님의 속성에서 시작하고 그 다음에 하나님의 영원한 작정을 고찰하는 순서를 택하였다. 현대의 많은 저술들은 그와는 다른 서술방식을 도입하였지만 우리는 면밀히 검토한 끝에 선배들이 추구한 고전적인 접근방식을 개량해서는 안 된다는 확신에 도달하였다. 하나님이 사람보다 먼저 존재하였고, 하나님의 영원한 작정은 하나님이 시간 속에서 행한 활동보다 시간적으로 훨씬 앞섰기 때문이다.

"예로부터 이것을 알게 하시는 주의 말씀이라 함과 같으니라"(행 15:22).

---

1) [역자 주] "선택"이라는 용어는 사람의 최종적 운명에 관한 하나님의 행위를 가리키는 경우에는 언제나 창조사건 이전에 있었던 하나님의 생각, 계획을 가리킨다. 언제나 "예정"과 동의어이고, 따라서 사람의 선택행위와는 도저히 견줄 수 없는 용어이다. 본서에서 저자는 "택하심," "선택," "예정," "미리 정하심"을 전혀 차별 없이 동의어로 사용한다.

하나님의 계획은 창조보다 앞섰다. 건축자가 건축을 시작하기 전에 설계도면을 그리는 것처럼 위대한 건축자 하나님은 단 하나의 피조물이라도 존재하도록 하기 전에 먼저 모든 것을 예정하였다. 하나님은 이것을 자신의 가슴에 비밀로 묻어두지 않았다. 신적 은혜의 영원한 계획들을, 바로 그 속에 있는 하나님의 구상, 하나님이 염두에 두고 있는 위대한 목적을 말씀을 통해 알려주기를 즐거워하셨다.

건물이 건축되고 있는 동안에는 구경꾼들은 그 건물의 많은 세부들을 그렇게 짓는 까닭을 알아채지 못하는 경우가 많다. 질서 혹은 건축계획을 분간하지 못하고 모든 것을 혼란스러워 한다. 그러나 만일 구경꾼들이 건축자의 "설계도면"을 꼼꼼하게 검토할 수 있고 그 완성된 결과를 그려볼 수 있다면 헷갈리던 상당부분을 분명하게 이해할 것이다. 하나님의 영원한 목적을 탐구하는 것도 마찬가지다. 만일 우리가 하나님의 영원한 작정을 잘 모른다면 역사는 풀리지 않는 수수께끼로 남는다. 하나님은 되는 대로 일하지 않는다. 복음은 불확실한 사명을 띠고 보냄을 받지 않았다. 선과 악의 갈등에서 최종 결말이 불확정 상태로 남겨진 적이 없다. 얼마나 많은 사람이 구원을 받게 될지 혹은 멸망당할 것인지는 피조물의 의지에 좌우되지 않는다. 모든 것을 애초부터 하나님이 무오하게 결정하고 불변적으로 확정해 두었다. 시간 속에서 발생하는 모든 것은 영원 속에서 정해진 것의 성취에 불과하다.

그렇다면 선택이라는 위대한 진리는 우리로 하여금 만물의 시작을 돌아보게 만든다. 선택은 죄가 우주에 들어온 것, 인간의 타락, 그리스도의 강림, 복음 선포보다 시간적으로 앞섰다. 만일 근본적인 오류에 빠지지 않으려면 선택을 특히, 영원한 언약과 연결하여 올바르게 이해하는 것이 절대적으로 본질적이다. 만일 기초 그 자체에 결함이 있다면 그 위에 세워진 건축물이 온전할 리가 없다. 이 기본진리에 대한 개념에 오류가 있다면 그 오류의 정도에 비례하여 다른 모든 진리를 부정확하게 파악하게 된다. 하나님이 유대인들과 이방인들을 다루는 것, 하나님이 아들을 세상에 보낸 것, 복음에 의한 하나님의 구상, 하나님의 섭리적 처결 전체를 적절한 관점에서 바라볼 수 있기 위해서는 먼저 하나님의 영원한 선택에 비추어 보아야 한다. 이 점은 본서를 읽어나갈수록 명확해질 것이다.

선택은 **어려운** 교리이다. 아래에 정리한 것처럼 세 가지 면에서 어렵다.

첫째, 이해하기 어렵다. 만일 성령으로부터 배우는 특권을 누리지 못하고, 하나님의 종이 진리를 체계적으로 제시하는 사역을 통해 배우는 특권을 누리지 못하면, 대단한 수고와 근면을 기울여 성경을 뒤져야 한다. 그런 뒤에야 선택에 관련된 진술들을 여기저기에서 끌어 모아 정리할 수 있을 것이다. 선택교리를 단번에 완벽하고 정연한 진술로 제시하는 것을 성령이 즐거워한 적이 없다. 그와 반대로 성령은 "여기에서 조금, 저기에서 조금" 즉, 역사서에서 조금, 시가서와 예언서에서 조금, 그리스도의 위대한 기도(요 17장)에서 조금, 사도들의 서신서들에서 조금 내놓는다.

둘째, 받아들이기 어렵다. 선택교리를 받아들인다는 것은 훨씬 더 어려운 일이다. 이 교리에 관한 성령의 계시를 지성이 지각할 때 사람의 마음은 이처럼 겸손하게 만들고 살을 야위게 만드는 진리를 받아들이기 싫어한다. 하나님에 대한 우리의 적대감과 하나님의 진리에 대한 우리의 편견을 억눌러달라고 하나님께 정말 열심히 기도해야 한다.

셋째, 선포하기 어렵다. 어떤 새신자도 이 주제를 성경적 관점 및 균형에 맞춰 제시할 능력이 없다.

이런 어려움 때문에 기가 꺾여서는 안 된다. 하물며 하나님이 즐거이 계시하신 모든 것을 이해하고 진정으로 받아들이려는 정직하고 진지한 노력을 단념해서도 안 된다. 이런 어려움이 존재하는 목적은, 우리를 겸손하게 만들고, 단련해주고, 위로부터 내려오는 지혜의 필요성을 절감하도록 만들어주는 것이다. 성경의 위대한 가르침들 가운데 단 하나라도 명확하고 적절하게 파악하기란 결코 쉽지 않다. 하나님이 그렇게 만들었다. 진리는 값을 치루고 사야 하는 것이다(잠 23:23). 하지만 기꺼이 그 값을 치루는 사람은 정말 적다. 신문이나 뒤적거리며 한가로이 여흥으로 낭비하던 시간을 하나님 말씀을 신실하게 연구하는 데 쏟아 붓는 사람은 정말 적다. 이런 어려움들은 극복할 수 없는 난제가 아니다. 하나님은 성령을 보내 자기 백성들을 모든 진리로 이끌도록 하셨기 때문이다. 마찬가지로 말씀사역자도 주었다. 말씀사역자는 부끄러움을 당치 않을 사역자가 되고자 근면한 노력과 겸손으로 하나님을 섬기며 진리를 해설하고 하나님을 영화롭게 하고 자신의 청중을 복되게 한다.

선택은 **중요한** 교리이다. 여러 각도에서 고찰해보면 이 사실이 분명해진다. 영원한 선택교리가 없다면 결코 어떤 예수 그리스도도 존재하지 않았을 것이며 따라서 신성한 복음도 없었을 것이다. 이 지적은 선택교리라는 진리의 중대성을 가장 인상적으로 표현한 말이다. 만일 하나님이 구원에 이르도록 선택해낸 백성이 없었다면 하나님은 결코 자기 아들을 보내지도 않았을 것이다. 만일 하나님이 구세주를 보내지 않았다면 아무도 구원받지 못하였을 것이다. 따라서 복음 그 자체는 선택이라는 이 중차대한 주제에서 비롯되었다.

> "주께서 사랑하시는 형제들아 우리가 항상 너희에 관하여 마땅히 하나님께 감사할 것은 하나님이 처음부터 너희를 택하사… 구원을 받게 하심이니"(살후 2:13).

그러면 **어째서** 우리는 "마땅히 하나님께 감사" 드려야 하는가? 선택은 모든 축복의 근원 즉, 영혼이 받는 모든 자비의 원천이기 때문이다. 만일 선택을 제거하면 모든 것이 제거된다. 어떤 영적 축복 하나를 받는 자들은 **모든** 영적 축복을 받는 자들이다.

> "창세 전에 그리스도 안에서 우리를 택하사"(엡 1:3, 4).

칼빈이 제대로 말했다.

> "우리의 구원은 하나님의 거침없는 자비로부터 흘러나온다는 사실을 당연하달 정도로 명확하게 확신할 수 있게 되는 것은 하나님의 영원한 선택에 정통하게 된 뒤이다. 하나님은 아무렇게나 모든 사람을 구원의 소

망으로 인도하지 않고 다른 사람들에게는 주지 않는 것을 어떤 사람들에게 준다는 사실에 대해서도 마찬가지다. 이 원리를 모른다면 분명코 하나님의 영광에 손상을 가하고 실질적인 겸손을 감소시킨다… 그런데 만일 구원을 오로지 하나님의 선한 즐거움이라는 원천으로부터만 획득한다는 사실을 입증하기 위하여 선택이라는 근원을 상기할 필요가 있다면, 이 원리를 소멸시키기를 갈망하는 자들은 굉장히 떠들썩하게 경축해야 마땅한 그것을 얼버무리기 위해 무슨 짓이든 한다."[2]

선택은 **복된** 교리이다. 예정은 모든 축복의 샘이기 때문이다. 이 사실을 에베소서 1:3, 4이 명명백백하게 드러낸다. 먼저, 성령은 성도들은 그리스도 안에서 하늘에 있는 모든 신령한 복들로 복 받았다고 선언한다. 그 다음에, 성도들이 **왜** 그리고 **어떻게** 그렇게 복 받았는지를 나타낸다. 하나님이 우리를 창세전에 그리스도 안에서 선택하였기 **때문**이라고 한다. 그러므로 그리스도 안에서 선택받는 것이 모든 신령한 복을 받는 것에 앞선다. 우리는 단지 **그리스도** 안에 존재한다는 것 때문에 복을 받고, 단지 그리스도 안에서 선택을 받았다는 것 때문에 그리스도 안에 존재한다. 그렇다면 이것은 정말 위대하고 영광스러운 진리이다. 우리의 모든 소망과 전망은 이 진리에 속하기 때문이다. 선택은 비록 판명하고 개인적이긴 하지만 그렇다고 간혹 부주의하게 언급되는 것처럼, 개인들을 그 언약적 머리와의 연합과 무관하게 영원한 구원에 이르도록 단지 추상적으로 선정하는 행위가 아니다. 선택은 그리스도 안에 있는 자들을 선정하는 행위이다. 그러므로 선택은 다른 모든 축복을 암시하고 다른 모든 축복은 오직 선택을 통해서만 그리고 선택과 일치해서만 제공된다.

---

2) 칼빈, 기독교강요, 제3권, 21장, 1절.

이 진리를 진정으로 파악하는 것만큼, 위로와 용기, 힘과 안심을 나눠주도록 계획된 것은 전혀 존재하지 않는다는 사실을 똑바로 이해하라. 나야말로 하늘이 가장 좋아하는 존재라는 확신은, 하나님이 지극히 확실하게 나의 모든 필요를 채워주고 모든 것이 합력하여 나의 유익을 도모할 것이라는 뜻이다. 하나님이 나를 영원한 영광에 이르도록 예정해 놓았다는 지식은, 사단의 여하한 노력도 나를 파멸시킬 수 없을 것이라는 절대적 보증을 제공한다. 만일 위대한 하나님이 나를 **위한다면** 누가 나를 적대할 수 있단 말인가! 하나님의 예정을 아는 지식은 설교자들에게 위대한 평화를 가져다준다. 설교자는 하나님이 모험적으로 허풍을 치라고 자기를 보내지 않았다는 사실을 발견하기 때문이며, 하나님의 말씀은 하나님이 기뻐하는 것을 성취할 것이며 하나님으로부터 보냄을 받은 곳에서 융성해진다는 사실을 발견하기 때문이다(사 55:11). 하나님의 말씀은 각성한 죄인에게 정말 큰 위로를 줄 것이다. 각성한 죄인이 선택은 오로지 하나님의 **은혜**의 문제라는 사실을 알게 될 때 그 가슴에 소망이 불붙는다. 선택은 가장 악한 자들 가운데 누군가를 골라내 하나님의 자비의 기념물로 삼았다는 사실을 알고 있는데 어째서 낙담할까!

선택은 인간본성이 가장 **혐오스러워하는** 교리이다. 사람들은 기독교 신자를 자처하는 사람이라면 그토록 하나님을 영화롭게 하고 그토록 그리스도를 높이며 그토록 복된 진리가 명확하게 제시되었을 때 진정으로 옹호하였을 것이라고 자연스럽게 생각했었다. "예정된," "택함을 받은," "선택된"이라는 용어들은 성경에 아주 빈번하게 나타난다는 사실을 고려하여, 성경을 하나님의 영감으로 된 것으로 받아들이기를 주장하는 모든 사람은 이 위대한 진리를 맹목적인 신앙심으로 받아들일 것이라고 명백하게 결론 내릴 것이다. 그리고 (죄악 되고 무지한 피조물들에게 할 법한) 그런 행위 자체를 하나님의 주권적이고 선한 즐거움에 관련짓는다. 그러나 이런 일은 실상과는 아주, 아주 동떨어졌다. 피조물을 아무 것도 아닌 것으로 만들고 창조주를 가장 중요한 존재로 만드는 선택교리야말로 자부심 강한 인간본성이 가장 혐오하는 교리다.

그렇다. 다른 어떤 교리와는 달리 선택교리에 대해서는 육적 생각의 적대감을 노골적이고 격렬하게 드러낸다. 필자가 호주에서의 강연할 때 "저는 오늘밤 성경의 교리 가운데 가장 미움 받는 교리 즉, 하나님의 주권적 선택교리에 관하여 말하고자 합니다"라는 말로 시작하였다. 그 이후로 세계를 순회하면서, 많은 교단에 속하는 수천 명의 사람들 그리고 어느 교단에도 속하지 않은 훨씬 더 많은 기독교 신자를 자처하는 사람들과 다소 긴밀하게 접촉하였다. 그런 경험을 하고 난 지금은 위 진술에서 딱 한 가지만 변경하면 좋겠다고 생각한다.

그것은 영원한 형벌이라는 진리는 불신자들이 가장 반대하는 교리인 반면에 하나님의 주권적 예정 교리는 기독교 신자를 자처하는 대다수가 가장 진저리치고 욕을 퍼붓는 진리라는 점이다. 구원은 사람의 뜻이 아니라 하나님의 뜻에서 기원하였다고 선언해보자(요 1:13, 롬 9:16). 만일 그렇지 않다면 타락의 결과로 사람은 선한 것을 향한 일체의 열망과 뜻을 상실하였기 때문에 어떤 누구도 구원받지 못할 것이라고(롬 5:40, 3:11), 심지어 택자들 자신들도 자원하는 마음을 갖도록 만들어져야 한다고 또렷하게 선언해보자. 그러면 이런 주장에 반대하는 격노한 외침들이 사방에서 요란하게 터져 나올 것이다.

바로 이 지점에서 논점이 형성된다. 공로주의자들은 하나님 의지의 수위성과 인간 의지의 선(善)에 대한 무능성을 인정하려들지 않는다. 결과적으로 하나님의 주권적 즐거움에 의한 선택을 가장 격렬하게 부인하는 자들은 타락한 인간의 자유의지를 가장 열렬하게 부르짖는다. 트렌트공의회 (1545-1563)의[3] 종교개혁가들이 제기한 핵심사안에 관해 교황주의자들이 명확하게 자신들의 입장을 정리한 회의이며, 그 후 로마교회가 결코 폐기한 적이 없는 교령들 가운데는 "만일 어떤 사람이라도 아담이 타락한 이후에 사람의 자유의지가 상실되었다고 긍정한다면 그에게 저주가 있으라"라는 진술도 있다. **선택**이라는 진리와 여기에 포함된 모든 것을 신실하게 고수한다는 이유로 브래드포드(Bradford)와 수백 명의 다른 사람들이 교황의 대리인들에 의해 화형에 처해졌다. 말할 수 없이 슬픈 것은 개신교도를 자처하는 많은 자들이 음녀들의 어미의 이 근본적인 오류에 동조하는 것이다.

그러나 사람들은 이 복된 진리에 대해 지금 어떤 혐오감을 가지고 있든지 간에 이 마지막 시대에 이 진리에 귀를 기울이지 않을 수 없을 것이다. 이 진리를 최종적이며 불변적이고 영원한 진리의 목소리로 경청하지 않을 수 없을 것이다. 죽음과 지옥, 바다와 사막이 죽은 자들을 내놓을 때 생명

---

3) [역자 주] 중세신학의 근본적인 오류에 대한 종교개혁가들의 신학적 문제제기를 검토하기 위해 교황 바오로 3세와 신성로마제국 황제 카를 5세가 소집한 서방교회 종교회의이다. 교황 바오로 3세가 주재한 1기(1545-1547), 율리오 3세 시대에 속한 2기(1551-1552), 바오로 4세 시대에 속한 3기(1562-63)로 나뉜다. 종교개혁가들을 사실상 배제한 채 기독교 신학 전반에 걸쳐 검토하여 결국, 종교개혁가들의 입장을 전적으로 거부하는 신학체계를 완성하여 교령으로 반포하였다. 이를 바탕으로 1564년에 트렌트 신앙고백, 1566년에 트렌트 교리문답을 작성하였다. 사실상 트렌트 문서들 즉, 트렌트 교령과 트렌트 신앙고백, 트렌트 교리문답서로부터 오늘날 우리가 아는 로마교회(천주교회)가 시작되었다.

의 책, 은혜의 선택 전체를 창세전부터 기록해둔 명부을 천사들과 마귀들 앞에서, 구원 받은 자들과 멸망 받은 자들 앞에서 펼칠 것이다. 그러면 그 진리의 목소리가 하늘 꼭대기까지, 지옥 밑바닥까지, 우주의 가장 멀리까지 퍼져나갈 것이다.

"누구든지 생명책에 기록되지 못한 자는 불 못에 던져지리라"(계 20:15).

따라서 택함을 받지 못한 자들이 다른 무엇보다도 혐오하는 이 진리는 멸망당한 자들이 저 영원한 파멸에 들어갈 때 그 귓가에서 울릴 것이다! 아, 독자여! 사람들이 선택 진리를 받아들이지 않고 정당하게 존중하지 않는 이유는 그 진리의 합당한 필요성을 느끼지 못하기 때문이다.

선택은 **갈라놓는** 교리이다. 하나님의 주권을, 하나님이 자신의 피조물 각각의 영원한 운명을 미리 정해둘 때 발휘된 것이라고 설교하는 것은 곡식에서 껍질을 골라내는 효과적인 도리깨질 역할을 한다. "하나님께 속한 자는 하나님의 말씀을 듣는다"(요 8:47). 그렇다. 하나님의 말씀이 자신의 생각에 아무리 어긋날지라도 말이다. 거듭난 자의 징표 가운데 하나는, 하나님은 참되다는 자신의 인(印)을 지향한다는 점이다. 거듭난 자는 종교적 위선자가 하는 것처럼 골라잡고 선택하지 않는다. 거듭난 자는 일단 어떤 진리를 말씀에서 명확하게 가르친다는 사실을 지각하면, 비록 그 진리가 자신의 이성과 성향에 전적으로 거슬려도, 그 진리 앞에 겸손하게 굴복하고 절대적으로 받아들인다. 전 세계에서 다른 어떤 사람도 그 진리를 믿지 않을지라도 그렇게 할 것이다. 거듭나지 않은 자의 경우와는 전적으로 다르다. 바울은 다음과 같이 선언한다.

> "그들은 세상에 속한 고로 세상에 속한 말을 하매 세상이 그들의 말을
> 듣느니라 우리는 하나님께 속하였으니 하나님을 아는 자는 우리의 말을
> 듣고 하나님께 속하지 아니한 자는 우리의 말을 듣지 아니하나니 진리의
> 영과 미혹의 영을 이로써 아느니라"(요일 4:5, 6).

선택교리에 대한 충실한 해석만큼 양과 염소를 결정적으로 갈라놓는 것
이 달리 없다. 하나님의 종이 어떤 새로운 회중을 맡았을 경우에, 어떤 사
람들이 말씀의 순전한 젖을 사모하고 어떤 사람들이 마귀의 대용물을 더
좋아하는지를 확인하기를 원한다면, 이 주제에 관해 연속 설교를 해보면
된다. 그러면 선택교리는 옥석을 가리는 수단이라는 사실을 재빨리 알게
된다. 신성한 설교자의 경험에서도 이랬다. 그리스도는 "내 아버지께서 오
게 하여 주지 아니하시면 누구든지 내게 올 수 없다"라고 선언하였을 때였
다. 성경에 따르면, 그 결과는 "그 때부터 그의 제자 중에서 많은 사람이
떠나가고 다시 그와 함께 다니지 아니하더라"였다(요 6:65, 66). '칼빈주
의'를 지적으로 하나의 철학이나 신학으로 받아들이는 모든 사람은 정말
이지, 결코 (매일의 삶에서) 중생의 형적을 나타내지 않는다. 마찬가지로
진실인 것은, 진리의 어떤 부분을 꼬투리잡고 줄기차게 거부하는 자들은
기독교인으로 여겨질 자격이 없다는 사실이다.

선택은 **무시되는** 교리이다. 선택은 하나님의 말씀에서 두드러진 위상을
차지하고 있음에도 오늘날 거의 설교되지 않고 여전히 덜 이해되고 있다.
물론 "고등비평"과 그 맹목적인 추종자들이 인간을 아무것도 아닌 존재로

만드는 선택교리를 설교하리라고 기대할 수 없다. 오히려 "정통주의적"이고 "복음주의적" 인물로 간주되기를 원하는 자들 중에서조차도 이 위대한 진리를 자신의 강단사역에서든 저술에서든 제자리를 찾아주는 이가 거의 없다. 무지가 그 원인인 경우가 있다. 이 위대한 교리를 신학교에서 가르치지 않았기 때문이다. "성경 학교"에서는 더 말할 나위가 없다. 그 때문에 이 교리가 가진 엄청난 중요성과 가치를 결코 깨닫지 못한다. 그러나 청중으로부터 인기를 얻으려는 열망 때문에 이 교리를 외면하는 경우가 너무나 많다. 그럼에도 불구하고 무지든 편견이든 적대감이든 이 교리 자체를 없애버리지 못한다. 이 교리의 절대적 중요성을 감소시키지도 못한다.

이 교리를 **경건하게** 다뤄야 한다고 지적함으로써 이 서언을 마무리하고자 한다. 선택교리는 이성적 추론이나 사색의 주제가 아니다. 경외와 헌신의 심령으로 접근해야 한다. **건실하게** 다뤄야 한다. "당신이 이단설과 왜곡에 맞서 하나님의 진리를 옹호하는 정당한 논쟁에 뛰어들 때, 당신의 마음을 면밀히 들여다보라. 당신의 입술에 신경 써라. 당신의 열정에 도깨비불이 스며들지 못하도록 경계하라."(E. Reynolds, 1648). 그럼에도 불구하고 이 진리를 다룰 때는 사람을 전혀 개의치 않고 "모든 결과"를 자신 있게 하나님의 손에 맡긴 채 **타협 없는** 그리고 분명한 태도를 견지해야 한다, 우리에게는 하나님을 즐겁게 하는 태도로 글을 쓰도록 은혜를 베푸시고, 독자들에게는 하나님으로부터 오는 모든 것을 받아들이도록 은혜를 베푸시기를.

1장_ 선택의 원천

선택의 원천

엄밀하게 말하자면, 선택(選擇)은 예정(豫定)에서 파생된 한 지맥(支脈)이다. '예정'은 '선택' 보다 훨씬 포괄적인 용어이다. 예정은 피조물들과 사물들과 사건들 **전체**와 관련된다. 그러나 선택은 이성적 피조물 즉, 천사와 사람에게로 한정된다. 예정 즉, **미리 정한다**는 단어가 가리키는 것처럼, 하나님은 자신의 피조물 각각 및 전체의 역사와 운명을 영원 전부터 주권적으로 정하였고 불변적으로 확정해 놓았다. 그러나 이 연구에서 우리는 이성적 피조물에게 관련을 맺거나 관심을 갖는 것으로서의 예정에 국한할 것이다. 그리고 여기에서도 반드시 더 깊은 구별을 해야 한다. 유기 없이는 선택도, 간과(看過) 없이는 받아들임도, 버림 없이는 택함도 있을 수 없다.

> "또 요셉의 장막을 버리시며 에브라임 지파를 택하지 아니하시고 오직 유다 지파와 그가 사랑하시는 시온 산을 택하시며"(시 78:67, 68).

이처럼 예정은 **유기**(택함 받지 않은 자들을 그들의 죄악 때문에 버리거나 간과하여 정죄에 이르도록 예정하는 것, 유 4)와 **선택**(영원한 생명에 이르게 하는 예정), 이 둘을 모두 포함한다. 이 장에서는 유기를 논의하지 않겠다.

그렇다면 선택교리는 하나님은 천사들 가운데서와 사람들 가운데서 하나님 자신의 생각대로 일부를 골라 영원한 생명과 복락에 이르도록 정해 놓았다는 뜻이다(딤전 5:21). 그리고 하나님은 피조물들을 만들기도 전에 피조물의 운명을 결정해 놓았다는 교훈이다. 마치 건축자가 먼저 건축계획을 마련하고 건축의 모든 부분을 결정한 뒤에 자신의 계획을 실행하기 위해 자재를 모은 것과 같다. 선택을, 하나님이 자신의 어떤 피조물 위에 은혜를 베풀기로 영원 전부터 자기 마음속에 뜻을 세우는 하나님의 계획의 일부분이라고 정의해도 괜찮다. 이것을 그들에 관한 명확한 작정에 의해 유효한 것으로 만들었다. 이제 하나님의 모든 작정 가운데 세 가지 즉, 시작, 내용 혹은 실체, 목적 혹은 의도를 살펴봐야 한다. 그 각각에 관하여 몇 가지씩 언급하겠다.

선택 작정의 **시작**은 **하나님의 뜻**이다. 선택 작정은 오로지 하나님 자신의 주권적 결정에서 기원한다. 하나님이 자신의 피조물의 상태를 결정하는 과정에서 하나님 자신의 의지가 그 유일하고 절대적인 원인이다. 하나님을 다스릴 어떤 것도 하나님 위에 존재하지 않는 것처럼, 하나님에게 충격을 가하는 원인이 될 수 있는 어떤 것도 하나님의 외부에는 존재하지 않는다. 그렇지 않다고 말하는 것은 하나님의 뜻을 전혀 뜻이 아닌 것으로 만드는 것이다. 여기에서 하나님은 우리보다 무한히 높다. 우리는 우리 위에 있는 이에게서 지배를 받을 뿐만 아니라 우리의 의지는 지속적으로 외부 원인들에 의해 움직이고 소원을 품기 때문이다. 하나님의 의지는 그 자체 이외에는 어떤 원인을 가질 수 없을 것이다. 만일 그렇지 않다면 (원인이 결과에 선행하는 법이기 때문에) 하나님의 의지 그 자체보다 더 우월한 것이 존재할 것이며, (원인은 결과보다 우월한 법이기 때문에) 더욱 탁월한 것이 존재할 것이다. 따라서 하나님은 지금과 같이 독립적인 존재가 아닐 것이다.

신적 작정의 **내용** 혹은 실체는 하나님이 자신의 속성들 혹은 완전함들 가운데 하나 혹은 그 이상을 **드러낼** 목적이다. 이것은 모든 신적 작정에 대해 틀림없는 사실이다. 그러나 하나님의 속성은 다양해서 사물 속에 나타나는 속성들도 있다. 하나님이 자신의 이성적 피조물들에게 발휘하는 두 가지 주된 속성은 은혜와 정의이다. 택자들에 대해서는 자신의 놀라운 은혜를 베풀기로 결정하였다. 반면에 비택자들에 대해서는 자신의 정의와 엄혹함을 나타내는 것이 적절하다고 보았다. 그렇게 하는 것이 자신의 선한 즐거움이기 때문에 비택자들에게는 은혜를 베풀지 않기로 하였다. 하지만 단 한순간도 하나님에게 잔인성이 있다고 추측해서는 절대로 안 된다. 하나님의 본성은 오직 은혜뿐이거나 오직 정의뿐이지 않고 그 둘 다이기 때문이다. 그러므로 은혜와 정의 그 두 속성을 모두 나타내기로 결정할 때에 부정의가 있을 수 없다.

신적 작정의 **목적** 혹은 의도는 하나님 자신의 **영광**이다. 하나님 자신의 영광에 미치지 못할 어떤 것도 하나님 자신에게 가치를 가질 수 없다. 하나님은 자신을 걸고 맹세한다. 자신보다 더 큰 누군가를 걸고 맹세할 수 없기 때문이다. 마찬가지로 하나님은 자신의 영광보다 더 크고 더 위대한 목적을 제시할 수 없기 때문에 자신의 영광을 자신의 모든 작정과 행위의 최고 유일한 목적으로 세웠다. 하나님은 모든 것을 자기를 위하여 즉, 하나님 자신의 영광을 위하여 만들었다(잠 16:4). 만물은 제 일 원인인 하나님으로부터 나오는 것처럼 그 최종목적인 하나님에게로 돌아간다(롬 11:36). 피조물의 선(善)은 단지 이차적인 목적일 뿐이다. 하나님 자신의 목적이 최고 유일의 목적이며 기타의 모든 것은 그 목적에 종속된다. 택자들의 경우에는 장차 찬양을 받을 하나님의 놀라운 은혜가 영광을 받는다. 유기된 자들의 경우에는 하나님의 정의가 영광을 받는다. 이제부터는 이 세 가지 요점을 확대 설명하고자 한다.

선택의 원천은 **하나님의 의지**(뜻)이다. 이때 "하나님"이라는 단어는 성부, 성자, 성령을 가리킨다는 사실을 지적할 필요는 거의 없을 것이다. 하나님의 본체에 세 위격이 존재하지만 세 위격 모두에게 공통되는 단 하나의 분할되지 않은 본성과 따라서 단 하나의 의지만이 존재한다. 세 위격은 하나이고 뜻도 하나이다.

"그는 뜻이 일정하시니 누가 능히 돌이키랴…"(욥 23:13)[4]

---

4) [역자 주] 우리말 성경에는 "뜻이 일정하시니"라고 번역하였지만 KJV은 "He is in one mind"로 NIV는 "He stands alone"로 옮겼다. 반면에 히브리 원문은 "He is in one"에 해당한다.

지적하자면, 하나님의 뜻은 하나님으로부터 떨어져 나온 어떤 것이 아니다. 단지 하나님의 일부분으로만 간주해서도 안 된다. 하나님의 뜻은 뜻을 품는 하나님 자신이다. 이를테면, 활동하는 신적 본성 그것이다. 하나님의 뜻은 하나님의 본질 바로 그것이기 때문이다. 하나님의 뜻은 어떤 굴곡이나 변화를 겪지도 않는다. 우리가 하나님의 뜻은 불변적이라고 단언할 때 하나님 자신은 "변함도 없으시고 회전하는 그림자도 없으시다"고 말하고 있는 셈이다(약 1;17). 그러므로 하나님의 뜻은 **영원하다**. 하나님 자신은 시작이 없었고 하나님의 뜻은 하나님의 본성 바로 그것이므로 하나님의 뜻은 틀림없이 영원 전부터 존재하기 때문이다.

한 걸음 더 나아가보자. 하나님의 뜻은 절대적으로 자유하다. 즉, 그 자체의 외부 요인에 의하여 영향을 받지도 통제되지도 않는다. 이 사실은 세상과 세상에 있는 모든 것을 지을 때부터 나타난다. 세상은 영원하지 않다. 그러나 하나님이 만든 것이다. 세상을 만들지 말지를 하나님 혼자서 결정하였다. 세상을 만든 시기(더 먼저 만드느냐 더 나중에 만드냐), 그 크기(더 작게 만드느냐 더 크게 만드냐), 그 존속기간(유한한 존재로 만드느냐 영원한 존재로 만드느냐), 그 상태("매우 선한" 상태를 유지하게 할까 죄로 오염되도록 할까) 등은 모두 지극히 높으신 이의 주권적 작정에 의해 확립되었다. 만일 하나님이 그렇게 하기를 즐거워하였더라면, 세상을 하나님이 실제로 창조할 때보다 수백만의 시대를 앞서서 존재하게 할 수 있었다. 만일 하나님이 그렇게 하기를 즐거워하였더라면, 세상과 세상의 모든 것을 6일 밤낮이 아니라 단 한순간에 만들 수도 있었다. 만일 하나님이 그렇게 하기를 즐거워하였더라면, 인간 가족의 수를 몇 천이나 몇 백으로 제한할 수도 있었고 지금보다 천 배나 많이 만들 수도 있었다. 하나님이 세상을 그 시점에서 지금과 같은 방식으로 창조한 까닭을 하나님 자신의 지극히 높은 주권적 의지 이외에는 다른 어떤 이유를 달 수 없다. 하나님의 뜻은 선택과 관련해서 절대적으로 자유하였다. 한 백성을 선택하여 영원한 생명과 영광에 이르도록 할 때에도 하나님으로 하여금 이런 목적을 세우도록 만든 것은 오직 하나님뿐이었다. 하나님은 "내가 긍휼히 여길 자를 긍휼히 여기고 불쌍히 여길 자를 불쌍히 여기리라"라고 명백하게 선언하여, 하나님의 주권이 가진 절대성을 가장 명확하게 표명한다(롬 9:15).

"그 기쁘신 뜻대로 우리를 예정하사 예수 그리스도로 말미암아 자기의 아들들이 되게 하셨으니"(엡 1:5)에서, 다시 모든 것이 오직 하나님의 즐거움으로 귀착한다. 하나님은 자신이 기뻐하는 대로 은총을 베풀기도 하고 거두기도 한다. 하나님은 일처리에 대해 우리로부터 확증 받을 필요가 없다. 전능자는 인간 이성의 호출을 받아 내려와 심판대 앞에 설 필요가 없다. 우리는 하나님의 지엄한 주권의 **정당성을 따지는** 대신에 하나님 말씀의 권위에 입각하여 믿어야 한다.

> "…천지의 주재이신 아버지여 이것을 지혜롭고 슬기 있는 자들에게는 숨기시고 어린 아이들에게는 나타내심을 감사하나이다 옳소이다 이렇게 된 것이 아버지의 뜻이니이다"(마 11:25, 26).

주 예수는 그 사실을 신뢰하는 것으로 만족하였다. 우리도 반드시 그래야 한다.

이 심오한 진리에 대한 가장 유능한 주석가들 가운데는, "사랑 안에서 그 기쁘신 뜻대로 우리를 예정하사"(엡 1:5)[5]라는 말씀에 근거하여 하나님의 **사랑**이 우리를 선택한 동력인(動力因)[6]이라고 단언한 사람들이 있다. 그런데 우리가 볼 때 이렇게 처리하면 신앙의 규칙으로부터 약간 이탈 혹은 부정확성을 범했다는 비난을 피할 수 없다. 에베소서 1장 4절의 마지막 두 단어("in love" 즉, "사랑으로")가 본래 5절 첫 머리에 속한다는 점에는 충분히 동의하지만 5절은 우리의 원래의 선택이 아니라 우리가 양자가 **되도록** 예정되었다는 것을 언급하고 있다는 사실에 세심한 주의를 기울여야 한다. 이 둘은 하나님 쪽에서는 완전히 다르며 개별적인 행위이다. 후자는 전자의 결과로 발생하는 것이다. 하나님의 계획에는 창조사역의 경우처럼 **질서**라는 것이 있다. 전자를 주의 깊게 언급하는 것은, 창세기 1장에 묘사된 6일간의 창조사역에 나타난 하나님의 일처리 과정에 주목하는 것만큼이나 중요하다.

대상물이 먼저 존재해야 사랑의 대상이 될 수 있다. 선택은 하나님의 생각 속에 있는 첫 번째 행위로서, 택자들을 거룩하고 흠 없는 존재가 되도록 선택하는 것이다(4절). 예정은 하나님의 두 번째 행위로서 하나님의 선택이 하나님 앞에서 실체를 갖도록 만든 자들의 **상태**를 작정에 의해서 확

---

5) [역자 주] "사랑으로"(in love, ἐν ἀγάπη, ph)를 4절에 붙였다. 그래서 KJV에서 4-5절은 "…in love:Having predestinated…"로 되었다. 반면에 NIV는 "in love"를 4절 끝에 두면서도 5절의 문장에 붙여 "In love he predestined us to be adopted…"로 옮겼다.

6) [역자 주] 아리스토텔레스에 따르면, 변화에는 일반적으로 질료인(material cause), 동력인(moving or efficient cause), 형상인(formal cause), 목적인(final cause) 등 4가지의 원인이 있어야 한다. 동력인은 어떤 실체를 형성하거나 변화를 야기하는 데에는 변화를 야기하는 힘(동력)이 원인으로 주어져야 한다는 뜻이다.

증한 것이다. 하나님의 사랑하는 아들 안에서 택자들을 완전한 거룩과 의에 이르도록 선택한 뒤에, 하나님의 사랑이 택자들을 향해 나아갔고, 하나님의 사랑이 줄 수 있는 최고 유일한 축복을 즉, 하나님의 자녀로 입양하는 축복을 부어주었다. 하나님의 사랑은 그리스도와 그리스도 안에 있는 자들에게 발휘된다. 택자들을 하나님의 의지의 주권적 선택에 의하여 하나님의 자녀로 삼았고 그 뒤에, 택자들을 자신의 특별한 보물로 삼았다.

"지금도 은혜로 택하심을 따라 남은 자가 있느니라"(롬 11:5)라는 구절에 근거하여, 선택을 하나님의 은혜에 귀속시킨 이들도 있다. 그러나 이 구절에서 반드시 차이점을 구별해야 한다. 즉, 신적 작정의 시작을 작정의 **내용** 즉, 본체와 구별해야 한다. 정말이지. 택자들은 하나님이 은혜를 특별히 쏟아 붓는 대상이지만 선택하심 그 자체는 전혀 별개의 사실로서 하나님의 은혜에서 시작한다는 것은 축복된 진실이다. 지금 이 자리에서 주장하는 순서는 에베소서 1장에 명확하게 표명되어 있다.

첫째, "창세 전에 그리스도 안에서 우리를 택하사 우리로 사랑 안에서 그 앞에 거룩하고 흠이 없게 하시려고"(4절)–이것은 하나님의 생각 속에서 일어난 첫 번째 행동이었다.

둘째, "그 기쁘신 뜻대로 우리를 예정하사 예수 그리스도로 말미암아 자기의 아들들이 되게 하셨으니"(5절)–이것은 하나님이 자신의 마음을 정해 둔 자들을 풍요롭게 하는 것이었다.

셋째, "이는 그의 사랑하시는 자 안에서 우리에게 거저 주시는 바 그의 은혜의 영광을 찬송하게 하려는 것이라"(6절)-이것은 신적 작정의 주체와 **구상** 즉, 하나님의 은혜를 나타내고 찬송케 하는 것이었다.

로마서 11:5의 "은혜의 선택"이라는 말을 **"샤론의 장미," "생명의 나무,"** "불순종의 자녀"의 경우처럼 **기원**(起源)이 아니라 목적물 혹은 인물을 나타내는 소유격으로 이해해야 한다.[7] 하나님의 모든 행위와 사역과 마찬가지로 교회에 대한 선택은 똑바로 하나님의 규제를 받지 않고 규제받을 수도 없는 의지까지 거슬러 올라간다. 성경의 다른 어떤 곳에서도 에베소서 1장만큼 하나님의 계획 순서를 명확하게 나타내주지 않는다. 그리고 다른 어떤 곳에서도 하나님의 의지를 그토록 강력하게 강조하지 않는다. 하나님은 자신의 "기쁘신 뜻대로" 자녀로 입양하도록 예정하였다(5절). 우리에게 ("은혜"가 아니라) "그 **뜻**의 비밀"을 즉, "그 기쁘심을 따라 그리스도 안에서 예정한" 것을 알려주었다(9절). 비록 그 뜻이 충분히 뚜렷하지 않더라도 그 구절은 **"모든** 일을 그 마음의 원대로 역사하시는 자의 **뜻**을 따라 우리가 예정을 입어… 그의 영광의 찬송이 되게 하려 하심이라"로 끝을 맺는다(11, 12절).

"모든 일을 그 마음의 원대로 역사하시는 자"(11절)라는 주목할 만한 표현을 좀 더 곰곰이 살펴보자. 원문에는 **"마음"**이나 심지어 "생각"이 아니

---

7) [역자 주] 여기에서 저자는 소유격 "χάριτος" 즉, KJV의 전치사 "of"를 어떻게 이해하는 것이 옳은가를 논하고 있다. 헬라어 원문은 "에크로겐 카리토스"(ἐκλογὴν χάριτος)인데 "은혜"라는 단어가 소유격으로 되어 있다. KJV은 헬라어 원문을 그대로 따라 "the election of grace"로, 반면에 NIV는 "chosen by grace"로 옮겼다. 한글 성경은 "은혜로 택하심"으로 번역하였다.

라 "**의지**"로 되어 있다는 것에 주목하라. "자신이 계획한 뜻"이라고 하지도 않고 "자신의 뜻의 계획"이라고 표현한 것에도 주목하라. 이 점에서 하나님은 우리와 철저히 다르다. 우리의 의지는 우리 지성의 사고에 의해 영향을 받고 우리 마음의 정서에 의해 움직인다. 그러나 하나님의 의지는 그렇지 않다.

> "하늘의 군사에게든지 땅의 거민에게든지 그는 자기 뜻대로 행하시나니"
> (단 4:35).

하나님의 의지가 최고 주권을 갖는다. 하나님의 모든 속성들의 **활동**을 결정한다. 하나님의 지혜는 무한하다. 하지만 하나님의 의지가 지혜의 활동을 통제한다. 하나님의 자비는 충만하다. 그러나 하나님의 의지가 언제 그리고 누구에게 자비를 베풀지를 결정한다. 하나님의 정의는 불변적이다. 하지만 하나님의 의지가 정의를 들이댈지 말지를 결정한다. 출애굽기 34:7에서 "형벌 받을 자는 결단코 면죄**할 수 없고**"가 아니라 "형벌 받을 자는 결단코 면죄**하지 않고**"라고 선언한다. 하나님은 먼저 어떤 일이 있을지를 의지 혹은 결정한다. 그 다음에 하나님의 지혜가 그 **실행방안**을 안출한다.

이제 **논박된** 것을 지적해보자. 위에서 언급한 모든 것으로부터 명백하게 드러나는 사실은 **첫째**, 우리의 **선행** 때문에 하나님이 우리를 선택하지 않는다. 우리의 행위는 영원 속에 거하는 즉, 우리가 실제로 존재하기 오래 전에 하나님의 생각에 들어갔기 때문에 하나님이 우리를 선택하게 된 것이 아니다. 바로 이 주장을 바울이 어떻게 논파하는 지를 확인해보자.

> "그 자식들이 아직 나지도 아니하고 무슨 선이나 악을 행하지 아니한 때
> 에 택하심을 따라 되는 하나님의 뜻이 행위로 말미암지 않고 오직 부르
> 시는 이에게로 말미암아 서게 하려 하사"(롬 9:11).

다른 구절을 보자.

> "우리는 그의 만드신 바라 그리스도 예수 안에서 선한 일을 위하여 지으
> 심을 받은 자니 이 일은 하나님이 전에 예비하사 우리로 그 가운데서 행
> 하게 하려 하심이니라"(엡 2:10).

그렇다면 우리는 창조되기도 전에 선택되었기 때문에 선행은 선택되기 위한 동인(動因)이 될 수 없을 것이다. 그렇다. 선행은 선택된 결과이며 효과이다.

둘째, 원리적이든 실천적이든 아니면 그 둘 모두이든 간에 사람의 거룩은 선택의 동인의 아니다. 에베소서 1:4은 "곧 창세전에 그리스도 안에서 우리를 택하사… 그 앞에 거룩하고 흠이 없게 하시려고"라고 매우 명확하게 선언하기 때문이다. 우리가 거룩하였기 때문이 아니라 거룩해지도록 택함을 받았다. 우리가 거룩해지는 것은 미래에 속한 것이며 택함의 결과이며 더 먼 목적 즉, 우리를 선택한 목적인 구원에 도달하는 수단이다.

> "하나님이 처음부터 너희를 택하사 성령의 거룩하게 하심… 구원을 얻게
> 하심이니"(살후 2:13).

그렇다면 하나님의 백성들을 거룩하게 하는 것은 하나님이 선택하신 목적이었기 때문에 거룩은 선택의 원인이 될 수 없을 것이다.

"하나님의 뜻은 이것이니 너희의 거룩함이라…"(살전 4:3).

이것은 단순히 하나님의 본성에 어울린다고 인정하는 의지가 아니다. 율법이 요구하는 교훈적 의지도 아니다. 하나님의 작정적 의지 즉, 확고한 계획이다.

셋째, 믿음도 선택의 원인이 아니다. 어떻게 그럴 수 있단 말인가? 모든 사람은 거듭나지 않은 동안 내내 불신앙 상태에 있으며, 이 세상에서 하나님도 없고 소망도 없이 살아간다. 그리고 우리가 믿음을 가졌을 때 그 믿음은 우리 자신에게서 즉, 우리의 선이나 능력이나 의지에서 나오지 않았다. 믿음은 하나님의 선물이었고(엡 2:9) 성령의 활동이었으며(골 2:12) 하나님의 은혜로부터 나온 것이다. 성경은 "믿은 자는 다 영생에 이르도록 작정되었다"가 **아니라** "영생을 주시기로 작정된 자는 다 믿더라"라고 말한다(행 13:48). 그렇다면 믿음은 하나님의 은혜로부터 나오기 때문에 우리가 선택된 원인일 수 없다. 다른 사람들이 믿지 않는 까닭은 그리스도의 양이 아니기 때문이다(요 10:26). 어떤 사람들이 믿는 까닭은 하나님이 그들에게 믿음을 주기 때문이다. 그래서 믿음을 "하나님의 택하신 자들의 믿음"이라고 부른다(딛 1:1).

넷째, 사람들에게 이러한 것들이 있을 것이라고 하나님이 미리 보았기 때문에 하나님이 그들을 선택한 것이 아니다. 미래에 대한 하나님의 예지는 미래에 관한 하나님의 의지의 결정에 기초한다. 하나님의 작정, 예지, 그리고 예정은 성경에 진술된 순서이다.

로마서 8:28, 29에 따르면,

첫째, "그 뜻대로 부르심을 입은 자들,"
줄째, "하나님이 미리 아신 자들,"
셋째, "미리 정하셨으니"라는 순서로 되어있다.

하나님의 작정이 하나님의 예지를 선행한다는 진술은 "그가 하나님의 정하신 뜻과 미리 아신 대로 내어 준바 되었거늘"이라는 말씀에서도 찾을 수 있다(행 2:23). 하나님은 장차 존재할 모든 것을 미리 아신다. 하나님이 장래의 그 모든 것이 존재하도록 작정해놓았기 때문이다. 그렇다면 예지를 선택의 원인으로 삼는 것은 마차를 말 앞에 다는 셈이다.

결론적으로 말하자면, 선택작정에서 하나님의 목적은 하나님 자신의 영광을 나타내는 것이다. 그러나 이 초점을 상세하게 파고들기 전에 그 사실 자체를 폭넓게 진술하는 구절 몇 개를 살펴보자.

"여호와께서 **자기를 위하여** 경건한 자를 택하신 줄 너희가 알지어다"
(시 4:3).

이 구절에서 "택하신"이라는 말은 그 나머지로부터 구별하여 골라냈다 혹은 구분하였다는 뜻이고, "경건한 자"는 다윗 자신을 가리킨다(시 89:19, 20). 그리고 다윗을 단지 이스라엘의 보좌와 왕국을 위해서만이 아니라 하나님 자신을 위해 골라냈다는 뜻이다.

> "여호와께서 **자기를 위하여** 야곱 곧 이스라엘을 자기의 특별한 소유로 택하셨음이로다"(시 135:4).

"내 백성, 나의 택한 자로 마시게 할 것임이라 이 백성은 내가 **나를 위하여** 지었나니 나의 찬송을 부르게 하려함이니라"(사 43:20, 21)라는 구절은 에베소서 1:5, 6절과 짝을 이룬다. 신약성경에서도 주님은 아나니아에게 바울의 회심을 설명해주기를 기뻐하였을 때 "이 사람은… 택한 나의 그릇이라"라고 말씀하셨다(행 9:15).

> "내가 **나를 위하여** 바알에게 무릎을 꿇지 아니한 사람 칠천을 남겨 두었다"(롬 11:4).

이들을 그 다음 구절에서 "은혜로 택하심을 따라 남은 자"라고 설명한다.

2장_ 선택의 위대한 원형

선택의 위대한 원형

하나님의 작정들, 하나님의 영원한 목적, 하나님의 측량할 수 없는 심모원려는 정말이지 대단히 깊다. 하지만 우리는 이것들은 시종일관하게 그리스도와 **명확한 관계**를 맺고 있다는 사실을 알고 있다. 그리스도는 모든 언약에서 알파요 오메가이기 때문이다. 스펄전은 이 사실을 다음과 같이 아름답게 표현하였다.

> "은혜의 신성한 물줄기를 우리에게 흘려보내는 천상의 샘을 찾아봐라. 그러면 예수 그리스도가 언약적 사랑 안에 있는 원형(原形)임을 발견하게 될 것이다. 당신이 언약의 두루마리를 지속적으로 응시한다면, 구속의 계획 전체가 영원(永遠)이라는 저택에 자리 잡은 전모를 바라보도록 허용 받는다면, 언약의 두루마리를 가로지른 속죄제물의 붉은 핏자국을 보게 될 것이다. 시종일관 변함없이 하나의 목적 즉, 하나님 아들의 영광을 염두에 두었다는 것을 알게 될 것이다."

그러므로 선택이 구원의 기초라고 알고 있으면서도 선택의 영광스러운 머리 즉, 택자들을 선택하였고 택자들의 모든 축복의 근원인 머리를 간과하는 사람들이 많은 것은 이상한 일이다.

> "찬송하리로다 하나님 곧 우리 주 예수 그리스도의 아버지께서 그리스도 안에서 하늘에 속한 모든 신령한 복으로 우리에게 복 주시되 곧 창세 전에 그리스도 안에서 우리를 택하사 우리로 사랑 안에서 그 앞에 거룩하고 흠이 없게 하시려고"(엡 1:3, 4).

　　우리는 그리스도 **안에서** 선택받았기 때문에, 우리의 외부에서 선택받은 것은 명백한 사실이다. 우리는 **그리스도** 안에서 선택받았기 때문에, 우리가 존재하기 이전에 선택받았다는 결론을 피할 수 없다. 바로 그 앞 구절의 "하나님 우리 아버지와 주 예수 그리스도로 좇아"라는 말이 그 사실을 분명하게 함축한다. 자, 성경의 유비에 따르면 (즉, 하나님을 어떤 누군가의 "하나님"이라고 성경이 말할 때처럼) 하나님은 그리스도의 "하나님"이었다.

　　첫째, 하나님은 그리스도를 그 은혜와 연합을 위하여 선택하였다. 사람으로서의 그리스도는 참으로 우리처럼 예정되었다. 그래서 하나님은 예정과 값없는 은혜에 의하여 그리스도의 하나님이어야 한다.

　　둘째, 아버지가 그리스도와 언약을 맺었기 때문이다(사 42:6). 하나님은 족장들과 맺은 언약을 염두에 둘 때 "아브라함의 하나님," "이삭의 하나님," "야곱의 하나님"이라는 명칭으로 자신을 알렸다. 마찬가지로 그리스도와 맺은 언약을 염두에 두고 그리스도의 "하나님"이 되었다.

셋째, 하나님은 그리스도가 소유하는 모든 축복을 베푼 분이기 때문이다(시 45:2, 7).

"곧 창세 전에 그리스도 안에서 우리를 택하사"라는 말은 그리스도는 선택을 통해 택자들의 머리가 되었다는 뜻이다. 토마스 굿윈은 에베소서를 강해하면서 "선택이라는 모태 속에서 그 머리인 그리스도가 첫 번째로, 그 다음에 그 지체인 우리가 나왔다"라고 말했다.[8]

그리스도는 틀림없이 만물 중에서 "탁월"하다. 그러므로 그리스도는 "맏아들"이 되도록 예정된 자다(롬 8:29). 본성의 순서상 그리스도가 먼저 선택되었지만 시간의 순서상 우리는 그리스도와 함께 선택되었다. 우리는 우리 스스로 별도로 선택된 것이 아니라 그리스도 안에서 선택되었다. 이것은 다음 세 가지 사실을 가리킨다.

> 첫째, 우리는 그리스도 안에서 그리스도의 몸을 구성하는 지체로 선택받았다.

> 둘째, 우리는 우리 자신을 일치시켜야 하는 모범인 그리스도 안에서 선택받았다.

---

8) Thomas Goodwin, **Exposition of Ephesians**, vol. 1, 74.

셋째, 우리는 최종 목표인 그리스도 안에서 선택받았다. 즉, 그리스도의 영광을 위하여, 그리스도의 충만이 되도록 선택받았다(엡 1:23).

"내가 붙드는 나의 종, 내 마음에 기뻐하는 나의 택한 사람을 보라"(사 42:1)라는 구절은 다름 아닌 주 예수 그리스도를 가리킨다는 사실은 마태복음 12:15-21에서 인용하여 여지없이 명백하게 드러낸다. 바로 여기에 선택의 위대한 원천이 있다. 최초이며 가장 중요한 사례에서, 선택을 주 예수에 관련하여 언급하고 적용한다! 영원한 삼위일체의 뜻은 제 2 위격을 피조물의 존재와 실존이 되도록 선택하고 예정하는 것이었다. 그래서 하나님인 동시에 사람 즉, "모든 창조물보다 먼저 나신 자"(골 1:15)인 그리스도는 신적 작정의 주체인 동시에, 동등한 영원한 세 위격의 사랑의 직접적이며 주된 대상이었다. 성부가 자기 안에 생명을 가지고 있다. 그런데 성부는 성자—즉, 하나님인 동시에 사람으로 간주된 그리스도에게 생명을 주어 자기 안에 갖고 있도록 하였다(요 5:26). 그리하여 여호와의 값없는 은혜와 영원한 사랑으로부터 존재케 되고 복된 존재가 된 사랑하는 신부에게 생명의 샘이요 은혜와 영광의 샘이 되도록 하였다.

하나님은 무수한 피조물 중에서 천사와 사람을 **창조하기로** 결정하였다. 피조물은 하나님의 생각 속에서 형성되고 하나님에 의하여 존재케 되었다. 이 (하나님의 생각 속에 존재하는) 피조물 가운데서 사람인 그리스도를 골라내어 저 복된 삼위일체의 두 번째 위격과 결합하도록 지명하였다. 따라서 그리스도는 거룩하게 구별되었다. 이것이 선택의 최고 원형적 행위였고, 순전한 주권 및 놀라운 은혜의 행위였다. 하늘의 천사들을 간과한 행위였고 여인의 자손을 결정한 행위였다. 아담 안에서 창조될 무수한 자손들 가운데 아브라함의 혈통을, 그 다음에는 이삭의 자손을, 그 다음에는 야곱의 자손을 선택하였다. 야곱으로부터 나올 열 두 지파 가운데 유다의 자손을 선택하였다. 하나님은 천사가 아니라 "백성 중에서 택한 자"를 높여 성자와 결합토록 하였다. 천국의 상속자들은 선택에 의한다는 진리를 대단히 혐오하는 자들은 예수 그리스도 자신이 영원한 선택의 대상이라는 사실을 알게 되면 무슨 말을 하게 될까! 피어스(S. E. Pierce)의 말을 길게 인용해보자.

> 여호와는 만물의 제 일 원인이요 최종 목적이다. 여호와의 본질 및 존재는 그 자신으로 말미암고 그 자신으로부터 나온다. 그는 여호와 즉, 스스로 존재하는 본질 즉, 생명과 영원한 축복의 샘이다. 영원불멸의 보이지 않는 왕, 유일하며 지혜로운 하나님이다. 홀로 불멸성을 소유하고 있고 죽을 운명의 어떤 인생도 바라보지 못할 빛 가운데 거한다. 광막한 영원 속에서 영원한 세 위격은 성부와 성자와 성령에 속하는 저 본질적 완전성을 응시하며 한량없고 불가해한 복락을 즐겼다. 그 자체로 영원인 영원한 여호와는 자신의 본질적 행복 혹은 영광에 어떤 혹은 모든 피조물에 의해 덧붙여질 수 없다. 모든 축복과 찬양이 미치지 못할 정도로 높다. 피조물 전체는 여호와 앞에서 그리고 여호와가 보았을 때 무(無)요 헛것이나 다를 것이 없다. 어떤 사람이 **하나님이 하늘 밖으로 팔을 뻗쳐 세상을 창조하기 전에는 어떤 일을 하였는가?**라고 호기심을 갖고 질문한다면 그 답변은 저 복되고 동동하며 동일한 본질을 가진 성부, 성자, 성령은 그 존재와 연합에 있어서 상호관계를 맺고 있었고, 저 신성하고 영원한 생명에서, 각자의 상호 이해관계 혹은 적절성에서, 서로 사랑과 즐거움에서 −하나의 공통된 영광을 소유함에 있어서도− 본질적으로 축복된 존재였다는 것이다.

그러나 선(善)의 본성은 그 자신을 나누어 전달해주는 것과 마찬가지로 영원한 삼위일체는 **피조물의 행위** 속으로 퍼져나갈 뜻을 품기를 기뻐하였다. 영원히 복된 세 위격은 어떤 것도 더하거나 뺄 수 없는 존재이고, 그 존재의 무한한 본성 안에 있는 광대한 완전함들로부터 나오는 본질적 축복의 원천이다. 세 위격은 서로에 대해서 가지고 있는 서로 사랑과 상호 교제를 통해 피조적 교제와 연합 속에 있는 기쁨을 즐거워하였다. 영원한 아버지는 자신과 동일한 본질을 가진 아들을 피조물의 존재와 실존을 가지도록 예정하였다. 그래서 영원한 아들은 영원 전부터 신인(神人)의 형상과 풍모를 갖췄다. 성경은 "주께서 만물을 지으신지라 만물이 주의 뜻대로 있었고 또 지으심을 받았나이다"라는 말씀처럼(계 4:11) 만물의 창조를 하나님의 주권에 속하는 것으로 규정한다.

하나님 이외의 어떤 것도 하나님을 움직이게 할 수 없다. 하나님께 동기를 부여할 수도 없다. 하나님의 **뜻**이 하나님의 규칙이며, 하나님의 **영광**이 하나님의 궁극 목적이다. "이는 만물이 (제 일 원인으로서의) 주에게서 나오고 (보존적 원인으로서의) 주로 말미암고 (최종적 원인으로서의) 주에게로 돌아간다"(롬 11:36).

만물을 실제적으로 창조한 하나님이 만물의 유일한 목적이다. 즉, "여호와께서 온갖 것을 그 씌움에 적당하게 지으셨다"(잠 16:4). 하나님의 주권은 만물이 그 창조주에 대해 맺고 있는 관계에서, 그리고 피조물이 자신들의 존재와 행복을 위하여 창조주에게 자연적이며 불가분리적으로 의존하는 것에서 자연스럽게 나온다. 하나님은 자신의 뜻과 능력으로 만물에게 존재를 부여하였다. 하나님이 존재를 부여하느냐의 여부는 하나님 자신의 즐거움에 달린 일이었다.
"즉 예로부터 이것을 알게 하시는 주의 말씀이라 함과 같으니라"(행 15:18).

하나님은 만물을 자신의 무한한 이해력으로 이해하고 파악한다. 한 양동

이에 가득한 물에 비해 한 방울에 불과한 정도인 우리의 이해력에서 볼 때 하나님은 불가해한 본질을 가지고 있는 셈이며, 마찬가지로 먼지 한 알갱이 같은 우리의 지식에 비하면 불가해한 지식을 가지고 있다. 하나님은 하나님 자신의 영광인 하늘과 땅, 천사와 사람을 창조할 때, 그리고 그 창조에 기초를 제공하고 창조를 지탱해주는 기초인 최초의 작정과 관점은 하나님인 동시에 사람인 자기 아들을 높이고 하나님의 전체 피조물의 기초요 모퉁이돌로 삼는 것이 여호와의 계획이었다. 하나님은 만일 그 두 번째 위격이 내려와 우리의 본성을 취하여 피조물이 되지 않았더라면 결코 피조물의 행위 속으로 나아가지 않았을 것이다. 비록 이 일이 타락 사건 이후에 발생하였지만 그것에 관한 작정은 타락 사건 이전에 있었다. 예수 그리스도 즉, 만군의 여호와의 동료는 하나님의 모든 길 가운데 첫째였다.

하나님은 다른 어느 것보다도 선택과 유기의 행위에서 절대주권이 현격하게 빛난다. 그런데 선택과 유기는 영원한 과거에 일어났고 그 원인을 결코 피조물 속에 두지 않은 신적 행위들이다. 하나님이 그리스도 안에서 자기 백성을 선택하는 행위는 창세전에, 타락을 고려하지 않고, 인간의 행위에 대한 예견에 입각하거나 근거하지 않는 것이다. 전적으로, 은혜의 행위였다. 따라서 전적으로 영광과 찬양을 받을만하다. 바로 여기에서 여호와의 절대주권이 가장 명확하게 드러난다. 정말이지, 절대주권에 대한 최상의 사례는 삼위일체의 두 번째 위격을 하나님인 동시에 사람인 존재가 되도록 예정한 것이었다. 이것 역시 하나님의 작정에 따라 일어났다는 사실은 사도 베드로가 그리스도를 가리켜 "창세 전부터 **미리 알리신** 바 된 (**원문에는 "예정된"**)자"이며 하나님이 시온에 두려고 "**택한** 보배롭고 요긴한 모퉁이 돌"(벧전 2:6)이라고 언급한 말씀에서 명확히 드러난다(벧전 1:20, 2:6). 이 택함의 위대한 원천은 오늘날에는 사람들이 거의 관심을 기울이지 않지만 엄청난 중요성을 갖고 있기 때문에 우리는 좀 더 길게 마음을 두고 깊이 생각하여 어째서 하나님은 그리스도 예수라는 인성을 하나님의 아들과 인격적 연합을 이루도록 예정하기를 기뻐했는지 파악하도록 해야 한다.

그리스도는 하나님의 모든 백성들을 아담의 타락이 끼친 영향으로부터 구원해내는 것 이상의 목적을 위하여 예정되었다.

첫째, 그리스도를 선택한 것은 하나님 자신이 다른 모든 피조물을 무한히 뛰어넘는 기쁨을 누리기 위해서였다. 사람인 그리스도 예수는 두 번째 위격과의 연합을 통해서 하나님과 더 밀접하게 연합하고 교제를 나누도록 높아졌다. 만군의 여호와는 그리스도를 "내 짝된 자"(슥 13:7), "내 마음에 기뻐하는 나의 택한 사람"(사 42:1)이라고 언급한다.

둘째, 그리스도를 선택한 것은 하나님이 자신의 형상과 자신의 모든 완전성을 피조물을 통해 바라보기 위해서였다. 그래서 하나님의 모든 탁월성이 다름 아닌 그리스도 안에 나타났다. 하나님인 동시에 사람인 그리스도의 인격을 가리켜 "하나님의 영광의 광채시요 그 본체의 형상이시라"라고 언급한다(히 1:3).

셋째, 사람인 그리스도 예수와 영원한 아들 하나님의 연합에 의해 신성의 완전한 충만이 그리스도 안에 인격적으로 거하게 되었다. "그는 보이지 아니하시는 하나님의 형상"이기 때문이다(골 1:15, 19).

사람인 그리스도 예수를 선택하여 하나님 자신과 최상의 연합과 교제를 이루도록 하였다. 그 안에서 여호와의 사랑과 은혜가 최상의 영광으로 빛을 발한다. 아들 하나님은 그리스도의 인성에 본질과 인격성을 부여하였다. 그래서 아들 하나님과 그리스도의 인성은 (우리에게 있어서 가장 밀접한 연합인) 남편과 아내처럼 한 **몸**을 이룰 뿐만 아니라, (그리스도와 교회의 경우처럼, 고전 6:17) 단지 한 **영**일뿐만 아니라, 하나의 인격체를 이룬다. 그러므로 이 피조물의 본성은 저 영원한 삼위일체와 교제를 나누는 데까지 나아간다. 그러므로 그리스도에게 하나님은 자신을 한량없이 전달한다(요 3:34). 이제 낮은 단계로 내려간 인자 그리스도 예수는 선택되어 택함 받은 자손 즉, 그리스도 안에서 선택되어 창조를 뛰어넘는 본질을 부여받고 그리스도 안에서 모든 신령한 복을 받은 존재들의 머리가 되었다.

만일 하나님이 사랑하기를 원한다면 그 사랑의 대상이 있어야 하고, 그 대상은 그 사랑을 발휘할 주체보다 먼저 존재하지 않으면 안 된다. 실재하지 않는 것을 사랑할 수 없기 때문이다. 그러므로 틀림없이 신인적(神人的) 존재와 그의 안에 있는 택자들은 영원 속에서 하나님의 생각 속에서 하나님의 영원한 사랑의 대상으로 존재하였다. 전자는 머리요 후자는 그의 몸으로, 전자는 신랑이요 후자는 신부로 존재하였다, 전자는 후자를 위하여 선택받고 임명을 받았다. 그들 모두 선택받았으나 전자 즉, 그리스도가 하나님의 작정의 순서에서 앞섰다. 그리스도와 교회가 처음부터 아버지 하나님의 의지, 생각, 목적 속에 존재하였기 때문에 아버지 하나님은 그리스도와 교회를 사랑할 수 있었고 즐거워할 수 있었다. 그리스도가 "아버지께서 나를 보내신 것과 또 나를 사랑하심 같이… 아버지께서 창세전부터 나를 사랑하시므로"라고 선언한 것처럼(요 17:23, 24) 아들 하나님은 영원 전부터 하나님인 동시에 사람이 되도록 예정되어 그렇게 세워졌고, 그 인성은 하나님 앞에서 언약적 실체를 받았다. 이 결과로 아들 하나님은 지상에서 인자가 되기 전에 하늘에서 먼저 인자였다. 이 세상에서 공개적이고 명백하게 인자가 되기 전에 먼저 내밀하게 하나님 앞에서 인자였다. 그러므로 시편 기자는 "주의 우편에 있는 자 곧 주를 위하여 힘있게 하신 인자의 위에 주의 손을 얹으소서"라고 선언하고(시 80:17) 따라서 그리스도 자신도 "그러면 너희가 **인자의 이전 있던 곳으로** 올라가는 것을 볼것 같으면 어찌 하려느냐"라고 선언한다(요 6:62).

> 하나님은 자신의 영원하고 무한한 사랑의 선으로부터, 그리스도가 피조물이 되어 자신의 피조물들과 교통하도록 한다는 목적을 품었다. 하나님은 자신의 영원한 협의 속에서 제 2격 하나님이 우리의 본성과 어떤 특정한 피조물과 연합하도록 예정하였다. 그 중보자의 인격에서 구원의 참된 사닥다리를 확정하기 위해서였고, 그를 통해 하나님은 자신의 피조물에게로 내려오고 피조물들은 하나님에게로 올라가도록 하기 위해서였다(프란시스 베이컨).

> 그리스도가 먼저 머리요 중보자로, 그리고 건물 전체를 세우기 위한 모퉁이돌로 예정되었다. 그리스도 안에 있는 아버지의 선택행위는 그리스도를 먼저 이 중보직으로 선택하여 온 세상의 택자들의 머리가 되도록 하는 것을 전제한다. 그리스도를 선택한 뒤에, 다른 사람들을 "그 아들의 형상을 본받게 하기 위하여" 예정하였다(롬 8:29). 즉, 중보자 그리스도에게로 예정하였다. 그래서 그리스도는 인성을 취하였고 따라서 단지 하나님으로만 간주되지 않았다. 이렇게 닮는 것을 특히 선택에서 염두에 두었기 때문에 그리스도는 아버지의 목적에서 첫 번째 모범이며 사례였다. 은혜라는 콤파스의 한쪽 다리를 그 중심인 그리스도에 두고 다른 쪽 다리

를 빙돌려 선을 그렸다. 인류로부터 그 일부를 선택하는 제일원인인 아버지 하나님은 택자들에게 그 선택을 향유하도록 만드는 그리스도를 선택한 제일원인이었다. 하나님은 영원한 나라를 세우면서 그 머리에 관하여 묻기 전에 먼저 그 백성의 수를 물었을까? 그리스도는 선택의 책에서 가장 위에 등재되었고 그의 지체들이 그 다음에 등재되었다. 그래서 그 책을 "어린양의 책"이라고 부른다 (스테판 차녹).

지금 여기에서 숙고하는 주제를 가장 충분하게 다루는 성경구절은 잠언 8장이다. 잠언에서 "지혜"는 도덕적인 것을 뛰어넘는 탁월성과 신적 속성들 가운데 어떤 것을 의인화하는 것 이상의 복된 것을 가리키는 구절들이 많다. (예를 들면 1:20, 21과 같은) 적지 않은 구절이 **그리스도**를 가리킨다. 그리스도를 가리키는 신약의 명칭 가운데 하나가 "하나님의 지혜"인데(고전 1:24) 잠언 8장에서도 마찬가지로 그리스도를 가리키는 명칭임에 틀림없다. 잠언 8장에서 염두에 두고 있는 **인물**은 17절부터 명료하게 나타난다. 15절부터 나타나는 신격(神格)은 추상적 의미에서의 신격이 아니라 하나님인 동시에 사람이다. 이 사실은 그리스도에 관한 예언으로부터 분명해진다. 청교도 신학자 스테판 차녹의 글을 보자.

> "여호와께서 그 조화의 시작 곧 태초에 일하시기 전에 나를 가지셨으며"라는 잠언 8장 22절에서 화자는 창조주와 창조주 하나님의 피조물들의 유일한 중보자인 그리스도 자신이다. "여호와께서… 태초에 일하시기 **전에** 나를 가지셨으며"라는 말은 주장한 것을 숨기는 경향을 갖는다. 히브리 원문에는 접두사가 없다. "전에"라는 말을 집어넣을 근거가 없는 셈이다. 반면에 "태초"라고 번역한 원문은 "처음" 혹은 "최고의"를 가리킨다. 따라서 본문을 "여호와께서 나를 소유하였다. 여호와의 길의 시작 즉, 옛적 일들에 앞서서"라고 번역해야 한다. 그리스도는 하나님의 모든 생각과

계획들 가운데 초태생이었다. 우주가 존재하기 전에 하나님이 기뻐하던 존재였다.

"만세 전부터, 상고부터, 땅이 생기기 전부터 내가 세움을 입었나니"(23절). 우리 구속자는 영원 전부터, 시간 속에서 처녀의 태로부터 나오기 전에, 작정이라는 태로부터 나왔다. 하나님의 뜻에 숨겨져 있다가 구속자의 육체를 통해 나타났다. 우리 구속자는 십자가에 매달려 죽임을 당하기 전에 하나님의 작정 속에서 죽임을 당한 어린양이었다. 하나님은 우리 구속자를 태초에 즉, 하나님의 길을 시작할 때에, 사람의 아들들 중에서 즐거워하기 위하여 영원 전부터 세워, 하나님의 모든 일의 머리로 소유한 존재였다.

"아직 바다가 생기지 아니하였고 큰 샘들이 있기 전에 내가 이미 났으며 산이 세우심을 입기 전에, 언덕이 생기기 전에 내가 이미 났으니"(24, 25절)라는 구절은 세상이 조성되기 전에 그리스도는 이미 하나님의 생각 속에서 피조적 존재가 되도록 예정되었고 "태어났다"고 언급한다. 하나님의 모든 의사 가운데 첫 번째 것은 사람인 그리스도 예수와 아들 하나님의 연합에 관한 것이었다. 중보자는 하나님의 모든 계획의 기초가 되었다(엡 3:11, 1:9, 10). 삼위일체의 여호와가 그를 모든 신적 계획의 토대로 "가지셨으며" 그 다음에는 중보자요 교회의 머리라는 공식적인 직분자로 "세웠다" 즉, "임명하였다"(23절). 하나님이요 사람인 중보자는 하나님의 모든 일과 의지에 실질적인 영향을 미친 실행자였다.

"내가 그 곁에 있어서 창조자가 되어 날마다 그 기뻐하신 바가 되었으며 항상 그 앞에서 즐거워하였으며"(30절)에서 언급된 만족은, 절대적으로 두 번째 위격으로 간주되는 아들 하나님을 통해 아버지 하나님이 누리는 만족이 아니라 중보자를 신적 작정이라는 거울을 통해 바라볼 때 갖는 만족과 즐거움을 의미한다. 성육신한 그리스도를 가리켜, 아버지 하나님은 "이는 내 사랑하는 아들이요 내 기뻐하는 자라 하시니라"라고 말씀하였다(마 3:17). 먼저 하나님의 생각 속에서 실체를 가진 예정된 그 신인(神人)을 기뻐했고, 세상이 존재하기 전에 여호와가 기뻐했던 그 기쁨을 가리킨다. 하나님의 영원한 생각과 최초의 관점을 통해, 하나님의 짝이었던 그는 하나님의 무한한 사랑과 만족의 대상이 되었다. 여호와가 그 아들로 하여금 성육신하도록 단순히 뜻을 세운 것 훨씬 그 이상이었다. 하나님의 작정은 그리스도에게 실체를 미리 부여했고 따라서 하나님의 마음에 무한한 만족을 주었다.

사람들은 이 주제의 복된 측면을 거의 이해하지 못한다. 그래서 우리는 이에 관해 좀 더 언급하는 것이 중요하다고 생각한다. 그리스도가 은혜의 선택의 첫 결실 혹은 머리라는 사실은 하나님의 일을 시작할 때 예시되었다. 실제로 세상을 창조하고 첫 사람을 지은 것은 그리스도를 알릴 목적이었다. "아담은 오실 자의 표상이라"는 말씀이 그 뜻이다(롬 5:14). 아담은 인류의 연방적 머리로 창조되고 빚어지고 조성되었기에 하나님의 택함을 입은 그리스도를 나타내는 예표였다. 이 진술을 부연설명하기 위해서는 **영적 연합과 교제(Spiritual Union and Communion)**라는 저술에서 다룬 내용을 여기에서 반복해야 한다. 하지만 여기에서 많은 양을 반복할지라도 독자 여러분이 용납해주리라고 믿는다.

교리 따위는 전혀 필요 없다고 믿으며 특히, 하나님의 절대주권 교리를 몹시 혐오하는 사람들이 있다. 이들은 종종 "그리스도를 전하라"라고 훈계한다. 그러나 오랫동안 관찰한 바에 따르면, 그런 사람들은 결코 최고의 공식적인 직분이라는 측면에서 즉, 하나님 백성들의 언약적 머리로서의 그리스도를 전한 적이 없다. 그리스도를 하나님이 택한 자요 하나님이 기뻐하는 자라는 점에서는 단 한마디도 한 적이 없다. 그리스도를 전한다는 것은 많은 사람들이 생각하는 것보다 훨씬 더 포괄적이다. 인간 그리스도 예수가 삼위일체의 두 번째 위격과 연합하도록 영원히 예정되었다는 사실을 하나님이 처음에 시작하고 가르쳐줄 때까지는 어떤 인간도 지성적으로 알아낼 수도 없다. "내가… 백성 중에서 택한 자를 높였으되"(시 89:19)라는 구절에서 그 "높였으되"라는 것은 그리스도가 영원한 말씀과 이룬 인격적 연합으로 높여지는 것으로 시작하였다. 정말 유일무이한 명예 아닌가!

"그리스도 안에서 선택되었다"는 바로 그 말은 그리스도가 먼저 선택되었다는 의미를 반드시 내포한다. 그것은 마치 우리가 서있다는 말이 우리가 딛고 선 흙을 전제하는 것과 같다. 하나님이 그리스도를 선택하였을 때 그리스도를 한 사람의 개인이 아니라 공인으로, 몸을 구성하는 머리로 선택하였고 우리는 그리스도 안에서 그 몸을 구성하는 지체로 선택되었다. 이때 우리에게는 하나님 앞에서 대표적 실체를 부여받았기 때문에 하나님은 그리스도를 우리의 대표자로 삼아 언약을 맺을 수 있었다. 하나님이 은혜의 선택의 머리라는 이 직분자 그리스도와 영원한 언약을 맺었다는 사실은, "주께서 이르시되 내가 나의 택한 자와 언약을 맺으며 내 종 다윗에게 맹세하기를"이라는 말씀이 명백하게 가르친다(시 89:3). 그리고 모형적으로 "마음에 합한 자"와 시간 속에서 맺은 언약을 통해 예시하였다. 다윗은, 마치 식량이 떨어진 형제들에게 식량을 공급해주었을 때의 요셉처럼 혹은 히브리인들을 애굽의 속박에서 벗어나도록 이끌어줄 때의 모세처럼, 하나님이 다윗과 언약을 맺을 때 그리스도를 나타내는 도구였다.

그렇다면, 그리스도를 전하기를 갈망한다면 그리스도를 모든 것 가운데 가장 두드러지도록 해야 한다. 선택을 빼놓지 말라. 나사렛 예수를 충분히 명예롭게 하자. 아버지 하나님이 나사렛 예수에게 부여한 명예는 최상의 명예이다. 그리스도는 우리가 소유하고 있고 또 장차 소유할 모든 은혜와 영광을 우리에게 전달해주는 통로이며, 처음부터 그렇게 세움을 받았다. 로마서 8:29이 매우 분명하게 가르치는 것처럼, 이것은 하나님의 사랑하는 아들로 하여금 "많은 형제 중에서 맏아들"이 되도록 정한 **선택**과 연결되어 있다. 그리스도를 하나님의 지혜의 대표작, 위대한 원형으로 정하였고, 우리를 그리스도를 닮은 수많은 작은 복제물이요 모델이 되도록 정하였다. 그리스도는 하나님의 모든 생각과 계획과 길의 처음이요 마지막이다.

우주와 이 세상은, 주 하나님은 자신의 가장 깊은 계획 가운데 적절하다고 여기는 것을 상연하는 극장이며 무대이다. 아담을 창조한 것은 더 나은 아담 즉, 장차 하나님의 모든 피조물을 관장할 우주적 머리의 권세를, 그리고 창조의 구석구석에 그리고 창조의 각 부분을 통해 가시적으로 빛날 자의 영광을 가리키는 그림자였다. 세상을 창조하고 구비한 뒤에 사람을 낳았다. 그러나 아담을 창조하기 전에 영원한 하나님의 세 위격이 "우리의 형상을 따라 우리의 모양대로 우리가 사람을 만들고…"라고 대화를 나눈

장면이 있다(창 1:26). 이 말씀은 영원 전부터 삼위일체 하나님의 모든 계획의 대상이며 주체인 신인적(神人的) 존재인 그리스도를 염두에 둔 것이다. 의와 참된 거룩으로 구성된 하나님의 형상을 따라 창조되고 만들어진 아담은 **그리스도**를 가리키는 모형이었다. 그리스도야말로 진정 "보이지 않는 하나님의 **형상**"이다(골 1:15).

하나님의 직접적인 손길에 의해 흙으로부터 빚어진 아담의 육신은 아들 하나님이 취할, 성령이 직접 조성해줄 인성의 예표 혹은 그림자였다. 아담의 육신이 처녀지(處女地)로부터 만들어졌다면 그리스도의 인성은 처녀의 태로부터 만들어졌다. 다시 말하자면, 영혼과 육신이 연합하여 아담을 이룬 것은 가장 심오하고 가장 위대한 신비 즉, 우리 본성과의 위격적 연합을 통해 그리스도라는 인격을 이룬 신비를 나타내는 모형이었다. 이 점을 아다나시우스 신조라고 불리는 신앙고백문은 "이성적 영혼과 육신이 하나의 사람인 것처럼 하나님과 사람이 하나의 그리스도이다"라고 올바르게 표현한다. 다시 말하면, 아담의 인격은 모든 피조물들의 속성들로 구성되었고 그 모든 피조물이 제공하고 나눠줄 수 있는 모든 위로와 즐거움을 받아들이기에 적합하였다. 마찬가지로 그리스도의 인성이 가진 영광은 모든 피조물 심지어 천사들조차도 능가한다. 첫 아담의 인격과 위상에 주목하여 고찰할수록 마지막 아담이 얼마나 충분하고 적절한지를 더 잘 분간하게 될 것이다.

낙원에 있던 아담은 세상의 모든 피조물을 자기 앞으로 불러 모으고 다스릴 권세를 가졌다(창 1:28). 따라서 세상의 영광과 명예의 절정이었다. 여기에서도 아담은 정확하게 그리스도를 예표하였다. 히브리서 2장 9절은 시 8편을 그리스도에게 적용하여, 만물을 다스릴 권세를 그리스도에게로 돌리고 땅과 하늘과 태양과 달과 별들의 찬양을 받을 만하게 그리스도는 온 세상과 존재들과 사물들을 다스릴 우주적인 나라와 통치권을 소유하고 있다. 비록 그리스도가 아주 잠시동안 비하(卑下)를 통해 천사들보다 낮아졌다가 지금 승귀를 통해 만왕의 왕이요 만주의 주의 지위로 높아졌다. 게다가 "만군의 여호와의 짝"이요 하나님인 동시에 사람인 그리스도는 승귀 이전에 잠시 낮아졌지만 영화롭게 되기로 세상이 시작되기 전에 예정되었다.

"내 아버지께서 나라를 내게 맡기신 것같이 나도 너희에게 맡겨" (눅 22:29).

"하나님이 산 자와 죽은 자의 재판장으로 정하신 자가 곧 이 사람인 것을"(행 10:42).

"아담이 모든 육축과 공중의 새와 들의 모든 짐승에게 이름을 주니라 아담이 돕는 배필이 없으므로"(창 2:20)에 따르면, 그리스도가 예정을 통해 선재(先在)와 주재권을 가졌다는 것은 바로 아담이라는 최초의 근본적인 모형에서 나타났다. 하지만 이 모형의 완벽한 정확성에 주목하라. 하나님은 아담을 창조한 뒤에 아담 안에서 이브를 창조하였다(그리고 아담을 축복함으로써 아담 안에 있는 모든 인류를 축복하였다, 창 1:28). 그와 마찬가지로 하나님이 그리스도를 선택할 때 그의 백성들을 그리스도 **안에서 선택**하였다(엡 1:4). 그러므로 택함 받은 백성들은 그리스도 안에서 영원 전부터 실질적인 존재 및 실체를 가졌다. 결과적으로 그리스도를, "영존하시는 **아버지**"라고 불렀다(사 9:6, 히 2:13). 결과적으로 하나님은 그리스도를 축복하면서 그리스도 안에 있는 모든 택자들을 그리스도와 함께 축복하였다(엡 1:3, 2:5).

비록 아담이 창조주의 손에서 "심히 좋았더라"라고 할 만한 상태로 나왔고 지상의 모든 피조물을 다스릴 권세를 가졌더라도 돕는 배필이 없었다. 결국 하나님이 적절한 짝을 만들어주었다. 아담의 옆구리에서 취한 갈빗대로 여자를 "만들어" 아담에게 데려다주었고 아담은 이브를 기쁘게 받아들였다(창 2:22). 마찬가지로, 그리스도는 하나님의 길의 시작이었고 영원 전부터 세워졌으며 하나님이 기뻐한 자였다(잠 8:22, 23, 30). 그러나 하나님은 그리스도가 홀로 있는 것이 좋지 않다고 여겼다. 그래서 그리스도의 짝을 만들기로 그리고, 그리스도의 모든 공유 가능한 은사들과 존귀한 것들과 풍요한 것들과 영광들을 함께 나누게 하기로 작정하였다. 그리스도의 짝은 적절한 때에 그리스도의 옆구리가 창에 찔려 맺은 결실이며, 성령의 은혜로운 활동에 의해 그리스도에게로 이끌림을 받았다.

여호와 하나님이 이브를 창조하여 아담에게로 데려다주어 혼인의 연합을 이루도록 하셨을 때 은혜의 최고 신비 즉, 하나님이 택자들에게 그리스도를 제공하고 그리스도에게 택자들을 준다는 신비를 예시하셨다.

> "세상 중에서 내게 주신 사람들에게 내가 아버지의 이름을 나타내었나이다 저희는 아버지의 것이었는데 내게 주셨으며…"(요 17:6).

중보자는 하나님의 작정이라는 거울을 통해서 저들을 미리 보고 사랑하고(잠 8:31), 약혼하고, 하나님이 혼인계약과 언약적 맹약 행위를 통해 이처럼 자기에게 주신 교회를 아버지의 선물로 받아들였다. 아담이 이브와 자신의 관계를 "이는 내 뼈 중의 뼈요 살 중의 살이라"라는 말로 **인정**한 것처럼(창 2:23) 그리스도는 교회에 대해 영원한 남편이 되었다. 아담과 이브는 타락하기 **전에** 연합한 것처럼 그리스도와 교회는 죄를 미리 내다보기도 **전에** 먼저 하나님의 생각 속에서 하나였다.

그렇다면 그리스도를 중보자 직분이라는 최고의 영광을 통해 전해야 한다면 교회를 위하여 그리스도를 예정한 것이 아니라 **그리스도를 위하여** 교회를 예정한 것이 하나님의 뜻임이 분명하다. 이 모형에 있는 이 요점을 성령이 어떻게 강조하였는지를 주목하라.

> "남자는 하나님의 형상과 영광이니 그 머리에 마땅히 쓰지 않거니와 여자는 **남자의 영광**이니라 남자가 여자에게서 난 것이 아니요 여자가 남자에게서 났으며 또 남자가 여자를 위하여 지음을 받지 아니하고 여자가 남자를 위하여 지음을 받은 것이니"(고전 11:7-9).

아담은 이브 없이는 완전하지 않았다. 마찬가지로 그리스도는 교회 없이는 완전하지 않다. 즉, 교회는 그리스도의 "충만" 혹은 "채움"이다(엡 1:23). 그렇다. 교회는 그리스도의 영광의 면류관이며 왕관이다(사 62:3). 그리스도에게 교회는 마치 그리스도가 은혜와 영광으로 채워줄 빈 그릇처럼 필요한 것이라고 말할 수 있다. 그리스도의 모든 기쁨은 교회 안에 있고, 그리스도는 영원 전체를 통해 교회 안에서 그리고 교회를 통해서 영광을 받고 자신의 영광을 교회에 둘 것이다(요 17:22).

> "이리 오라 내가 신부 곧 어린 양의 아내를 네게 보이리라 하고… 하나님
> 께로부터 하늘에서 내려오는 거룩한 성 예루살렘을 보이니 하나님의 영광
> 이 있으매"(계 21:9-11).

그리스도는 하나님의 택함을 받은 자라는 성격에서는 아담 말고도 다른 인물들에 의해 예시되었다. 정말이지. 그리스도의 탁월한 모형인 많은 인물들이 하나님의 **실제적 선택**에 의해 특별한 직분을 맡게 된 주인공이라는 사실은 주목할 만한 일이다. 모세에 관련하여 시편은 "그러므로 여호와께서 저희를 멸하리라 하셨으나 그 **택하신** 모세가 그 결렬된 중에서 그 앞에 서서 그 노를 돌이켜 멸하시지 않게 하였도다"라고 진술한다(시 106:23). 아론에 대해서는 "이 존귀는 아무나 스스로 취하지 못하고 오직 아론과 같이 하나님의 **부르심을 입은** 자라야 할 것이니라"라고 말한다(히 5:4). 이스라엘의 선지자들에 관해서는 "레위 자손 제사장들도 그리로 올지니 그들은 네 하나님 여호와께서 **택하사** 자기를 섬기게 하시며 또 여호와의 이름으로 축복하게 하신 자라…"라고 기록하였다(신 21:5). 다윗과 유다 지파에 관해서도 "또 요셉의 장막을 **싫어 버리시며** 에브라임 지파를 택하지 아니하시고 오직 유다 지파와 그 사랑하시는 시온산을 **택하시고**… 또 그 종 다윗을 **택하시되** 양의 우리에서 취하시며"라고 기록하였다(시 78:67, 68, 70). 이 각각의 사례는 사람인 그리스도 예수를 하나님이 선택하여 모든 피조물 가운데 가장 높은 영광과 축복으로 이끌었다는 위대한 진리를 어렴풋하게 나타냈다.

"무엇이든지 속된 것이나 가증한 일 또는 거짓말 하는 자는 결코 그리로 들어오지 못하되 오직 어린 양의 생명책에 기록된 자들 뿐이라"(계 21:27).

이 구절에서 "생명책"은 의심의 여지없이 비유적 표현이다. 성령은 영적이며 천상적이며 영원한 것들을 그 축복과 은택들과 더불어 다양한 이미지와 은유들을 통해 나타내어 그 실체를 더 한층 쉽게 이해하고 느낄 수 있도록 해주고 더 잘 받아들일 수 있도록 해주기를 기뻐한다. 반드시 알아두어야 할 사실은, 우리로 하여금 영적 시각으로 바라볼 수 있도록 이용한 유사한 것들은 단지 그림자에 불과하고 그렇지만 그것들이 보여준 것은 **실제적** 존재 및 실체를 가지고 있다는 것이다.

창공에 있는 태양은 그리스도의 본성에 있는 것을 가리키는 상징물이다. 즉, 그리스도는 태양이 자연적 세계에 대해서 갖는 그런 관계를 영적 세계에 대해서 가지며, 태양은 그림자에 불과하고 그리스도가 그 실체이다. 그래서 그리스도를 "의의 태양"이라고 부른다. 마찬가지로 그리스도를 빛에 빗대서 **참** 빛"이라고 한다(요 1:9). 포도나무에 빗대서 **참** 포도나무"라고 한다(요 15:1). 떡에 빗대서 "참 떡"(요 6:32), 생명의 떡, 하늘로부터 내린 "하나님의 떡"(33절)이라고 부른다. 성경에서 구속자를 가리키는 수많은 은유와 마주칠 때 이 원리를 적절하게 염두에 두도록 하자. 따라서 요한계시록 21:27에 있는 "생명책"이라는 표현을 비유적 표현으로 볼 때 그 단어가 가리키는 실체가 하늘에 없다는 주장을 결코 인정할 수 없다.

"생명책"이라는 표현은 이사야 4:3에 뿌리를 두고 있다. 이사야 본문에서 하나님은 자신이 선택한 남은 자를 "예루살렘에 있어 생존한 자 중 녹명된 모든 사람"이라고 한다. 그리고 이것은 그 후의 모든 언급의 의미를 설명해준다. 하나님의 영원한 선택행위를, 하나님이 선택한 자들의 이름을 생명책에 기록한다는 말로 표현한다. 그리고 이 비유가 제시하는 것들은 첫째, 모든 택자들에 관하여 하나님이 갖고 있는 엄밀한 지식, 특정한 기억, 사랑과 기쁨이다. 둘째, 하나님의 영원한 선택은 특정한 개인들에 관한 것이며 택자들의 이름을 하나님이 명확하게 기록해둔다는 것이다. 셋째, **하나님**은 모든 택자의 이름을 생명책에 기록해 두었으며 결코 삭제하지 않을 것이기 때문에 절대적으로 안전하고 든든하다는 사실이다(계 3:5). 70명의 제자들이 선교여행으로부터 돌아왔을 때 마귀들이 자기들에게 굴복한 것 때문에 의기양양했다. 그때 그리스도는 오히려 "너희 이름이 하늘에 기록된 것으로 기뻐하라"고 말씀하셨다(눅 10:20, 빌 4:3, 히 12:23). 이 말씀은 하나님은 각각을 개별적으로 선택하여 영생에 이르게 하며 따라서 확실하고 불변적으로 선택한다는 사실을 보여준다.

요한계시록 21:27에서 하나님의 이 선택 및 등재를 "어린양의 생명책"이라는 이름으로 지칭하는 것에 각별히 주목해보자. 다음 두 가지 이유 때문이다.

첫째, 그 생명책에는 어린양의 이름이 맨 위에, 첫 번째로 기재되어 있기 때문이다. 어린양이 가장 탁월한 탓이다. 그 뒤에 모든 백성들의 이름이 등재된다. 그 어린양의 이름이 신약성경에서도 어떻게 첫 번째로 기록되었는지도 주목하라(마 1:11).

둘째, 그리스도가 뿌리이고 그의 택자들이 가지들이며, 택자들은 그리스도로부터 생명을 받기 때문이다. 택자들은 그리스도 안에 있고 그리스도에 의하여 공급받는다. **"우리 생명이신** 그리스도께서 나타나실 그 때에 너희도 그와 함께 영광 중에 나타나리라"(골 3:4)라는 말씀처럼, 그리스도는 "생명의 주"이기 때문에 우리의 생명이다(행 3:15). 그리스도의 몸을 이루는 모든 지체의 이름을 하나님이 택자들의 명부에 등재한 것을 "어린양의 생명책"이라고 지칭하는 것은 적절하다. 택자들의 생명은 전적으로 그리스도에게 의존하기 때문이다.

그러나 첫 번째 이유에 관련해서 우리는 좀 더 언급하고자 한다. 어린양의 이름이 첫 번째로 등재되기 때문에 어린양의 생명책이라고 부른다는 이 주장은 우리가 제멋대로 내놓는 주장이 아니라 명확한 성경적 근거에 입각한 주장이다.

"두루마리 책에 나를 가리켜 기록한 것과 같이 하나님의 뜻을 행하러 왔나이다"(히 10:7)라는 구절에서 화자(話者)는 주 예수이며, 종종 그런 것처럼 이중적인 의미를 내포한다. 첫째, 하나님의 영원한 계획에 대한 기록물 즉, 신적 작정들을 기록한 두루마리를 가리킨다. 둘째, 그 두루마리의 내용을 부분적으로 옮겨 적은 성경책을 가리킨다. 이처럼 "책"이라는 단어는 이중적인 언급과 나란히 이중적인 의미를 갖는다. 시편 40:7에서 "(두루마리) 책"은 틀림없이 그 구절에서 사용한 히브리 단어 "메기라"(מְגִלָּה)의 의미 그대로 이지만 히브리서 10:7에서 사용된 헬라어 단어 "켑할리스"(κεφαλίς)는 "머리"라는 의미로서 여성형 명사 "켑할레"(κεφαλή)는 신약성경에 76회 나오는데 이곳을 제외하고는 언제나 "머리"로 번역되었다.

그러므로 히브리서 10:7의 해당 부분을 "그 책의 머리에 나에 관해 기록되어 있다"라고 번역해야 옳다. 여기에 우리 주장의 증거가 있다. 생명책 택자들의 명단을 기록한 하나님의 책을, 어린양의 이름이 맨 위에 기록되어 있기 때문에 그리고 어린양이 이 세상에 들어오면서 그 두루마리 책을 살펴본 뒤에 "그 책의 머리에 나에 관해 기록되어 있다"고 말하였기 때문에 "어린양의 생명책"이라고 명명한다. 그리스도는 이 책을 좀 더 언급하면서 "내 형질이 이루기 전에 주의 눈이 보셨으며 나를 위하여 정한 날이 하나도 되기 전에 주의 책에 다 기록이 되었나이다"라고 하였다(시 139:16). 이 시편 기자는 자신의 자연적 육신을 언급하고 있었다. 먼저 15절에서는 어머니의 태속에서 지어지는 것을 그리고 16절에서는 신적 작정의 당사자로 묘사한다. 그러나 좀 더 깊은 차원에서는 다윗의 원형인 그리스도와 그의 신비적 몸을 구성하는 지체를 가리킨다.

> "교회를 구성하는 본질은 선택 작정에서 제안되었으며 하나님의 주목 대상이었다"(존 오웬).

훈련된 독자는 "**내** 이름이 어린양의 생명책에 기록되어 있다고 얼마나 확실할 수 있을까?"라는 의문에 대해 다음과 같이 간명하게 답하자.

첫째, 당신 자신의 내적 부패, 무가치한 인격, 무서운 죄책, 어린양의 희생에 대한 절박한 필요를 보고 느끼도록 하나님이 가르쳐줌으로써.

둘째, 당신의 생각과 평가에서 그리스도를 최고로 중시하고 오직 그리스도만이 당신을 구원해줄 수 있다는 사실을 깨닫도록 만들어줌으로써.

셋째, 당신으로 하여금 그리스도를 믿고 당신의 영혼을 그리스도에게 의탁하고, 그리스도 안에서 발견되도록 갈망하고, 당신 자신의 의가 아니라 오직 그리스도의 의를 구함으로써.

넷째, 당신에게 있어서 그리스도를 무한히 보배로운 존재로 만들어 그리스도가 당신의 모든 갈망이 되도록 함으로써.

다섯째, 그리스도를 기뻐하고 영화롭게 하려는 결단을 당신 안에서 이뤄내도록 함으로써.

3장_ 선택의 진실성

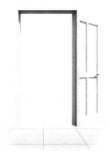

선택의 진실성

선택이라는 이 심오하면서도 보배로운 진리를 논리정연하게 전개하기 전에 이 교리가 성경적인지를 입증하는 것이 (특히 이 주제가 익숙하지 않은 이들에게) 더 나을 것 같다. 우리는 어떤 것도 당연시해서는 안 된다. 대부분의 독자들은 이 교리에 관한 체계적인 연구를 접한 적이 없고 심지어 이 교리에 관한 실질적인 정보를 접해보지 못한 이들도 있기 때문에, 그리고 다른 사람들조차 왜곡된 정보와 비아냥거림에 불과한 정도만 알고 있는 경우가 많기 때문에, 먼저 선택교리가 진실로 성경적인 가르침인지를 확인하는 과정을 거쳐야 할 필요가 있다. 다른 말로 하자면, 본 장의 목적은 선택교리가 칼빈이나 다른 어떤 사람이 꾸며낸 신학적 발명품이 아니라 성경에 명확하게 계시된 가르침이라는 주장이 즉, 하나님이 세상을 창조하기 전에 자신의 피조물들을 구별하여 그 일부를 빼어내 은총을 베풀특별한 대상으로 삼았다는 주장이 성경적이고 입증하는 것이다.

이 장에서는 다소 개괄적으로 접근하여 **사실 그 자체**에 집중하고, 좀 더 세부적인 분석과 차별화는 이후의 장에서 다루겠다. 여기에서 우선적으로 다룰 질문은 "하나님은 자기 백성을 선택하느냐?"이다. 우리는 이 질문을 하나님께 직접 제기해야 한다. 오직 하나님만이 이 질문에 대답할 수 있는 입장이기 때문이다. 그러므로 이 질문에 대한 **하나님의** 답변이 무엇인지를 알려면 우리는 성경으로 돌아가야 한다. 그러나 그 보다 먼저, 가르침을 잘 받아들이는 정신을 우리에게 허락하여 하나님의 증언을 겸손하게 받아들일 수 있도록 해달라고 하나님께 간절히 구해야 한다. 하나님께 속한 것들은 하나님 자신이 선포해줄 때까지는 아무도 알지 못한다. 그러나 하나님이 선포한 뒤에 다투거나 불신하는 것은 지독한 어리석음일 뿐만 아니라 사악하게 주제넘은 것이다. 성경은 신앙의 규범인 동시에 행위의 규범이다. 이제 율법과 증언을 다뤄보자.

이스라엘 민족에 대해서 성경은 다음과 같이 진술한다.

> "너는 여호와 네 하나님의 성민이라 네 하나님 여호와께서 지상 만민 중에서 너를 자기 기업의 백성으로 **택하셨나니**"(신 7:6).

> "여호와께서 자기를 위하여 야곱 곧 이스라엘을 자기의 특별한 소유로 **택하셨음**이로다"(시 135:4).

> "그러나 나의 종 너 이스라엘아 나의 **택한** 야곱아 나의 벗 아브라함의 자손아 내가 땅 끝에서부터 너를 붙들며 땅 모퉁이에서부터 너를 부르고 네게 이르기를 너는 나의 종이라 내가 너를 **택하고** 싫어 버리지 아니하였다 하였노라"(사 41:8, 9).

이 세 구절만 보더라도 옛 이스라엘은 하나님의 은총을 입어 선택받은 백성이라는 사실이 명확하게 드러난다. 이 자리에서는 하나님이 저들을 선택한 이유 혹은 선택한 목적에 관한 질문을 제기하지 않는다. 다만 그 명백한 사실에 주목한다. 구약시대에 하나님은 한 민족을 선택하였다.

그 다음에 주목해야 할 점은, 은총 받은 이스라엘 안에서도 하나님은 차별을 두셨다는 것이다. 즉, 선택 안에 선택이 있었다. 다른 말로 하면, 하나님은 이스라엘 민족 중에서도 특별한 족속을 자신의 것으로 삼았다.

> "이스라엘에게서 난 그들이 다 이스라엘이 아니요 또한 아브라함의 씨가 다 그 자녀가 아니라 오직 이삭으로부터 난 자라야 네 씨라 칭하리라 하셨으니 곧 육신의 자녀가 하나님의 자녀가 아니라 오직 약속의 자녀가 씨로 여기심을 받느니라"(롬 9:6-8).

> "하나님이 그 미리 아신 자기 백성을 버리지 아니하셨나니… 내가 나를 위하여 바알에게 무릎을 꿇지 아니한 사람 칠천을 남겨 두었다 하셨으니 그런즉 이와 같이 이제도 은혜로 **택하심**을 따라 남은 자가 있느니라… 이스라엘이 구하는 그것을 얻지 못하고 오직 **택하심을 입은** 자가 얻었고 그 남은 자들은 완악하여졌느니라"(롬 11:2-7).

이 구절들을 통해서 알 수 있는 사실은, 외적 특권을 누리도록 선택받은 민족인 가시적인 이스라엘의 경우에도 하나님은 선택하셨다는 점이다. 영적 이스라엘에 대해서도 마찬가지다. 외적 이스라엘이든 **영적** 이스라엘이든 하나님의 사랑의 대상으로 하나님이 선택하신 것이다.

하나님의 선택이라는 이 원리는 신약성경에 명백하고 두드러지게 나타난다. 신약성경에서도 하나님은 자신만의 백성, 하나님의 특별한 사랑을 입는 족속, 하나님의 사랑하는 자녀를 가진다는 사실이 계시되어 있다. 구세주와 사도들은 신약성경이 가리키는 이 백성을 다양한 방법으로 묘사하고 종종 여기에서 다루는 용어를 사용하여 지칭한다.

> "**택하신 자들**을 위하여 그 날들을 감하시리라… 택하신 자들도 미혹하게 하리라… 저희가 그 택하신 자들을 하늘 이 끝에서 저 끝까지 사방에서 모으리라"(마 24:22, 24, 31).

> "하물며 하나님께서 그 밤낮 부르짖는 **택하신 자들**의 원한을 풀어 주지 아니하시겠느냐 저희에게 오래 참으시겠느냐"(눅 18:7).

> "누가 능히 하나님의 택하신 자들을 송사하리요 의롭다 하신 이는 하나님이시니"(롬 8:33).

> "그 자식들이 아직 나지도 아니하고 무슨 선이나 악을 행하지 아니한 때에 **택하심**을 따라 되는 하나님의 뜻이…"(롬 9:11).

> "그러므로 내가 **택하신 자**를 위하여 모든 것을 참음은…"(딤후 2:10).

> "하나님의 **택하신 자들**의 믿음과 경건함에 속한"(딛 1:1).

인용할 수 있는 구절들은 아직 많이 남아 있다. 하지만 하나님은 자기 백성을 선택하신다는 사실을 명확하게 입증하기에는 이 구절들로도 충분하다. 하나님은 자신이 선택하여 자기 것으로 삼은 백성이 있다고 직접 선언하는데 도대체 누가 감히 그렇지 않다고 말한단 말인가!

"선택된" 혹은 "택함을 받은"에 해당하는 의미의 단어가 성경에 출현하는 횟수는 100회를 훨씬 상회한다. 그렇다면 이 단어는 하나님이 즐겨 사용하는 용어인 셈이고, 중요한 의미가 있음에 틀림없다. 어떤 분명한 개념을 전달하는 용어임에 틀림없다. 그렇다면 그 의의는 무엇인가? 겸손한 질문자라면 이 단어를 억지로 해석하거나 먼저 자신이 가지고 있던 편견을 합리화하는 해석을 하지 않고 기도하는 마음으로 성령의 생각을 확인하려고 노력할 것이다. 이것은 어려운 일이 아닐 것이다. 인간의 언어에는 그 이상 특수한 의미를 가진 단어가 없다. "선택"이라는 단어가 보편적으로 표현하는 개념은 어떤 것은 가져가고 다른 것은 남겨놓는다는 것이다. 모든 것을 택하는 것은 **전혀** "선택"이 아니다. 게다가 항상 **선택권**은 선택하는 자의 것이다. 선택행위와 동기도 선택하는 자의 것이다. 여기에서 "선택"은 강요, 채무상환, 의무이행, 혹은 정의의 요구에 부응하는 것과는 다르다. 선택은 자유롭고 주권적인 행위이다.

"선택"이라는 용어의 의미에 관해 불확실성의 여지를 남겨두지 말자. 선택은 골라내고 지명한다는 점에서 하나님은 선택행위를 하였다. 하나님은 자신의 주권적 의지를 발휘하였고, 전체 피조물들 가운데서 특별한 은총을 베풀기로 결심한 자들을 골라냈다. 골라내는 행위가 없는 선택행위는 존재할 수 없다. 간과행위 없는 선택행위도 있을 수 없다. 선택교리는 하나님이 자신의 특별한 보배, 친애하는 자녀, 그리스도와의 공동상속자로 삶을 자들을 영원 전부터 선택하였다는 뜻이다. 선택교리는 아들 하나님이 성육신하기 전에 중보자에 의해 구원받을 자들을 지정해두었다는 뜻이다. 선택교리는 하나님은 그 어떤 것도 우연에 맡겨두지 않았다는 뜻이다. 하나님의 뜻을 성취하는 것, 그리스도가 맡은 직무의 성공, 천국을 그 백성으로 채우는 것은 피조물의 쉽게 변하는 변덕에 좌우되는 우연적인 것이 아니다. 사람의 뜻이 아니라 하나님의 뜻이 운명을 정한다.

하나님의 선택에 관한 정말 주목할 만하면서도 별로 알려지지 않은 구절에 주목해보자.

> "하나님과 그리스도 예수와 **택하심을 받은 천사들** 앞에서 내가 엄히 명하노니…"(딤전 5:21).

자, 선택받은 천사들이 있다면 틀림없이 선택받지 못한 천사들도 존재할 것이다. 후자 없이 전자만 존재할 수 없다. 그렇다면 하나님은 과거에 하늘의 천사들을 구분하여 어떤 천사들을 존귀의 그릇으로, 다른 천사들을 수치의 그릇으로 선택하였다. 하나님이 은총에 이르도록 선택한 천사들은 하나님의 뜻을 확고하게 붙들고 복종하였다. 그 나머지는 사단이 반란을 일으킬 때 타락하였다. 사단은 배교할 때 천사들 가운데 1/3을 타락에 끌어들였다(계 12:4).

> "하나님이 범죄한 천사들을 용서치 아니하시고 지옥에 던져 어두운 구덩이에 두어 심판때까지 지키게 하셨으며"(벧후 2:24).

반면에 은혜의 선택을 받은 천사들은 "거룩한 천사들"이다. 거룩한 천사들이었기 때문에 선택받은 것이 아니라 선택받은 결과로 거룩한 천사들이었다. 선택이 창조보다 시간적으로 앞섰기 때문이다. 선택에 대한 최고의 사례는 그리스도의 경우이고, 천사들에 대한 선택이 그 다음 경우이다.

하나님이 사람들 사이에서 행한 선택의 경이로움과 독특성에 주목하고 경탄하자. 하나님은 아담의 혈통에서 한 무리를 하늘에서 가장 사랑하는 존재로 삼았다.

> 우리의 생각이 하늘 심지어 하늘의 하늘이 주의 것이라는 사실에 다다르면 이것은 이적 중에 이적임을 알게 된다. 만일 하나님이 어떤 족속을 선택해야 한다면 어째서 위풍당당한 천사계급 중에서, 하나님의 보좌를 둘러싼 번쩍이는 체루빔이나 세라빔에서 골라내지 않았을까? 어째서 가브리엘을 선택하지 않았을까? 어째서 가브리엘의 허리에서 강력한 천사들이 나오도록 하지 않았을까? 어째서 하나님은 창세전에 그들을 선택하지 않았을까? 천사들보다 열등한 피조물인 사람 안에는, 하나님이 천사들을 제쳐두고 사람을 선택해야 할 수밖에 없는 무엇인가가 있었는가? 어째서 하나님은 체루빔과 세라빔을 그리스도에게 주지 않았는가? 어째서 그리스도는 천사의 본성을 취하여 천사들과 연합하지 않았는가? 천사의 몸은 허약하고 고통을 겪는 혈과 육으로 된 몸보다 하나님의 위격에 더 잘 조화를 이루었을 것이다. 하나님이 천사들에게 "너희를 내 자녀로 삼을 것이다"라고 말을 했더라도 맞는 말이었다. 그러나 아니다! 이 모든 것이 다 하나님의 소유였을지라도 하나님은 이 모든 것을 간과하고 사람에게로 자신을 낮추었다(스펄전).

하나님이 천사보다 아담의 후손을 선호하여 택한 까닭은 인류가 아담 안에서 타락하였고 따라서 하나님이 풍성한 자비를 부어주기에 적절한 기회를 제공하였기 때문이라고 가정하는 이들이 있다. 그러나 이것은 전적으로 잘못된 가정이다. 천사들 가운데 1/3이 타락하였고 하나님은 이들에게 자비를 베풀기는커녕 "큰 날의 심판까지 영원한 결박으로 흑암에 가두셨다"(유 6). 타락한 천사들을 위한 구세주는 없었다. 타락한 천사들에게는 복음도 전혀 선포하지 않았다. 얼마나 놀랍고 얼마나 장엄한가? 타락한 천사들을 간과하였지만, 아담의 타락한 후손들에게는 자비를 베풀다니!

정말 불가사의하다. 하나님은 자신만의 보배로 삼을 족속을 선택하여 다른 어떤 피조물보다 자기에게로 더 가까이 두고 더 사랑하기로 결정하였다. 아들 하나님의 형상에 일치할 족속을 하나님은 아담의 자손들 가운데서 선택하였다. 왜? 어째서 그 지고한 명예를 하늘의 천사들에게는 주지 않았는가? 천사는 사람보다 높은 지위를 가진 존재들이다. 사람보다 먼저 창조된, 천상적 피조물이다. 하지만 하나님은 천사를 간과하였다. 우리는 흙에 속한다. 하지만 주님은 우리에게 마음을 두었다. 다시 "왜?"라고 묻자. 하나님의 지엄한 주권이라는 진리를 혐오하고 무조건 선택교리에 맞서는 이들은 이 부분을 곰곰이 생각해봐야 한다. 하나님이 어떤 사람을 편애하는 것은 부당하다고 야단스럽게 주장하는 이들은 인류를 편애하여 결코 천사들에게 베푼 적이 없는 은총을 사람에게 베푼 까닭을 생각해봐야 한다. 유일하게 가능한 대답은 **"그렇게 하는 것이 하나님을 기쁘게 하였기 때문에"**라는 말뿐이다.

선택은 하나님의 비밀한 행위 즉, 영원 전에 하나님의 뜻 가운데 있는 행위이다. 그러나 선택은 영원토록 그런 상태에 머물러 있지 않는다. 그렇다. 적당한 시기가 이르면 하나님은 자신의 영원한 계획을 공개하기를 기뻐한다. 하나님은 인류의 역사가 시작된 이후에, 다양한 정도로 이 일을 수행해왔다. 창세기 3:15에서는 두 종류의 혈통이 존재할 것을 알려주었다. 하나는 그리스도와 그리스도의 백성을 가리키는 여자의 "후손"이고 다른 하나는 사단과 사단의 형상을 닮는 자들을 가리키는 뱀의 "후손"이다. 하나님은 이 두 후손 사이에 화해할 수 없는 "적대감"을 둔다. 이 두 "후손"은 택자와 비택자를 포함한다. 아벨은 은택의 선택에 속했다. 아벨의 "믿음"이 그 증거다(히 11:4). "영생을 주시기로 작정된" 자들만이 구원에 이르게 하는 믿음을 갖기 때문이다(행 13:48). 가인은 비택자에 속했다. "가인 같이 하지 말라 저는 악한 자에게 속하여"라는 말씀이 그 사실을 증거한다(요일 3:12). 하나님은 인류 역사의 초두에서, 첫 조상의 두 아들 가운데 하나를 "택하여" 은총을 베풀고 다른 하나를 "남겨두어" 불법에 합당한 보응을 받게 하였다.

그 다음에, 셋의 혈통에 흐르는 선택에 주목하자. 성경은 (가인의 후손이 아니라) 셋의 후손을 언급하면서 "그 때에 사람들이 비로소 여호와의 이름을 불렀더라"라고 한다(창 4:26). 그러나 시간이 흘러가면서 셋의 후손들도 부패하였고 결국, 전 인류가 하나님이 보낸 대홍수가 쓸어 없애버릴 정도로 악해졌다. 하지만 이때에도 하나님의 선택원리가 작동하였다. 에녹과 마찬가지로 노아는 하나님의 은혜를 입었다(창 6:8). 그리고 바로 그 대홍수 뒤에 노아의 아들들을 뚜렷하게 차별하였다. "셈의 하나님 여호와를 찬송하리로다"(창 9:26)라는 말씀은 하나님이 셈을 선택하였고 복을 주었다는 취지이다. 반면에 "가나안은 저주를 받아 그 형제의 종들의 종이 되기를 원하노라"(창 9:25)의 말씀은 함의 아들 가나안에 대한 하나님의 거절에 포함된 간과 및 그에 따른 모든 것을 표현한다. 따라서 노아의 방주를 통해 구원받은 이들 가운데서도 하나님은 차별하셨다.

노아의 아들들로부터 70개의 민족이 나와 세상에 거주하였다.

> "이들은 노아 자손의 족속들이요 그 세계와 나라대로라 홍수 후에 이들에게서 땅의 열국 백성이 나뉘었더라"(창 10:32).

지상의 열국 백성들 가운데 단 하나의 족속을 선택하여 하나님의 선택이라는 물줄기가 흘러가도록 하였다. 창세기 10:25에 따르면, 이 선택과 구별은 셈의 손자 에벨 시대에 이뤄졌다. 세상이 나뉘었다는 말을 왜 언급하는가? 에벨은 유대인들의 조상이었다. 그렇다면 하나님은 에벨에게서 유대민족을 구별하여 자기 백성으로 삼기 시작하였음을 암시한다. 셈의 계보를 "셈은 에벨 온 자손의 조상이요 야벳의 형이라 그에게도 자녀가 출생하였으니"라는 말로 시작한 것은 그 때문이다(10:21). 이것은 매우 주목할 만하다. 셈은 에벨보다 나이 많은 자녀들을 두었다(성경에는 그들의 족보도 기록되어 있다). 그들 가운데 페르시아 인들의 조상인 엘람과 앗시리아 인들의 조상인 아수르가 있다.

방금 다룬 창세기 10장에 있는 얼핏 무미건조해 보이는 상술(詳述)은 하나님의 영원한 계획을 이룸에 있어서 지극히 중대한 단계였다. 바로 이 단계에서 하나님은 이스라엘 족속의 조상으로 예정한 에벨로부터 이스라엘 족속을 구별하여 자기 백성으로 삼기 시작하였다. 이때까지 히브리 족속은 다른 민족들과 무차별적으로 뒤섞여 있었다. 그러나 바로 여기에서부터 하나님은 히브리인들을 나머지 모든 족속들로부터 "구분"하였고, 나머지 다른 민족들도 서로 구별되게 만들었다. 따라서 에벨의 후손은 아무리 숫자가 적어도 함께 살던 족속들과 구별하여 "히브리 사람"이라는 **민족적** 명칭을 붙인다("이스라엘"은 이들의 종교적 명칭이다). 아브라함과 요셉을 구별해서 가리킬 때 **"히브리 사람"**(창 14:13, 39:14)이라는 명칭을 더했다. 그러므로 그 숫자가 하나의 민족처럼 불어났을 때, 애굽에서 사는 동안에도 "히브리"라는 이름으로 불렸다(출 1:15). 민수기 24:24에서는 명확하게 "에벨"이라는 이름으로 부른다.

지금까지 설명하려고 노력한 요점을 "옛날을 기억하라 역대의 연대를 생각하라 네 아비에게 물으라 그가 네게 설명할 것이요 네 어른들에게 물으라 그들이 네게 이르리로다 지극히 높으신 자가 열국의 기업을 주실 때, 인종을 분정하실 때에 이스라엘 자손의 수효대로 민족들의 경계를 정하셨도다 여호와의 분깃은 자기 백성이라 야곱은 그 택하신 기업이로다"라는 말씀으로 확증해준다(신 32:7-9).

이 말씀에서 다음과 같은 교훈에 주목하라.

첫째, 여기에서 하나님은 이스라엘에게 전통을 물려준 조상들의 옛 시대를 회고하라고 명령한다.

둘째, 여기에서 언급한 특정 사건은 창세기 10장에서 하나님이 각 민족마다 기업을 "분배"한 때를 가리킨다.

셋째, 거기에서 언급된 민족들을 (선택된 혈통인) "노아의 자손"이라고 하지 않고 "아담의 자손"이라고 한다.[9] 이것은 유기된 자의 계보는 아담으로부터 시작한다는 또 하나의 명백한 단서이다.

넷째, 하나님이 택함이 없는 민족들에게 영토를 할당해준 바로 그때에 은혜와 은총의 눈은 이스라엘 자녀들을 향하고 있었다.

다섯째, "이스라엘 자손의 **수효**대로"는 처음 애굽에 정착한 70명이다(창 46:27). 이 숫자는 창세기 10장에 언급된 민족들의 수와 정확히 일치한다.

에벨과 이스라엘 족속을 연결하는 핵심고리는 물론 아브라함이었다. 아브라함의 경우에 하나님의 선택이라는 원리는 햇빛처럼 맑게 빛난다. 아브라함이 하나님으로부터 받은 소명은 하나님의 영원한 목적을 전개해나가는 과정에서 또 하나의 중요한 단계를 나타냈다. 바벨탑 사건에서 하나님은 모든 족속들로 하여금 악한 길로 행하도록 넘겨주었고 그 후에 아브라함을 선택하여 은총을 입은 민족의 조상이 되도록 하였다.

"주는 하나님 여호와시라 옛적에 아브람을 **택하시고** 갈대아 우르에서

---

9) [역자 주] 신 32:8의 "인종을 분정하실 때에"라는 부분을 NIV에서는 속뜻을 살려 "when he divided all **mankind**"라고 하였지만 KJV은 히브리 본문대로 "when he separated the sons of **Adam**"이라고 옮겼다.

인도하여 내시고…"(느 9:7)라는 말씀에 따르면, 아브라함이 하나님을 선택한 것이 아니라 하나님이 아브라함을 선택한 것이다.

"조상 아브라함이 하란에 있기 전 메소보다미아에 있을 때에 영광의 하나님이 그에게 보여"(행 7:2)라는 말씀에서는 "영광의 하나님"이라는 명칭을 사용하여 아브라함에게 베푼 기념비적 은총을 강조한다. 즉, 하나님이 아브라함을 선택할 때 하나님의 은혜가 드높아졌다는 뜻이다. 아브라함의 본성에는 아브라함을 다른 동료 인간들보다 더 뛰어나고 하나님이 주목하게 만들만한 것이 전혀 없었기 때문이다. 아브라함은 받을만한 자격이나 공로 없이 자비 즉, 하나님이 주권적으로 베푼 자비를 받았다.

여호수아가 "이스라엘 하나님 여호와의 말씀에 옛적에 너희 조상들 곧 아브라함의 아비, 나홀의 아비 데라가 강 저편에 거하여 다른 신들을 섬겼으나"(24:2)라는 진술을 통해 여호와 하나님이 나타나기 **전에** 아브라함이 어떤 상태에 있었는지를 짐작할 수 있다. 아브라함은 이교도들의 도시인 우르에서 우상을 섬기는 집안에 속해 있었다. 세월이 한참 흐른 뒤에 하나님은 바로 이 사실을 아브라함의 후손들에게 강조하면서, 이스라엘의 뿌리가 비천하고 부패한 상태였음을 상기시켜주고 아브라함에게는 선택받을 어떤 선도 없었다는 사실을 알려준다.

> "의를 좇으며 여호와를 찾아 구하는 너희는 나를 들을지어다 너희를 떠낸 반석과 너희를 파낸 우묵한 구덩이를 생각하여 보라 너희 조상 아브라함과 너희를 생산한 사라를 생각하여 보라 아브라함이 혈혈단신으로 있을 때에 내가 부르고 그에게 복을 주어 창성케 하였느니라"(사 51:1, 2).

정말 기막힌 말이다. 저 위대한 믿음의 영웅 아브라함도 (하나님 보시기에는) 하나님이 처음 나타났을 때 "우묵한 구덩이"나 다름 없었다.

그러나 위 구절에서 "아브라함이 **혈혈단신으로** 있을 때에 내가 부르고"라는 부분을 세심하게 주목해야 한다. 하나님은 아브라함이 우르에 있을 때 불러냈다. 우르를 발굴조사한 결과에 따르면 우르는 광대한 도시였고 엄청난 수의 주민이 거주했다. 그런데 하나님은 아브라함 **단 한 사람에게만** 자신을 계시했다. 여기에서 하나님은 바로 그 사실과 우리에 대한 소명을 강조하여 하나님의 선택의 독특성을 나타낸다. 그렇다면 여기에서 하나님이 자신의 장엄한 의지를 발휘하고 자신이 기뻐하는 자를 선택하는, 절대주권에 주목하라. 하나님은 아브라함에게 자비를 베풀었다. 하나님이 그렇게 하고 싶었다는 오로지 그 이유 하나 때문이었다. 아브라함은 나머지 혈족들을 이교도의 어둠에 남겨두고 떠났다. 그렇게 하는 것이 하나님의 관점에서 옳은 것처럼 보였다는 그 이유 하나 때문이었다. 하나님이 **아브라함**을 선택한 근거는 아브라함에게도 다른 누구에게도 없었다. 차후에 아브라함에게서 나타난 어떤 선(善)도 하나님이 아브라함에게 넣어준 것이었다. 따라서 아브라함에게 나타난 모든 선은 하나님의 택함을 받은 결과였지 선택의 원인이 아니었다.

하나님은 아브라함의 선택과 마찬가지로 그 자손의 선택을 동일한 원리로 다룬다. 그 원리란 하나를 받아들이고 다른 쪽은 내버려둔다는 것이다. 실제로 이 보배롭고 엄숙한 이 진리를 실제로 믿는 자들은 이 진리의 설득력을 자신의 혈족과 관련하여 경험적으로 깨닫게 된다. 따라서 아브라함 자신의 가족이 바로 그 다음의 직계자손을 통해 택자들이 장차 겪게 될 것의 모범을 제공하였다. 아브라함의 가정에서 먼저 아브라함의 아들들에게서, 그 다음에는 손자들에게서 선택과 유기의 지극히 뚜렷한 사례가 나타난다.

이삭이 순수한 선택적 은혜를 받은 아이였다는 것(선택은 이삭의 믿음과 성결의 원인이지 결과가 아니었다)과, 이삭은 아브라함 가정에 보배로운 선물로 주어진 존재였던 반면에 이스마엘은 선택 은혜로부터 배제되었다는 것은 창세기의 역사를 통해 아주 분명하게 드러난다. 이삭이 태어나기 전에, 심지어 태속에 잉태되기도 전에, 하나님은 이삭이 하나님이 아브라함과 맺은 구원의 상속자라고 선포하였고 은혜언약을 확고부동하게 맺음으로써 이스마엘과는 다른 존재임을 분명히 하였다. 이스마엘에게는 일시적인 자비를 베풀었고, 은혜언약이 아니라 행위언약 하에 두었다(창 17:19-21을 확인하고 갈 4:22-26에 있는 성령의 언급과 비교해보라).

훗날, 이삭이 아직 어렸을 때 꽁꽁 묶여 제단에 올려져 있는 동안에 하나님은 이삭의 탄생 전에 주었던 축복의 약속들을 비준하고, "여호와께서 이르시기를 내가 나를 가리켜 맹세하노니 네가 이같이 행하여 네 아들 네 독자를 아끼지 아니하였음 즉 내가 네게 큰 복을 주고 네 씨로 크게 성하여 하늘의 별과 같고 바닷가의 모래와 같게 하리니 네 씨가 그 대적의 문을 얻으리라"라는 엄숙한 맹세로 확증하였다(창 22:16, 17). 이 맹세는 이삭의 경우처럼 **영적** 자손, 약속의 상속자, 약속의 아들로 선포된 자에 관한 것이었다. 이 점에 대해 바울은 "하나님은 약속을 기업으로 받는 자들에게 그 뜻이 변치 아니함을 충분히 나타내시려고 그 일에 맹세로 보증하셨나니"라고 언급하였다(히 6:17). 바울의 언급에서 "그 뜻이 변치 아니함"은 하나님의 영원한 작정 즉, 선택의 목적이 아니고 무엇인가? 하나님의 변치 않는 뜻이란 영원 전부터 하나님 자신이 갖고 있었던 작정들이다(엡 1:4, 9, 10). 맹세로 세운 약속은 약속의 형태로 바꾼 하나님의 불변적인 뜻혹은 예정이다. "약속을 기업으로 받는 자들"이란 이삭의 경우처럼 택함을받은 자들이다.

이삭은 사라의 아들이고 이스마엘은 애굽인 여종 하갈의 자식이었다는사실을 볼 때 이스마엘이 아니라 이삭을 선택한 것은 순수한 주권적 행위가 아니었다고 반론을 제기하는 자들이 있다. 이들은 하나님의 은사는 피조물 속에 있는 어떤 것에 의해 통제된다고 가정한다. 그러나 그 다음 세대의 경우를 살펴보면 이 가정은 궤변에 불과함을 알게 되고 지극히 높으신 하나님의, 원인도 없고 영향도 받지도 않는 그 의지에 대해 전적으로할 말을 잃게 만든다. 야곱과 에서는 동일한 부모로부터 태어난 쌍둥이였다. 야곱과 에서에 관하여 바울은 "그 자식들이 아직 나지도 아니하고 무슨 선이나 악을 행하지 아니한 때에 **택하심**을 따라 되는 하나님의 뜻이 행위로 말미암지 않고 오직 부르시는 이에게로 말미암아 서게 하려 하사 리브가에게 이르시되 큰 자가 어린 자를 섬기리라 하셨나니 기록된바 내가야곱은 사랑하고 에서는 미워하였다…"라고 말하였다(롬 9:11-13). 자, 이와 같은 구절 앞에서 입을 다물고 하나님을 경배하자.

아브라함, 이삭, 야곱으로부터 나온 민족은 하나님의 택함을 받고 은총을 받은 족속이며, 다른 모든 민족들로부터 뽑히고 구별되어 하나님의 풍성한 축복을 받는 족속이 되었다. 바로 이 사실 때문에 이스라엘 자녀들의 짓는 죄는 그 죄악성이 커졌다. 더 큰 축복은 더 큰 책임을 수반하고, 늘어난 책임을 이행하지 않으면 죄책이 커진다.

> "이스라엘 자손들아 여호와께서 너희를 쳐서 이르시는 이 말씀을 들으라… 내가 땅의 모든 족속 중에 너희만 알았나니 그러므로 내가 너희 모든 죄악을 너희에게 보응하리라 하셨나니"(암 3:1, 2).

모세로부터 그리스도 시대까지 1,500년 동안 하나님은 유대인을 제외한 모든 민족이 제멋대로 행하는 것을 감내하고 그들을 악한 마음의 부패와 어둠에 내버려두었다. 오직 유대민족에게만 하나님의 말씀이 있었다. 다른 어떤 민족도 하나님으로부터 제사장 직분을 부여받지 못하였다. 오로지 이스라엘만이 기록된 계시를 하늘로부터 받았다.

하나님이 이스라엘을 **선택**하여 특별한 총애의 대상으로 삼은 까닭은 무엇이었는가? 갈대아인들의 역사가 더 오래고 애굽인들이 훨씬 더 지혜롭고 가나안족속들의 수가 훨씬 더 많았다. 하지만 하나님은 그들을 간과하였다. 그렇다면 하나님이 이스라엘을 선택한 이유는 무엇이었는가? 유대인들의 역사 전체를 통해 확인할 수 있는 것처럼, 유대인들에게 어떤 탁월성이 있기 때문에 유대인들을 선택하지 않은 것은 분명하다. 모세로부터 말라기까지 유대인들은 목이 뻣뻣하고 마음이 강퍅했다. 하나님이 베푼 은총에 감사치 않았고 하나님의 뜻에 순응하지도 않았다. 유대인들에게 어떤 선이 있어서도 아니었다. 하나님의 주권의 명확한 사례였다.

"너는 여호와 네 하나님의 성민이라 네 하나님 여호와께서 지상 만민 중
에서 너를 자기 기업의 백성으로 택하셨나니 여호와께서 너희를 기뻐하
시고 너희를 택하심은 너희가 다른 민족보다 수효가 많은 연고가 아니라
너희는 모든 민족 중에 가장 적으니라 여호와께서 다만 너희를 사랑하심
을 인하여, 또는 너희 열조에게 하신 맹세를 지키려 하심을 인하여 자기
의 권능의 손으로 너희를 인도하여 내시되 너희를 그 종 되었던 집에서
애굽 왕 바로의 손에서 속량하셨나니"(신 7:6-8).

하나님의 행위와 하신 일 전체에 대한 설명을 하나님 자신에게서, 하나
님의 주권적 의지에서 찾아야 했다. 피조물 속에서 찾아서는 안 된다.

하나님의 선택이라는 원리는 구약성경에서와 마찬가지로 신약성경에서
도 명확하고 현격하게 계시되어 있다. 그리스도의 탄생과 관련하여서도
뚜렷하게 예시되었다.

첫째, 그리스도가 탄생한 장소라는 점에서. 하나님의 주권은 저토록 중
차대한 사건에서 정말 놀랍게 펼쳐졌다. 구세주는 예루살렘에서 태어나지
않았다. 유명한 고장이 아니라 작은 촌락에서 태어났다. 성령은 주요한 메
시아 예언들 가운데 한 곳에서 이 장소를 각별히 부각시켰다.

"베들레헴 에브라다야 너는 유다 족속 중에 작을지라도 이스라엘을 다스
릴 자가 네게서 내게로 나올 것이라…"(믹 5:2).

하나님의 생각과 방식은 사람의 것과 정말 다르다! 하나님은 우리가 가장
존중하는 것을 하찮게 여기고 우리가 멸시하는 것을 존귀하게 여긴다. 하나

님은 가장 하찮은 장소를 선택하여 가장 엄청난 사건의 무대로 삼았다.

둘째, 하나님의 지극히 높은 주권과 그 독특한 선택원리는 구세주가 탄생하였다는 복된 소식을 하나님으로부터 맨 처음 전달받은 사람들에게서 나타났다. 하나님은 어떤 사람들에게 천사를 보내 구세주가 탄생하였다는 복된 소식을 알려주도록 하였는가? 성경이 이 점에서 침묵하였다고 가정해보라. 우리로서는 짐작조차 하기 힘들었을 것이다. 이 영광스러운 사건을 맨 먼저 알 사람은 이스라엘의 종교지도자들이고 분명히 천사들은 **성전**에서 알려준다고 자연스럽게 생각하지 않았을까? 그러나 아니다. 천사들은 대제사장들에게도 통치자들에게도 보냄을 받지 않았다. 들에서 양떼를 돌보고 있던 비천한 목동들에게 갔다. 다시 말하건대, 하나님의 생각과 방식은 사람의 것과 정말 다르다. 이 기독교 시대가 시작할 때 벌어진 사건은 그 후의 흐름 전체에 걸친 하나님의 방식을 단적으로 나타냈다(고전 1:26-29).

셋째, 이 위대한 진리를 그리스도 자신이 공적 사역을 통해 강조한 사실에 주목하자. 나사렛 회당에서 그리스도가 전한 첫 메시지를 보자.

> "선지자 이사야의 글을 드리거늘 책을 펴서 이렇게 기록한 데를 찾으시니 곧 주의 성령이 내게 임하셨으니 이는 **가난한 자에게** 복음을 전하게 하시려고 내게 기름을 부으시고 나를 보내사 **포로 된 자에게** 자유를, **눈 먼 자에게** 다시 보게 함을 전파하며 **눌린 자를** 자유케 하고 주의 은혜의 해를 전파하게 하려 하심이라 하였더라"(눅 4:17-19).

다시 말하자면, 그리스도는 가난한 자에게 즉, 부유한 라오디게아 사람들이 아니라 심령이 가난한 자에게 복음을 전하기 위해, 단단한 마음을 가진 사람이 아니라 자신의 죄로 인해 하나님 앞에 엎드려 슬피 우는 자들을 고쳐주기 위해, "자유의지"에 관해 떠드는 자들이 아니라 포로 된 자들을 해방시켜주기 위해, 자신들이 볼 수 있다고 생각하는 자들이 아니라 눈먼 자들의 시력을 회복시켜주기 위해, 자신들의 온 몸이 건강하다고 생각하는 자들이 아니라 상한 자들을 고쳐주기 위해 보냄을 받고 왔다고 선언하였다.

그 선언 바로 뒤에 "이에 예수께서 저희에게 말씀하시되 이 글이 오늘날 너희 귀에 응하였느니라 하시니 저희가 다 그를 증거하고 그 입으로 나오는바 은혜로운 말을 기이히 여겨…"라는 엄숙한 진술이 나온다. 여기까지는 좋았다. 나사렛 사람들은 그리스도의 입에서 나오는 **"은혜로운 말"**을 듣고 즐거워했다. 그렇다. 그러나 나사렛 사람들이 **"주권적 은혜"**에 관한 설교를 참고 들어주려고 했을까?

> "내가 참으로 너희에게 이르노니 엘리야 시대에 하늘이 세 해 여섯 달을 닫히어 온 땅에 큰 흉년이 들었을 때에 이스라엘에 많은 과부가 있었으되 엘리야가 **그 중 한 사람에게도** 보내심을 받지 않고 오직 시돈 땅에 있는 사렙다의 한 과부에게 뿐이었으며 또 선지자 엘리사 때에 이스라엘에 많은 문둥이가 있었으되 **그 중에 한 사람도** 깨끗함을 얻지 못하고 오직 수리아 사람 나아만 뿐이니라"(25-27절).

여기에서 그리스도는 나사렛 사람들에게 하나님의 지극히 높은 주권이라는 진리를 역설하였다. 나사렛 사람들은 그 **진리**를 받아들일 수 없었다. 그래서 "회당에 있는 자들이 이것을 듣고 다 분이 가득하여 일어나 동네 밖으로 쫓아내어 산 낭떠러지까지 끌고 가서 밀쳐 내리치고자" 하였다. 나사렛 회당의 존경할만한 예배자들은 이 보배로운 진리에 대한 혐오감을 이런 식으로 표출하였다. 오늘날 그리스도의 종이 자신의 주인인 그리스도와 동일한 대접을 받더라도 놀라지 말자.

나사렛 회당에서의 강론은 주 예수께서 선택교리를 선포한 유일한 때가 결코 아니었다. 마태복음 11장에서 주님은 "그 때에 예수께서 대답하여 가라사대 천지의 주재이신 아버지여 이것을 지혜롭고 슬기 있는 자들에게는 **숨기시고** 어린 아이들에게는 **나타내심**을 감사하나이다 옳소이다 이렇게 된 것이 아버지의 뜻이니이다"라고 말씀한다(25, 26절). 그리고 칠십 명의 제자들에게 "그러나 귀신들이 너희에게 항복하는 것으로 기뻐하지 말고 너희 이름이 하늘에 기록된 것으로 기뻐하라 하시니라"라고 말씀하였다 (눅 10:20). "아버지가 내게 주신" 무리에 관해 주저하지 않고 공공연하게 언급한 대목도 있다(요 6:37, 39). 그리고 사도들에게 "너희가 나를 택한 것이 아니요 내가 너희를 택하여 세웠나니 이는 너희로 가서 과실을 맺게 하고 또 너희 과실이 항상 있게 하여 내 이름으로 아버지께 무엇을 구하든지 다 받게 하려 함이니라"라고 언급하였다(요 15:16). 오늘날 교회출석자들의 대다수가 주님이 자신의 제자들에게 이렇게 말하는 소리를 들었다면 정말 충격을 받을 것이다. 요한복음 17:9에서는 "내가 저희를 위하여 비옵나니 내가 비옵는 것은 세상을 위함이 아니요 내게 주신 자들을 위함이니이다 저희는 아버지의 것이로소이다"라고 말씀한다.

성령이 이 진리를 **강조**한 흥미롭고 교훈적인 실례로서 주목해야 할 사실은 신약성경에서 하나님의 백성을 가리키는 용어로 "믿는 자"(believer)를 단 2회, "그리스도인"(christian)을 단 3회 사용한 반면에 "택함을 받은"(elect)을 14회 사용하고 성도(saint) 혹은 "구별된"(separated) 자를 62회나 사용하였다.[10] 이 외에도 성경은 다양한 다른 용어들을 사용하여 "선택"을 표현한다.

> "여호와께서 모세에게 이르시되 너의 말하는 이 일도 내가 하리니 너는 내 목전에 은총을 입었고 내가 이름으로도 **너를 앎이니라**"(출 33:17).

> "내가 너를 복중에 짓기 전에 너를 알았고 네가 태에서 나오기 전에 너를 구별하였고…"(렘 1:5; 비교 암 3:2).

> "내가 너희를 다 가리켜 말하는 것이 아니라 내가 나의 **택한 자**들이 누구인지 앎이라…"(요 13:18; 비교 마 20:16).

> "…영생을 주시기로 **작정된** 자는 다 믿더라"(행 13:48).

> "하나님이 처음으로 이방인 중에서 자기 이름을 위할 백성을 **취하시려고** 저희를 권고하신 것을…"(행 15:14).

> "**하늘에 기록한** 장자들의 총회와 교회와…"(히 12:23).

---

10) [역자 주] 핑크는 "believers"를 사용한 두 차례는 행 5:14, 딤전 4:12을, "chrisitans"를 사용한 세 차례는 행 11:26, 행 26:28, 벧전 4:16을 염두에 두고 있는 것 같다. 하나님의 백성을 가리키기 위해 사용한 "separated" 가운데 롬 1:1, 갈 1:15의 경우 개역한글과 개정개역에서는 "택정"으로 번역하였다.

선택이라는 이 기본적인 진리는 구원의 계획 전체를 동여매는 띠이다. 그 때문에 성경은 "하나님의 견고한 터는 섰으니 인침이 있어 일렀으되 주께서 **자기 백성을 아신다**"라고 말한다(딤후 2:19).

우리 구원의 다양한 측면에 관련하여 성경에서 사용된 가장 중요한 몇몇 용어들은 반드시 그리고 명확하게 선택을 가리킨다. 그러한 용어들은 선택이라는 개념이 없으면 이해하지 못한다. 예를 들면, "구속"을 언급하는 모든 구절은 영원한 선택을 전제한다. "구속"은 먼저 누군가에게 소유권이 있었던 것을 암시하기 때문이다. 처음에 하나님의 소유였던 자들을 그리스도가 **값을 치루고 되사서** 구원한다는 것이다. "중생"과 "새롭게 됨"이라는 것도 반드시 **그 전에** 영적 생명 즉, 우리가 아담 안에서 타락할 때 잃어버린 생명을 가리킨다(고전 15:22). "화목"이라는 용어도 마찬가지다. 화목이라는 용어는 소외상태에 있다는 것과 소외되기 전에 조화와 우호의 상태에 있었다는 뜻이다. 선택교리의 진실성은 성경으로부터 확실하고 충분하게 증명되었다. 더 이상 증거를 늘어놓은 것은 시간낭비일 것이다.

우리의 선조들이 이 위대한 진리를 명확하게 견지하였다는 점에 주목하자. 먼저 12세기에 왈도파가 작성한 신조를 보자. 왈도파는 교황주의자들로부터 무서운 핍박을 받던 와중에 "하나님은 창세전에 자신이 선택한 자들을 부패와 저주로부터 구원하신다. 하나님은 그들 안에 있을 것이라고 예견한 어떤 성향이나 믿음이나 거룩함 때문이 아니라 하나님의 아들 그리스도 예수 안에 있는 하나님의 자비로 인해 그들을 선택하고, 그 나머지 전체를 간과하셨다. 그것은 하나님 자신의 자유로운 의지와 정의에 따른 것이다"라고 고백하였다. 잉글랜드 교회의 39개조 신조서에서는 "생명으로의 예정은 하나님의 영원한 뜻이다. 이로써 하나님은 세상을 창조하기 전에 우리를 향한 비밀한 계획에 의해, 그리스도 안에서 인류로부터 선택해놓은 자들을 저주와 정죄로부터 구원해주기로 작정하였고, 그리스도에 의해 영원한 구원에 이르게 하여 존귀케 될 그릇으로 삼기로 작정하였다"라고 고백한다.

장로교회의 표준 신앙고백서인 웨스트민스터 신앙고백서에서는 "하나님은 자신의 영광을 나타내기 위해, 자신의 작정에 의해, 사람들의 일부와 천사들의 일부를 영원한 생명으로 예정하고 그 나머지는 영원한 사망에 이르도록 미리 정한다. 이렇게 예정되고 미리 정해진 천사들과 사람들에 대해서는 개별적이며 불변적인 계획이 있다. 예정된 자들의 수는 확정되어 있어서 증가될 수도 감소될 수도 없다"고 선언한다. 그리고 1688년 잉글랜드 침례교회의 신앙고백서 제 3절에서 "하나님은 작정에 의해, 자신의 영광을 드러내기 위해, 어떤 사람들과 천사들을 예수 그리스도를 통하여 영원한 생명에 이르도록 예정 혹은 미리 정하셨다. 하나님 자신의 영광스러운 은혜를 찬양하도록 하기 위함이다. 그리고 다른 사람들은 그들 자신의 죄 가운데 행하도록 남겨두어 그들이 받아 마땅한 정죄에 이르도록 하셨다. 하나님 자신의 영광스러운 정의를 찬양하도록 하기 위함이다"라고 고백한다.

우리의 입장을 강화시킬 목적으로 인간적인 표준을 인용하였다고 생각하지 말라. 이 위대한 진리를 믿고 가르칠 수 있는 것은 하나님의 은혜로 인한 것이다. 위에서 인용한 것은 지금 우리가 전개하고 있는 교리는 결코 이단적인 창안물이 아니라 현존하는 정통파 교회가 과거에 선포한 교리라는 좋은 증거이다. 옛 신앙고백서를 인용한 목적은 현대의 기독교인들이 선조들의 신앙으로부터 얼마나 벗어났는지를 보여주기 위해서다. (고등비평가들에 의한) 성경의 신적 영감과 권위의 부인, (진화론자들에 의한) 직접적 창조의 부인, (유니테리안에 의한) 그리스도의 신성의 부인과 마찬가지로 하나님의 주권적 선택과 인간의 영적 무능력을 부인하는 것도 하나님의 무오한 말씀에 입각한 우리 선조들의 신앙으로부터 벗어난 것이다.

하나님의 선택이라는 진리는 기독교 역사를 통해 가장 두드러지게 예시되어 온 교리이다. 정말이지, 2천 년의 구약성경 시대에서는 하나님의 영적 축복이 대체로 단 하나의 족속에게 한정되었다면, 지난 5백 년은 인류의 한 부분이 선택되어 인류의 다른 모든 부분이 받은 것보다 더 많은 은총을 받았다. 하나님이 앵글로색슨족을 다루신 것이 옛적 히브리인들을 다룬 것만큼이나 선택적이고 주권적이었다. 이것은 부인할 수 없는 사실이다. 지난 수세기에 걸쳐 진정한 성도들이 앵글로색슨족으로부터 나왔다. 따라서 현대의 역사 그 자체가 내놓는 증언은 선택이라는 하나님의 가르침을 반박하는 자들의 어리석음을 명백하게 꾸짖고 그 불신앙을 변명의 여지가 없는 것으로 만든다.

하나님의 주권에 대해 불평을 늘어놓는 자들은 "앵글로색슨족이 선택되어 하나님의 영적 축복을 훨씬 더 많이 누린 까닭이 무엇인가?"라는 질문에 답해보라. 다른 어떤 민족도 하나님의 영적 축복을 필요로 하지 않았는가? 중국인들은 훨씬 고상한 도덕체계를 실천하였고 백성의 수도 훨씬 많았다. 그렇다면 중국인들이 그토록 복음을 모르는 어둠 속에 있었던 까닭이 무엇이었는가? 아프리카 대륙 전체가 그토록 오랫동안 의의 태양이 비추는 찬란한 빛을 몰랐는가? 이 모든 질문은 우리로 하여금 "옳소이다 이렇게 된 것이 아버지의 뜻이니이다"라는 주님의 말씀으로 돌아가도록 만든다(마 11:26). 그렇다. 옛적 이스라엘이 택자들 안에서도 택함을 받은 족속인 것처럼, 오늘날 세상 중에서도 어떤 특정한 지역은 하나님의 신실한 종들이 연이어 나타나는 은총을 입었다. 반면에 다른 지역에는 거짓된 선지자들이 나타나 왕성하게 활동하는 저주를 받았다.

> "또 추수하기 석달 전에 내가 너희에게 비를 멈추어 어떤 성읍에는 내리고 어떤 성읍에는 내리지 않게 하였더니 땅 한 부분은 비를 얻고 한 부분은 비를 얻지 못하여 말랐으매"(암 4:7).

정말이지, 영적 방식도 이렇다.

마지막으로, 선택교리가 진리라는 것은 사단의 맹렬한 반대에 의하여 오히려 명백하게 입증된다. 마귀는 오류가 아니라 **진리**에 대항하여 싸운다. 그리스도가 진리를 선포하면 마귀는 그 진리에 증오를 쏟아 붓는다(눅 4:28, 29). 바울이 진리를 선포할 때에도 그렇게 했다(롬 9:14, 19). 12세기의 왈도파, 16-17세기의 종교개혁가들, 그리고 청교도들이 진리를 주장할 때에도 그렇게 하였다. 사단은 진리를 고백하는 자들을 고문하고 죽이기 위해 교황주의자들을 도구로 사용하였다. 사단은 여전히 진리에 반대한다. 오늘날에는 광명의 천사처럼 가장하고 진리에 반대한다. 사단은 하나님의 존귀한 성품을 지켜주는 척하면서 선택교리는 하나님을 부정의한 괴물로 만든다고 거짓 주장한다. 조롱하는 무기도 사용한다. 즉, "만일 선택교리가 맞다면 어째서 복음을 전하는가?"라고 떠든다. "비록 선택교리가 성경적일지라도 가르치는 것은 현명한 처사가 아니다"라고 위협한다. 이처럼, 성경의 가르침, 역사의 증언, 사단의 반대는 선택교리가 진리라는 증거다.

4장_ 선택의 정당성

선택의 정당성

본 장에서는 선택교리를 논리정연하게 해설하기를 잠시 중단하고 선택교리에 대한 주된 반대론을 다루겠다. 하나님은 특정한 피조물들을 선택하여 자신의 특별한 은총에 참여하는 백성으로 삼겠다는 진리가 선포되자마자 일제히 항의의 목소리가 터져 나왔다. 성경을 아무리 적절하게 인용하고 명명백백한 구절을 아무리 많이 인용하여 선택교리를 실증할지라도 기독교 신자를 자처하는 많은 사람들이 목청을 높여 이따위 교훈은 하나님의 성품을 헐뜯고 하나님을 조잡한 부정의를 범하게 만든다고 반론을 제기한다. 그렇다면 선택교리를 체계적으로 설명하는 시도를 더욱 진행시키기 전에 이러한 반론에 응답하는 숙제를 풀어야 마땅하다.

오늘날처럼 민주주의, 사회주의, 공산주의의 원리를 폭넓고 열렬하게 옹호하는 시대에, 인간의 권위와 주권이 점점 더 경멸당하는 시대에, "권위를 업신여기는" 것이 일반적인 시대에, 성경의 권위에 꿈쩍도 하지 않는 수많은 사람들이 하나님이 편을 가른다는 개념에 반기를 드는 것은 별로 놀랍지도 않다. 성경의 신적 영감설을 받아들이는 자들 가운데 대다수가 하나님이 주권적으로 선택하여 자신의 보배로운 백성으로 삼는다고 글을 쓰는 저자들에 대해 이를 갈며, 선택교리는 하나님에게 가증스러운 폭군, 잔혹한 괴물이라는 혐의를 뒤집어씌운다고 주장하는 것은 정말 형언할 수 없이 무서운 일이다. 하지만 이런 중상모략은 "육신의 생각은 하나님과 원수가 되나니"라는 말씀을 확증할 뿐이다(롬 8:7).

본 장을 기술하는 것은 이러한 반대론자들의 사고방식에 있는 오류를 바로 잡겠다는 소망 때문이 아니다. 물론 무한히 은혜로운 하나님이 이 연약한 글을 사용하여 몇몇 반대론자들의 지성에 빛을 비춰주시고 오류를 일깨워주실 수는 있다. 하지만 하나님의 백성들 가운데 어떤 이들은 원수들의 헛소리에 혼란스러워하고 반대론을 어떻게 소화할지 모르고 있다. 저 원수들이 만일 하나님이 자신의 피조물 가운데서 일부를 주권적으로 선택하여 축복들을 즉, 하나님이 그 나머지 동료 인간들에게는 주지 않는 축복들을 받도록 예정한다면 이런 편파성은 하나님으로 하여금 그러한 선택에서 배제한 자들을 부당하게 취급한다는 죄를 짓게 만든다고 아무리 떠들어도 창조와 섭리 양쪽에서 명명백백하게 드러나는 사실은 하나님은 은혜를 지극히 불평등하게 배분한다는 점이다. 신체적 건강과 힘, 지적 능력, 사회적 지위, 혹은 이생의 위로들 가운데 어느 것도 결코 균등하게 베풀지 않는다. 그렇다면 어째서 하나님이 **영적** 축복들을 불평등하게 나눠준다는 사실에 깜짝 놀라는가?

이 자리에서 먼저 지적해야 할 점은, 모든 잘못된 종교체계는 육적 마음의 취향에 맞고 부패한 인간 본성이 받아들일 수 있는 방식으로 묘사하려는 목적을 갖고 있다는 것이다. 그 목적은, 하나님의 대권 및 속성 가운데 자신들의 이기심에 이의를 제기하며 항변할 수 있는 속성들을 무시하는 것과 즉, 하나님의 사랑 자비 오래 참으심과 같은 속성들을 한쪽으로 치우쳐 강조하는 것과 같은 잘못된 해석에 의해서만 이뤄질 수 있다. 그러나 하나님의 성품을 신약 및 구약 성경 전체가 제시하는 그대로 충실하게 묘사하자. 교회에 다니는 사람 열 명 가운데 아홉은 자신들은 하나님을 사랑하지 못한다는 사실을 안다고 말할 것이다. 명백한 사실은 현대인들에게 있어서 성경이 가르치는 지고의 하나님은 "미지(未知)의 신"일 뿐이다.

현대인들은 하나님의 성품을 그토록 모르고 경외심이 그토록 부족하기 때문에, 신적 저의의 본질 및 영광에 정말 어두워 주제넘게 비난한다. 지금은 움직이는 진흙덩어리가 감히 전능자에게 이것을 하라 저것을 하지 말라고 명령하는 뻔뻔스러운 불경건의 시대이다. 우리 선조들이 되로 뿌리고 오늘날 그들의 자녀들이 말로 거두고 있다. 아버지들은 "하나님이 왕을 세운다"는 진리를 비웃고 기피하더니 이제 그들의 자식들은 "하나님이 만왕의 왕을 세운다"는 진리를 반박한다. 피조물들의 추정된 권리를 "존중"하지 않는다면 우리의 현대인들은 창조주를 전혀 존중하지 않는다. 만일 하나님의 지고한 주권과 만물을 다스릴 통치권을 주장하는 말을 듣는다면 서슴없이 하나님을 경멸하는 말을 토해낼 것이다. 정말이지 "악한 동무들은 선한 행실을 더럽히나니"라는 말이 맞다! 하나님의 백성들은 지금 종교계를 채우는 유독가스에 오염될 위험에 처해 있다.

대부분의 "교회들"을 채운 유독한 공기는 기독교인에게 심각한 위협일 뿐만 아니라 우리 각자의 내면에서 하나님을 인간화하는 위험한 성향을 만들어낸다. 하나님의 완전함들 즉, 속성을 성경이라는 렌즈 대신에 우리 자신의 지성이라는 렌즈를 통해 바라보고, 하나님의 속성들을 인간의 자질에 의해 해석하는 성향을 갖게 만든다. 바로 이런 성향 때문에 하나님은 옛날에 "네가 나를 너와 같은 줄로 생각하였도다"라고 책망하였던 것이다 (시 50:21). 우리도 명심해야 할 엄숙한 경고이다. *이 책망의 의미는 우리가 하나님의 자비 혹은 의로움을 접할 때* **사람**이 *베푸는 자비와 정의의 특성에 따라 생각하기가 너무 쉽다. 그러나 이것은 심각한 잘못이다. 전능자를 인간을 기준으로 해서 헤아려서는 안 된다. 전능자는 우리보다 무한히 높아서 전혀 비교할 수 없다. 따라서 유한한 피조물이 여호와의 도를 판단하겠다고 앉아 있는 것은 미친 짓이다라는 것이다.*

다시 말하자면, 하나님의 완전하심들을 엉터리로 구별하는 어리석음을 범하지 않도록 바짝 경계할 필요가 있다. 예를 들면, 하나님은 권능과 위엄보다는 은혜와 자비를 통해 더 영광을 받는다고 가정하는 것은 대단히 잘못된 것이다. 그러나 우리는 종종 이런 잘못을 범한다. 정말 많은 사람들이 하나님이 자신들에게 복음을 주는 것보다는 건강을 주는 것에 더 감사한다. 그렇다면 영적 축복을 베풀 때보다 물질적인 것들을 베풀 때 하나님의 선하심이 더 큰 것이라는 뜻인가? 분명히 아니다. 성경은 창조에서 하나님의 지혜와 능력이 나타난다고 종종 언급한다. 그러나 세상을 창조할 때 어디에서 하나님의 은혜와 자비가 언급되는가? 하나님이 지혜와 능력 때문에 영광을 받는 일이 일상적이지 않다고 해서 하나님은 지혜와 능력 때문에 찬양을 받지 못한다는 결론을 내리는가? 하나님의 어느 한 속성을 다른 속성보다 높이지 않도록 조심하라.

정의란 무엇인가? 정의는 각 사람을 공평하게 다루고 각 사람이 당연히 받아야 만할 것을 받는 것이다. 하나님의 정의는 단지 올바른 것 을 행하는 것이다. 그러나 여기에서 "피조물이 당연히 받아야 할 것은 **무엇인가?**" "하나님이 피조물에게 베풀어**주어야 할** 것은 무엇인가?"라는 질문이 발생한다. 아하! 친구여. 냉철한 사람은 이 맥락에서 "해야 한다"라는 식의 말을 **빼야** 한다고 이의를 제기한다. 이 지적이 맞다. 창조주는 자신의 피조물에 대해 일체 책무를 지지 않는다. 이러이러한 피조물을 존재케 할지를 결정할 권리는 오직 창조주에게만 있다. 그 피조물의 특성, 지위, 운명을 결정할 대권 즉, 그 피조물이 짐승일지 사람일지 천사일지를 결정할 권한, 그 피조물에게 영혼을 부여하고 영원토록 존재케 할지 아니면 영혼 없이 잠깐 동안만 존속할지를 결정할 권한, 존귀케 하여 하나님 자신과 교제하게 할지 아니면 하나님이 거절하여 수치의 그릇이 될지를 결정할 권한은 오직 창조주에게 있다. 위대한 창조주는 창조하든지 말든지, 자신이 원하는 어떤 피조물이든지 존재케 할 수 있는 완벽한 자유를 소유하였다.

그러므로 창조주는 피조물에 관해서 자신이 원하는 대로 작정할 의심의 여지없는 권한을 갖고 있다. 그렇다면 선택과 유기에 있어서 하나님의 정의는 하나님의 지엄한 주권에 근거한다. 모든 피조물은 하나님을 전적으로 의존한다. 모든 피조물에 대한 하나님의 소유권은 논란의 여지가 없다. 모든 피조물에 대한 하나님의 통치권은 절대적이다. 이런 사실들을 성경으로부터 확립하자. 이러한 사실들에 대한 성경으로부터의 완벽한 입증은 매우 간단한 일이다. 가장 하찮은 소유권을 가지고서는 창조주에게 **"당신, 뭐해?"**라고 목청껏 떠들 수 있는 피조물이 어디에 있는가? 창조주가 자신의 피조물에게 어떤 책무를 지고 있기는커녕 그 반대로, 피조물이 자신을 존재케 하고 자신의 생명을 붙들어주고 있는 창조주에게 구속력 있는 책무를 지고 있다.

하나님은 자기 손으로 지은 피조물을 자신이 원하는 대로 처리할 절대적인 권한을 갖고 있다.

> **"토기장이가 진흙 한 덩이로 하나는 귀히 쓸 그릇을, 하나는 천히 쓸 그릇을 만드는 권이 없느냐"**(롬 9:21).

이것은 하나님 자신의 주장이다. 그러므로 하나님이 한 쪽에게는 주고 다른 쪽으로부터 거두며 한 종에게는 다섯 달란트를 주고 다른 종에게는 단 한 달란트를 주어도 하나님께는 부정의하다고 비난할 수 없다. 하나님은 자신이 원하는 자에게 은혜와 영광을 **베푸는 것**에 대해 부정의하다는 혐의를 받지 않아도 된다면 **그렇게 하겠다고 작정하는 것**에 대해서도 부정의하다는 혐의를 받지 않아도 된다. 사람들이 자기가 가장 좋아하는 것, 친구, 동료, 흉금을 터놓을 친구를 선택할 때 부정의하다는 비난을 받을까? 자, 이제 명백하다. 하나님이 자신의 특별한 은총을 베풀고 지금 흉금을 터놓고 교제하고 장차 영원토록 자신과 함께 거하고 싶은 자를 선택하는 것에는 부정의가 전혀 없다. 남자는 아내로 삼기를 갈망하는 여인을 선택할 자유가 있는가? 그렇다면 그 남자가 간과하는 다른 여자들에게 어쨌든 **잘못**을 범했는가? 그렇다면 하나님은 자기 아들의 짝이 될 자들을 선택할 **자유가 없는가**? 창조주가 피조물보다 적은 자유를 소유해야 한다고 주장하는 이들은 부끄러워하라.

조금만 생각해보아도 올바른 사고를 가진 사람들에게 명백히 드러나는 진실은 인간의 정의와 하나님의 정의는 전혀 다르다는 점이다. 인간의 정의는 각자가 당연히 받아야할 것을 줄 것을 요구한다. 반면에 어떤 피조물도 하나님께로부터 당연히 받아야 할 것이 없다. 심지어 하나님이 피조물에게 주권적으로 베풀기를 원하는 것조차 피조물이 당연히 요구할 수 있는 것이 아니다.

윌리엄 트윗세(W. Twisse)[11]는 하나님의 속성의 본질에 관한 지극히 존경할만한 논의를 통해, 만일 인간적 정의와 하나님의 정의가 동일하다면 반드시 다음 세 가지 결론에 도달한다고 지적하였다.

첫째, 사람에게 정의로운 것이 하나님에게도 정의로운 것이다.

둘째, 반드시 동일한 방식을 따라 정의로워야 한다. 즉, 인간의 정의가 하나님의 법에 대한 굴복과 복종에 있는 것처럼 하나님의 정의도 반드시 하나님의 법에 따른 책무를 져야 한다.

---

11) [역자 주] 잉글랜드 의회의 요청에 따라 1643년 7월 1일부터 웨스트민스터 사원의 헨리 7세 채플에서 모인 웨스트민스터 총회에서 의장직을 수행하였다. 이후 5년 6개월에 걸쳐 1,163번의 회의를 통해 "웨스트민스터 표준문서"(Westminster Standards) 즉, 웨스트민스터 신앙고백서, 대요리문답, 소요리문답, 교회 행정 지침서(Form of Church Government), 공예배 지침서(Directory for the Public Worship of God)와 같은 성경에 입각한 교회론적 문서들을 작성하였다.

셋째, 사람은 **정의로워야 할 책무가 있는** 것과 마찬가지로 하나님도 정의로워야 할 책무가 있다. 그러므로 사울이 제사장들을 죽일 때 죄를 지었고 불의하게 행동한 것과 마찬가지로 하나님도 동일한 일을 행할 때 불의를 범했다.

사람은 만일 마음의 왜곡 때문에 판단력이 눈멀지 않았다면 하나님의 **정의**는 반드시 사람의 정의와는 완전히 다른 질서와 성격을 가지고 있다는 사실을 손쉽게 지각할 것이다. 맞다. 하나님의 **사랑**이 인간의 사랑과 그 질서와 성격에서 완전히 다른 것처럼 하나님의 정의는 사람의 정의보다 상이하고 우월하다. 만일 어떤 사람이 자신의 형제가 죄를 범하지 못하게 할 힘을 가지고 있으면서도 형제가 죄를 범하도록 내버려둔다면 그는 불의하게 처신하는 것이고 죄가 있다고 모두 동의한다. 그렇다면 하나님의 정의는 사람의 정의에 비해 정도는 우월하지만 종류는 동일하다면 필연적으로 내려지게 될 결론은, 하나님은 자신의 피조물이 죄를 범하도록 허용할 때마다 하나님에게는 피조물이 죄를 짓지 못하게 막을 능력이 있고 그 능력을 피조물의 자유를 파괴하지 않은 채 발휘할 수 있기 때문에 하나님에게 죄가 있다는 것이다.

> "하나님이… 나도 알았으므로 너를 막아 내게 범죄하지 않게 하였나니 여인에게 가까이 못하게 함이 이 까닭이니라"(창 20:6).

그렇다면 너희 반역자들아! 지극히 높으신 하나님께 덤벼들기를 중단하라. 너희의 짧은 줄자로 **하나님의** 정의를 측량하는 시도를 멈춰라. 하나님의 측량할 수 없는 정의를 파악하려는 시도와 마찬가지로 하나님의 지혜를 헤아리거나 하나님의 능력을 규정하려는 시도를 그만두라. "구름과 흑암이" 하나님을 둘러쌌다는 말과 "(정)의와 공평이 그 **보좌**의 기초로다"라는 말이 서로 연결되어 있는 것에 주목하라(시 97:2).

윌리엄 트윗세 같은 엄격한 칼빈주의자의 진술만 인용한다고 트집을 잡는 독자가 나오지 않도록 온건한 칼빈주의자인 제임스 어셔(James Ussher)의 글을 인용하겠다.

> 하나님의 정의란 무엇인가? 그것은 하나님의 본질적 특성이며, 이 속성에 의해 하나님은 다른 누가 아니라 하나님 그 자체로, 스스로, 자신을 위해서, 자신으로부터 자신에 의해서 무한히 정의롭다. "여호와는 의로우사 의로운 일을 좋아하신다"(시 11:7). 신적 정의의 **규칙**은 무엇인가? 답변: 하나님 자신의 **자유로운 의지**이다. 그 외엔 어떤 것도 아니다. 하나님이 원하는 모든 것이 정의롭다. 하나님이 원하기 때문에 정의롭다. 그렇다. 그것이 정의롭기 때문에 하나님이 그것을 원하는 것이 아니다(엡 1:11, 시 115:3).

이런 사람들은 자신의 무지를 자각하였다. 그래서 교훈을 달라고 하늘을 향해 부르짖었고, 하나님은 그들의 눈을 맑게 해주기를 기뻐하였다. 그러나 교만으로 꽉 찬, 이 시대의 바리새인들은 자신들은 **이미** 볼 수 있다고 생각한다. 따라서 신적 조명의 필요성을 전혀 느끼지 않고 결국 여전히 장님의 상태에 머물러 있다(요 9:40, 41). 진정으로 명성을 누리는 학자인 윌리엄 퍼킨스(1558-1602)는 다음과 같이 말했다.

> 하나님은 어떤 것을 선하고 옳기 때문에 행한다고 생각해서는 결코 안된다. 오히려 **하나님**이 그것을 원하고 행하기 때문에 선하고 옳은 것이

다. 이에 관한 사례들이 말씀에 있다. 하나님은 아비멜렉에게 사라를 아브라함에게 돌려주라고 명령하였다. 만일 그렇게 하지 않으면 하나님은 아비멜렉과 그의 온 집을 파괴하겠다고 하였다(창 20:7). 이것은 인간의 이성이라는 관점에서는 부당할 것이다. 아비멜렉의 종들은 왜 주인의 잘못 때문에 처벌받아야 했는가? 다른 예를 보자. 아간이 죄를 범했다. 그 때문에 이스라엘 온 집이 처벌받았다(수 7장). 다윗이 백성을 계수하였다. 그래서 온 나라가 역병으로 처벌받았다(삼하 24장). 인간의 이성이라는 관점에서 이 모든 것은 불공평한 처사로 보일 수 있다. 그러나 하나님이 하신 일들이기 때문에 우리는 전적인 존경심을 갖고 지극히 정의롭고 거룩한 처사라고 판단하지 않으면 안 된다.

오호라. 퍼킨스가 지향하는 그런 겸손과 존경심이 오늘날 교회에서는 정말 찾아보기 힘들다! 현 세대는 하나님의 방식과 일 가운데 비위에 맞지 않는 것을 비난하고 정죄하는데 정말 빠르다!

오늘날 "정통주의 수호자"로 추앙받는 이들의 대부분은 진리로부터 멀리 떨어져 있다. 심지어 진리를 뒤집거나 마차를 말 앞에 다는 죄를 범하기도 한다. 하나님을 율법 아래에 두거나 하나님은 도덕적 강제 때문에 그렇게 할 수밖에 없고 따라서 달리 어쩔 도리가 없다고 추정하는 일도 흔하다. 이 교리를 현학적인 용어로 포장하고는, 하나님의 모든 행위를 통제하는 것은 하나님 자신의 **본성**이라고 주장하는 이들도 있다. 그러나 이것은 단지 교묘한 속임수일 뿐이다. 하나님이 피조물에게 은총을 베푸는 것이 신적 본성의 필연성에 의한 것인가 아니면 주권의 자유로운 발휘에 의한 것인가? 성경의 답변을 들어보자.

"그런즉 하나님께서 하고자 하시는 자를 긍휼히 여기시고 하고자 하시는
자를 강퍅케 하시느니라"(롬 9:18).

자. 만일 하나님은 자신의 본성으로 인해 누군가에게 구원의 자비를 베
풀 수밖에 없다면 당연히 모든 사람에게 자비를 베풀 수밖에 없고 따라서
모든 타락한 피조물은 회개와 믿음과 순종에 이르게 될 것이다. 이 터무니
없는 생각은 이 정도로 충분하다.

우리 주제의 이 측면을 전혀 다른 각도에서 접근해보자. 하나님이 선택
하지 않았더라면 **전체** 즉, 모든 천사와 모든 사람이 불가피하게 멸망할 수
있었을 때 하나님이 선택한 자들을 택함에 있어서 어떻게 불의가 존재할
가능성이 있을까? 인간이 짜낸 설명이나 추론이 아니라 성경 그 자체의 말
을 들어보자.

"만일 만군의 주께서 우리에게 씨를 남겨 두시지 아니하셨더면 우리가
소돔과 같이 되고 고모라와 같았으리로다 함과 같으니라"(롬 9:29).

하나님의 **선택**을 떠나서는 천사든 사람이든 어떤 이성적 피조물도 영원
하고 유효적으로 구원받은 적이 없다. 천사든 사람이든 완전한 거룩의 상
태로 창조되었지만 모두 변화가능성을 가진 즉, 변화를 겪고 타락할 수 있
는 피조물이었다. 만일 하나님이 즐거이 초자연적으로 그들의 상태를 붙
잡아주지 않는다면, 그 거룩상태의 지속여부는 그들 자신의 의지의 발휘
에 달려 있기 때문에 타락은 확실하였다.

"하나님은 그 종이라도 오히려 믿지 아니하시며 그 사자라도 미련하다 하시나니"(욥 4:18).

천사들은 완벽하게 거룩하였다. 하지만 만일 하나님이 천사들을 창조할 때 부여한 능력 이외에 전혀 도움을 주지 않았더라면 전혀 "신뢰"하거나 의지하지 못할 혹은 서 있지도 못할 존재가 되었을 것이다. 천사들은 오늘 거룩할지라도 내일은 타락할 가능성이 있었다. 천사는 하나님의 심부름으로 이 세상에 왔더라도 다시 하늘로 돌아가기 전에 타락할지 모른다. 위에 인용한 구절에서 하나님이 천사를 "미련하다"고 책망한 말은 피조물로서의 **변화가능성**을 가리킨다. 즉, 천사들이 최초의 완전한 거룩성을 상실할 위험 없이 영원토록 그 상태를 유지한다는 것은, 천사들의 천부적 자질을 전적으로 뛰어넘는다. 그러므로 천사들의 상태가 변함없이 보존되는 것은 행위언약 혹은 창조 당시에 부여된 역량 이외에 더 고차원적인 다른 원천으로부터 나온 은사 즉, 선택 은혜의 혹은 초–창조적 은혜의 언약이다.

처음부터 하나님은 피조물과 창조주를 갈라놓는 무한한 심연을 나타내야 마땅했다. 오직 하나님만이 **불변적**이며, 변화가능성이나 회전하는 그림자가 없다. 그렇다면 하나님이 올바른 피조물로 창조한 뒤에 그 상태를 보존해주는 팔을 치워서 최고의 피조물(사단 즉, "기름 부음을 받은 덮는 그룹" 겔 28:14)조차 변화가능성이 있었고 자유의지에 맡겨놓으면 필연적으로 타락하여 죄에 빠진다는 사실이 나타나게 하는 것이 적절하였다. 악으로 유혹을 받을 수 없다는 예언은 오직 하나님에게만 해당된다(약 1:13). 피조물은 비록 거룩할지라도 유혹을 받아 죄와 타락에 빠지고 돌이킬 수 없을 정도로 파멸할 수 있다. 그렇다면 사단의 타락은 선택 은혜 즉, 불변적 거룩이라는 하나님 자신의 형상을 피조물에게 나눠주는 은혜의 절대적 필요성을 훨씬 분명하게 입증해주는 한 단계였다. 변화가능성이라는 피조물의 상태 때문에 하나님은 만일 모든 피조물을 그들 자신의 의지를 따라 행하도록 허용한다면 타락할 위험이 상존한다는 사실을 미리 알았다. 그러므로 하나님은 택자들에게서 그 위험을 제거하기 위해 은혜의 선택을 하였다. 이 사실은 택자들의 역사에 관한 계시로부터 확인된다. 유다는 "자기 지위를 지키지 아니하고 자기 처소를 떠난 천사들"에 관해 언급한다 (6절). 나머지 천사들도 변화가능성이 있는 그들 자신의 의지에 맡겨두었더라면 타락하였을 것이다. 아담과 이브 역시 이 사실을 증거하였다. 두 사람 모두 배교를 저지름으로써 의지의 변화가능성을 입증하였다. 따라서 이 모든 것을 처음부터 미리 보신 하나님은 "남겨두었다"(롬 11:4, 이 말을 5절에서는 "은혜로 택하심"이라는 말로 설명한다). 즉, 하나님이 복을 주시고 영원한 축복상태로 회복시켜줄 자들을 남겨두기로 결정하였다. 선택과 보존의 은혜는 결코 나뉠 수 없다. 지금까지 지적한 것을 다음과 같이 정리할 수 있다.

첫째, 하나님의 정의는 인간의 정의와는 전적으로 다른 질서와 성격을 갖는다.

둘째, 하나님의 정의는 하나님이 자기 손으로 이룬 모든 것에 대한 주권적 통치권에 근거하며, 하나님 자신의 주권적 의지를 발휘하는 것이다.

셋째, 피조물은 창조주에게 당연스럽게 요구할 것이 없다. 심지어 하나님이 주기를 기뻐하는 것조차도 피조물이 당연히 요구할 것이 아니다. 하나님은 결코 그런 책무를 지고 있지 않다. 오히려 피조물이 하나님께 드릴 책무를 지고 있다.

넷째, 하나님이 원하고 행하는 모든 것은 올바르며 우리는 반드시 경외하는 마음으로 복종하고 찬양해야 한다.

다섯째, 하나님이 어떤 피조물을 선택하여 놀라운 은혜를 베풀 대상으로 삼을 때 불의하다는 혐의를 제기할 수 없다. 그 선택이 없었다면 **모두** 멸망당했을 것이기 때문이다.

이제 좀 더 낮고 단순한 단계로 내려가서, 아담 안에서 타락한 인류와 관련된 하나님의 선택을 고찰해보자.

하나님이 자신의 피조물들을 **창조**목적이라는 거울을 통해 바라보고 피조물 가운데 일부를 선택하여 특별 은총과 영원한 축복으로 인도함에 있어서 하나님께는 일체 부정의가 없다면, 아담의 파멸한 인류 전체 중에서 그 일부를 미리 보고 그들에게 자비를 베풀기로 결정함에 있어서도 분명코 부정의가 있을 리 없다. 만일 무죄한 상태의 피조물이 자신의 창조주에게 항변할 것이 하나도 없고 전적으로 창조주의 자비심에 의존한다면 타락한 피조물은 자신이 노엽게 만든 재판장으로부터 선한 것을 받을 자격이 없다는 것은 지극히 확실하다. 이것이 우리의 주제를 바라보아야 할 관점이다. 타락한 인간은 범죄자요 무법자이다. 타락한 인간에 정의를 그대로 부과해야 한다면 범법자가 저지른 불법이 마땅히 받아야 할 보응을 받을 수밖에 없다. 그 **보응**이란 영원한 형벌 밖에는 없다. 타락한 인간의 범법이 무한한 죄책을 초래하였기 때문이다.

방금 언급한 내용을 확대설명하기 전에 먼저 지적해야 할 것은, 만일 **거룩한** 피조물을 위한 유일한 소망이 하나님의 선택은혜에 있다면 **거룩하지 않은**, 전적으로 부패한 피조물의 경우에는 더 말할 것이 없다는 점이다. 거룩한 천사가 본성의 변화가능성과 의지의 연약함 때문에 자신의 순수성을 유지할 수 없고 지속적인 위험상태에 있었다면 **거룩하지 않은** 피조물에 대해서는 무슨 말을 하겠는가? 기껏해야, 타락한 인간은 악으로 확증된 본성을 가지고 있으며 따라서 그의 의지는 영적인 깃으로 돌이킬 능력이 더 이상 없다는 선언을 들을 뿐이다. 그렇다. 부패한 인간은 하나님께 완악할 뿐이며, 하나님이 주권적 은혜를 통해 부패한 인간을 **인간 그 자신으로부터** 구원해주기를 기뻐하지 않는다면 전적으로 그리고 영원토록 소망이 없다.

설교자들은 인간의 본유적 능력들, 자유의지, 선을 행할 능력이 있다고 떠들어댄다. 하지만 타락이라는 엄연한 사실을 무시하는 것은 무익하며 미친 짓이다. 우리의 현 상태와 아담의 타락 전 상태 사이에 놓인 차이와 불이익이란 상상조차 할 수 없는 것이다. 타락 이전의 상태에서는 완벽한 거룩이 우리의 지성과 의지를 장악하고 흐름을 이끌었다. 반면에 지금 우리 마음에는 생명에 관계되는 원리는 하나도 남아 있지 않다. 그 대신에 영적이며 거룩한 것에 대한 철저한 무능력이 존재한다. 그렇다. 오히려 영적이며 거룩한 것에 대한 적대감이 있다.

> 사람들은 오류를 범한다. 즉, 자신들의 마음에 있는 원죄의 능력도 부패의 깊이도 모른다. 지금 사람의 의지가 죄의 최상의 보금자리이다. 즉, 죄는 자신의 보좌를 사람의 의지에 마련해놓았다(토마스 굳윈).

외적 도움 및 원조는 전혀 중요치 않다. 새로운 피조물에 미치지 않는 어떤 것도 쓸모가 없기 때문이다.

타락한 인간은 아무리 교훈을 받아도 아무리 자극을 받아도 에디오피아 사람이 자신의 피부색을 바꿀 수 없는 것과 같다. 어떤 빛도 성령의 일반적인 어떤 활동도 하나님이 부패한 인간의 마음에 거룩의 새로운 원리를 심어주지 않으면 아무 소용없다. 이 진리는 율법과 복음을 통해 명확하고 충분하게 입증되었다. 출애굽기 20장과 신명기 5장을 읽어보라. 하나님이 시내 산에서 이스라엘에게 자신을 드러낸 기막히고 경이로운 장면을 보라. **그것이** 하나님을 순종하도록 이스라엘의 마음을 바꿔놓고 이스라엘의 의지를 돌려놓았는가? 사복음서를 읽고 성육신한 아들 하나님이 재판관으로서가 아니라 은혜를 베푸는 자로 이스라엘과 함께 거하며 사방을 다니며 선을 행하고 배고픈 자들을 먹이고 병든 자를 고쳐주고 복음을 선포하는 장면을 철저히 읽어보라. 그것이 이스라엘 백성들의 마음을 녹여주고 하나님께로 향하도록 해주었는가? 아니다. 그들은 그리스도를 미워했고 십자가에 못 박아 죽였다.

그렇다면, 타락한 인류의 실상을 목도하라. 하나님의 생명으로부터 동떨어져 있고, 죄악과 범법으로 죽었고 따라서 영적인 것들에 대해 도무지 마음도 뜻도 없다. 부패한 인류의 자체로는 절망적이며 돌이킬 수 없고 소망도 없다. 하나님의 선택이 없이는 어떤 누구도 구원받지 못할 것이다. 선택이란 아담의 인류 전체가 영원토록 멸망하지 않도록 하나님이 일부를 남겨두고 보존하기를 기뻐하셨다는 뜻이다. 이 일로 인하여 하나님은 얼마나 감사를 받는가? 죄악으로 가려졌던 눈이 열려 이처럼 형언할 수 없이 축복된 사실을 목도한 자들만이 감사할 뿐이다. 감사? 아니다! 오히려, 기독교인을 자처하는 거의 대다수의 사람들은 이 진리에 관해 들을 때 자신들의 성향과 하나님의 방식을 알지 못하고서는 하나님의 선택을 논박하고 하나님을 비난하고 추잡한 부정의라는 혐의를 제기하고 예정론의 하나님은 무자비한 폭군이라고 고발한다.

자, 위대한 하나님은 우리의 엄호를 필요로 하지 않는다. 적절한 때에 하나님은 모든 반역도의 입을 유효적으로 막아버릴 것이다. 하나님이 일부의 피조물을 주권적으로 선택할 때 부정의를 범한다고 요란하게 떠드는 자들로 인해 혼란스러워하는 신자들에게 몇 가지 언급을 하지 않을 수 없다.

첫째, 그렇다면 우리는 이렇게 여호와를 비방하는 자들에게 그들이 제기한 혐의를 입증하라고 요구한다. 입증책임은 그들에게 있다. 선택행위를 하는 하나님은 불의하다고 주장하는 자들이 그 주장의 진실성을 증명해야 한다. 그들은 입증하지 못한다. 그들은 자신들의 주장이 옳다고 입증하기 위해서는 반드시 범법자들은 하나님의 손에 선한 공로를 쌓는다고 증명해야 한다. 만왕의 왕이 자신의 이름을 모독하고 자신의 안식을 더럽히고 자신의 말씀을 하찮게 여기고 자신의 종들을 욕하고, 게다가 자신의 아들을 경멸하고 거절한 자들에게 미소를 지어줄 도덕적 책임이 있다고 증명해야 한다.

> 자신의 조물주에게 자랑할 공로를 쌓는다고 뻔뻔스럽게 떠들자가 세상에 있는가? 만일 그런 사람이 있다면, 그는 자신이 쌓는 대로 받게 될 것이며 영원한 지옥불이 그 보상이 될 것이라고 당신에게 알려주겠다. **그것은** 사람이 하나님으로부터 받을만한 최상의 것이기 때문이다. 하나님은 사람에게 갚을 빚이 전혀 없다. 저 위대한 마지막 날에 모든 사람은 마땅히 받을 만큼의 사랑과 자비와 선을 받을 것이다. 심지어 지옥에 던져진 멸망자들조차도 자신이 받아야할 모든 것을 받을 것이다. 오호라. 하나님의 진노를 받아야할 자들은 그 날에 진노를 받을 것이며, 하나님의 진노는 그들이 받아야할 최상의 것이 될 것이다. 만일 하나님이 모든 사람에게 그 쌓은 대로 갚아준다면, 하나님이 택자들에게 그 자신들이 쌓은 것보다 무한히 큰 것을 베풀기 때문에 불의하다는 비난을 받아야 할까? (C.H. 스펄전).

스펄전을 칭찬하고 사랑한다고 말하는 자들 가운데서도 스펄전의 이처럼 신실하고 명확한 설교를 들으면 이빨을 갈며 험담을 해댈 것이다.

둘째, 하나님의 구원은 정의의 문제가 아니라 **순전한 은혜**의 문제이며 은혜란 어떤 피조물도 권리로 주장할 수 있는 것이 아니라는 사실을 하나님을 비방하는 자들에게 상기시켜주고 싶다. 만일 어떤 사람이 자기 소유물을 가지고 자기 뜻대로 한다면 불의한가? 만일 내가 적절하다고 여길 때 자유롭게 자선을 베푼다면, 하나님은 자기가 원하는 자에게 선물을 베풀 자유가 없다고 해야 하나? 하나님은 어떤 누구에게도 빚지지 않았다. 그러므로 하나님이 자신의 은총을 주권적으로 베푼다한들 누가 불평할 수 있단 말인가? 하나님이 당신을 간과할지라도 하나님이 당신에게 상처를 입힌 것은 아니다. 그러나 만일 하나님이 당신을 풍요롭게 만든다면 당신은 하나님의 은혜에 빚진 자이다. 그렇다면, 당신은 하나님의 정의와 불의에 관해 더 이상 떠들지 말라. "우리의 죄를 따라 처치하지 아니하시며 우리의 죄악을 따라 갚지 아니하셨으니"라는 경탄에 기쁨으로 동참하라.

구원은 하나님의 값없는 선물이다. 그러므로 하나님은 구원을 자기가 기뻐하는 자에게 베푼다.

셋째, 이 거만한 피조물들에게 "하나님은 진정으로 참회하며 자비를 구하는 자에게 자비를 베풀지 않은 적이 있는가?"라고 묻고 싶다. 하나님은 모든 피조물에게 복음을 자유롭게 선포하지 않는가? 하나님의 말씀은 **모든** 사람에게 하나님을 향해 겨눈 무기를 버리고 그리스도에게로 나아가 용서를 받으라고 명령하지 않는가? 만일 하나님이 정하신 방법으로 하나님께로 돌이킨다면 당신의 불법을 제거해준다고 약속하지 않는가? 만일 당신이 그렇게 하기를 거절한다면, 만일 당신이 그토록 철저하게 죄를 사랑하고, 그토록 당신의 탐욕과 결탁하여 당신 자신의 영혼을 파괴하기로 결단하였다면, 누가 책망을 받아야 하는가? 지극히 분명하게, 하나님은 아니다. 하나님의 복음 약속은 신뢰할 만하다. 누구든 자신을 위해서 그 약속을 증명할 자유가 있다. 누구든 그렇게 한다면 즉, 죄를 거절하고 그리스도를 신뢰한다면, 자신은 하나님의 택자라는 사실을 스스로 발견할 것이다. 반면에, 고의로 복음을 경멸하고 구세주를 경멸하면 구세주의 피가 그의 머리 위에 있다.

마지막으로 **넷째**, 당신은 어떤 사람들은 멸망당하고 다른 사람들은 구원받는 것은 부당하다고 말한다. 그러나 멸망당하는 자들을 그렇게 만든 것은 누구인가? 하나님은 어떤 누구를 죄짓도록 만들었는가? 오히려 하나님은 죄짓지 말라고 경고하고 책망한다. 성령이 누구를 재촉하여 악행을 하도록 만들었는가? 오히려 성령은 일관되게 악에 맞선다. 성경이 어떤 누구의 사악함을 굳세게 만들어준 곳이 있던가? 오히려 성경은 지속적으로 죄를 정죄하며 어떤 모양이라도 버리라고 한다. 그렇다면 의도적으로 하나님께 불순종하는 자들을 정죄한다면 하나님이 부당한가? 위험을 지적하고 타이르는 하나님을 반항적으로 무시하는 자들을 처벌한다면 하나님이 불의한가? 분명코 아니다. 이런 사람 각각에게 하나님은 네가 네 자신을 파괴하였다고 말할 것이다. 피조물 자신이 도덕적 자살을 범한다. 피조물 자신이 모든 속박을 뿌리치고 영원한 재앙의 절벽으로 몸을 던진다. 저 마지막 큰 날에 "주께서 말씀하실 때에 의로우시다 하고 판단하실 때에 순전하시다"라는 사실이 나타날 것이다(시 51:4).

선택은 어떤 것을 받아들이고 다른 것을 내버려두는 것이다. 따라서 선택은 선택하는 자의 입장에서는 선택하거나 거절할 자유가 있다는 뜻이다. 그러므로 하나를 선택하는 것은 선택받지 않은 다른 것에 조금도 해를 끼치지 않는다. 만일 내가 백 명 가운데 한 사람을 골라내서 부귀영화를 누리는 지위를 부여하더라도 나는 선택하지 않은 나머지 아흔 아홉 명에게 전혀 해를 끼치지 않는다. 내가 헐벗은 스무 명의 아이들 가운데 두 명을 데려다가 내 아들과 딸로 입양하고 먹이고 입히고 집을 주고 교육을 시킨다면 나는 이 두 아이에게 엄청난 혜택을 베푸는 것이다. 내가 자선을 베풀어 두 명의 아이를 선택하여 행복하게 만드는 것이 내가 남겨둔 열여덟 명의 아이들에게 전혀 해를 끼치는 것이 아니다. 정말이지. 남겨진 아이들은 헐벗고 굶주림에 시달리고 교육도 받지 못한다. 하지만 이 아이들은 내가 선택한 두 아이들에게 은총을 베푼 것 때문에 환경이 더 열악해진 것은 아니다. 아이들은 본래의 상태를 정확하게 지속할 뿐이다.

다시 말하자면, 잉글랜드 국왕은 정당하게 사형선고를 받은 열 명의 죄수 가운데 다섯 명을 선택하여 주권적 자비를 베풀어 사면하여 방면하기로 마음먹는다면 그 다섯 명은 왕의 은총 덕택에 목숨을 부지할 것이다. 그럼에도 불구하고 왕이 이 다섯 명에게 친절을 베푼다고 해서 나머지 다섯 명에게는 아무 일도 일어나지 않는다는 것이 아니다. 나머지 다섯 명은 자신들이 저지른 범죄로 인해 국법의 정당한 형벌을 받도록 남겨진 것이다. 사면을 받은 다섯 동료에게 왕의 자비가 미치지 않았더라면 받았을 형벌을 그 나머지 다섯 명만이 받는 것이다. 그렇다면 국왕이 이렇게 차별적인 방법으로 왕권을 발휘하고 은총을 베풀기를 원하였기 때문에 왕을 부정의하다고 비난하는 것은 부정의라는 용어를 잘못 사용하는 것이며 국왕을 심각하게 비방하는 말이라는 것을 파악하지 못할 리가 없다.

우리 구세주는 "그때에 두 사람이 밭에 있으매 하나는 데려감을 당하고 하나는 버려둠을 당할 것이요"라는 말씀을 통해 선택의 개념을 명확하게 표현하였다(마 24:40). 만일 두 사람이 다 남겨졌더라면 모두 멸망하였을 것이다. 그러므로 한 사람을 데려 간다는 것이 다른 사람에게 해를 가하는 것이 아니었다. "두 여자가 매[맷돌]를 갈고 있으매 하나는 데려감을 당하고 하나는 버려둠을 당할 것이니라"(마 24:41)라는 말씀에서도 한 여자를 데려간 것은 그 여자에게는 커다란 은총이었지만 다른 여자를 남겨두는 것이 해를 가하는 것이 아니었다. 그렇다면 선택은 하나님께 대해 전혀 권리가 없는 사람들 가운데서 은총을 베풀기로 선택하는 것이다. 그러므로 선택은 선택되지 않는 자들에게 조금도 부정의를 가하지 않는다. 간과되는 자들은 본래의 상태와 위상을 지속할 뿐이고, 그들 가운데 아무도 선택받지 않았더라면 있었을 그 상태와 위상을 지속하는 것이다. 하나님은 선택 은혜를 발휘하여 자비를 베풀 자에게 베풀고, 은총을 베풀 때에는 자신이 원하는 대로 자기 백성에게 베푸신다.

하나님을 비방하는 자들의 거짓된 추론이 의존하는 근거를 파악해내는 것은 어렵지 않다. 하나님의 정의에 반하여 늘어놓는 모든 이의제기의 이면에는 하나님은 모든 타락한 피조물을 구원할 **책임이 있다**는 개념이 있다. 그러나 이런 추론(?)은 만일 이런 주장이 타당하다면 하나님께 **전혀 감사하지 않아도** 되도록 만든다는 점을 파악하지 못한다. 하나님이 반드시 구속해야할 자들을 구속한 것에 대해 얼마나 하나님을 찬양할 수 있을까? 만일 구원이 하나님이 사람의 타락을 허용한 것 때문에 하나님이 사람에게 갚아야할 **빚**이라면 구원은 **자비**의 문제가 될 수 없다. 교만으로 눈먼 사람들이 죄가 끼친 무한한 손상, 죄인의 전적인 무가치성과 악독함을 파악하리라고 기대해서는 안 된다. 따라서 그들은 하나님의 은혜에 관한 참된 개념을 갖지 못한다. 게다가 **은혜**는 반드시 **주권적인** 방식으로만 발휘된다는 것도 알아채지도 못한다.

그럼에도 불구하고 "성경은 하나님은 사람을 조금도 고려하지 않는다고 선언하지 않는가? 그렇다면 하나님이 어떻게 사람들 중에서 골라낼 수 있을까?"라고 냉소적으로 의문을 던지는 이들이 있다. 하나님의 예정을 비방하는 이들은 성경은 그 자체로 일관적이지 않든지 아니면 하나님은 선택할 때 공로를 고려한다고 가정한다. 먼저 칼빈의 말을 인용해보자.

> 성경은 하나님은 사람을 고려한다는 주장을 부인한다. 그러나 사람들이 이해하는 것과는 다른 의미에서 그렇다. 이 문장에서 "사람"이라는 말은 사람 그 자체가 아니라 사람 속에 있는 것들 즉, 은총, 존귀, 위엄을 받을 만하게 만들어주거나 혐오, 경멸, 모욕을 초래하는 것들을 가리킨다. 한편으로는 부유함, 능력, 고귀함, 권력, 영지, 우아한 자태를 다른 한편으로는 빈곤, 핍절, 비천한 태성, 초라함, 경멸 등이다. 따라서 베드로와 바울은 하나님은 유대인과 헬라인이나 똑같다고 보시기 때문에 사람을 고려하지 않는다고 즉, 태생 때문에 한쪽을 거절하고 다른 쪽을 받아들이지 않는다고 선언한다(행 10:34, 롬 2:11). 야고보도 하나님은 빈부를 고려하여 판단하지 않는다고 주장하여 동일한 생각을 드러냈다(약 2:5).

> 그러므로 하나님은 자신의 선한 즐거움에 따라, 공로와는 일체 상관없이, 자신이 원하는 자들을 선택하여 자기 자녀로 삼고 반면에 다른 이들을 거절하고 유기한다는 우리의 주장에는 전혀 모순의 여지가 없다. 하지만 좀 더 충분한 설명을 위해서 이 문제를 다음과 같은 방식으로 설명하고자 한다. 두 사람을 어떤 공로에 의하여 구별하지 않고 하나님이 선택하여 한 사람은 데려가고 다른 사람은 내버려둔다는 것이 도대체 무슨 영문이냐고 묻는다. 이렇게 묻는 이들에게 나는 오히려, 선택된 자는 하나

님의 은총을 **받아낼** 수 있는 무엇인가를 소유하고 있는 것이냐고 반문한다. 만일 그들이 정말로 올바른 답변을 해서 선택된 사람에게는 그럴만한 것이 없다고 인정한다면 당연히 내려지는 결론은 하나님이 사람에게 은총을 베풀 동기를 사람에게서 찾지 않고 하나님 자신의 선에서 찾는다는 것이다. 그러므로 하나님이 어떤 사람을 선택하고 반면에 다른 사람을 거절하는 것은 사람을 고려함으로써 나오는 것이 아니라 오직 하나님 자신의 자비로부터만 나온다. 즉, 하나님의 자비는 자신이 원하는 곳에서 그리고 원할 때마다 마음껏 자신을 펼치고 발휘한다.

"사람을 고려한다"는 것은 사람의 속이나 환경에 있다고 추정되거나 실제로 있는 차이점들 때문에 다르게 생각하고 대우한다는 것이다. 이 입장은 이렇게 편파적인 선택과 대우를 받는 것에 대해 결코 합당한 근거나 논거를 가진 주장이 아니다. 사람을 고려한다는 이 특성은 오히려 다른 사람들을 그 성품이나 업적에 따라 평가하고 보상해주는 자의 것이다. 따라서 공로를 중시한다는 것은, 재판받는 두 사람 가운데 이쪽은 부자이고 다른 쪽은 가난하기 때문에, 혹은 이쪽이 재판관에게 뇌물을 주거나 친척 혹은 친구이기 때문에, 비록 저쪽이 훨씬 올바르고 정당하지만 이쪽이 정당하다고 판결을 내려주는 것을 가리킨다. 그러나 이런 식의 개념은 자비를 베푸는 이에게는 즉, 전혀 받을 자격이 없는 이들에게 그 쌓은 공로를 조금도 고려하지 않고 자유롭게 은총을 베풀고 선물을 나눠주는 이에게는 적용할 수 없다. 자비를 베푸는 이에게는 자기 소유의 것을 가지고 자기 원하는대로 행할 완전한 권리를 가지고 있고, 무시당한 자들은 불평할 타당한 근거가 전혀 없다.

비록 이 입장을 좀 더 대중적인 표현으로 수용할지라도 하나님은 자신이 선택한 자들의 성품 이외엔 전혀 사람을 고려하지 않았다는 주장을 전혀 입증해주지 않는다. 천사들이 죄를 짓고 타락하였을 때 하나님은 천사들에게 구원자를 제공하지 않았다. 하지만 인류가 죄를 짓고 타락하였을 때에는 많은 사람들을 위해 구원자를 제공하였다. 선택교리를 비방하는 자들은 이 사실을 세심하게 따져봐라. 만일 하나님이 사람을 고려했더라면 사람들을 간과하고 천사들을 선택하지 않았을까? 실제로 하나님은 정반대로 행하였다는 사실은 비방자들이 제기한 혐의가 중상모략임을 분명히 해준다. 지난 2천 년의 구약성경 역사를 통해 모든 민족 가운데 오직 이스라엘만을 선택하여 온갖 은총을 베푼 것을 생각해봐라. 이스라엘 민족에게 그런 은총을 받을만한 특성이 있었는가? 이스라엘은 그 민족사의 처음부터 끝까지, 감사치 않고 불평하며 목이 곧고 마음이 강퍅하며 반역적이고 회개치 않는 민족이었다. 만일 하나님이 사람을 고려하였더라면 결코 유대인을 **뽑아내** 은총과 축복을 받도록 하지 않았을 것이 분명하다.

그렇다면 하나님이 선택하는 자들의 특성 그 자체가 이 우스꽝스러운 반론을 논박한다. 신약성경도 이 점을 명백하게 천명한다. 하나님은 이 세상의 가난한 자들을 선택하지 않았느냐 즉, 하나님은 이런 식으로 자기 이름을 높이지 않았느냐고 지적한다(약 2:5). 만일 하나님이 부자를 선택하였더라면 우리 가운데 많은 사람이 나쁜 대우를 받았을 것이라고 지적한 것이다. 하나님은 권세가와 백만장자, 재력가와 은행가를 골라내 은혜를 베풀 대상으로 삼지 않았다. 왕족이나 상원에 의석을 가진 귀족들, 현자들, 재간꾼, 이 세상의 유력자들을 선택하지도 않았다. 이들 가운데 어린 양의 생명책에 이름이 기록된 자들은 거의 없다. 오히려, 멸시당하는 자들, 약한 자들, 미천한 자들, 이 세상에서 아무것도 아닌 자들을 하나님이 선택하였다(고전 1:26-29). "아무 육체라도 하나님 앞에서 자랑하지 못하게" 하기 위해 이렇게 하였다. 바리새인들을 간과하였고, 세리와 창기들을 택하였다. "내가 야곱은 사랑하고"라고 말씀하였는데 야곱에게 사랑할만한 무엇이 있다는 말인가? 여전히 "무엇이냐?"라는 반문이 울려퍼진다. 만일 하나님이 사람을 고려하였더라면 분명히 하나님은 무가치한 나를 선택하지 않았을 것이다.

5장_ 선택의 본질

선택의 본질

먼저 다음 진술을 살펴보자.

성경이 하나님의 선택을 가르치기 때문에 하나님의 선택을 믿는다. 이런 교리를 창안해낼 수 있는 사람은 없을 것이다. 그 자체로 인간의 사고와 염원에 상반되는 교리이기 때문이다. 먼저, 모든 사람이 선택교리에 반대한다. 이 교리를 수용하는 것은 많은 갈등 끝에, 성령이 역사한 뒤이다. 하나님의 주권 앞에 엎드려 이 교리를 완전히 인정하고 절대적으로 받아들이며 경탄하는 것은 성별된 영혼이 이생에서 도달하는 최종 단계이다. 그리고 거기에서 천국이 시작된다. 하나님이 **선택**을 깨닫게 해주셨다는 것 바로 그것 때문에, **오직** 그것 때문에 선택교리를 받아들인다. 만일 성경이 가짜라면 성경은 결코 선택교리를 담을 수 없었을 것이다. 사람은 그런 사상을 너무나 싫어해서 표현조차 할 수 없다. 하물며 선택교리를 두드러지게 하는 것은 더 말할 것도 없다. (G. S. 비숍)

이제까지 이 축복된 진리를 해설하면서 먼저, 선택은 하나님의 의지에서 나왔음을 입증하였다. 하나님의 의지가 없었다면 지금 아무것도 존재하지 않으며 존재할 수도 없기 때문이다. 두 번째로 확인한 사실은, 선택의 위대한 **원형**은 삼위일체 하나님 가운데 두 번째 위격과 연합하기로 예정된 사람인 그리스도 예수라는 점이다. 그 다음에는, 이 진리를 보다 상세하게 검토하는 단계로 나아가기 위해서, 선택의 진실성과 정의로움을 입증하였다. 이렇게 한 것은, 진리의 원수들이 하나님의 선택에 대해 제기한 주요 반론 때문에 신실한 독자들의 머릿속에 만들어진 오염과 혼란을 제거하기 위함이었다. 여기에서는 선택의 기본요소들을 검토하고자 한다.

첫째, 선택은 **하나님이 수행하는 행위**이다. 정말이지. 택자들 각자가 하나님을 자신의 절대적인 주요 최고선으로 선택하는 날이 온다. 그러나 택자가 하나님을 선택하는 것은 하나님이 택자를 선택한 결과로 나타나는 것이지 결코 그 반대가 아니다. 어떤 의미에서도 사람이 하나님을 선택한 것이 하나님이 그 사람을 선택하게 만드는 원인이 아니다. 우리가 하나님을 선택하는 행위는 시간 속에서의 행위지만 하나님이 우리를 선택하는 행위는 시간이 시작되기 전에 이뤄졌다. 따라서 분명하게도, 만일 하나님이 우리를 먼저 선택하지 않았더라면 우리는 도저히 하나님을 선택하지 않았을 것이다. 주권적 존재로서 하나님은 자신의 피조물에 대해 자신이 원하는 대로 행할 권리를 가지고 있기 때문에 하늘에서든 땅에서든 자신이 기뻐하는 모든 것을 행한다. 그러므로 하나님은 인류가운데 일정한 수의 사람들을 선택하여 자기 백성, 자기 자녀, 자신의 보배로 삼는다. 이 때문에 선택을 하나님의 택하심이라고 한다(살전 1:4). 하나님은 선택의 유효적 원인이기 때문이다. 그리고 택함을 받은 자들을 "하나님의 택하신 자들"이라고 지칭한다(눅 18:7, 롬 8:33).

하나님의 이 선택은 **절대적인** 것이다. 따라서 전적으로 값없는 것이며 하나님 이외의 어떤 것에도 좌우되지 않는 것이다. 하나님은 어떤 선(善)이나 공로 혹은 매력이 피조물에게 있거나 혹은 있을 것이라고 예견하였기 때문이 아니라 단지 자신이 어떤 자들을 선택하기를 원했기 때문에 선택하였다. 하나님은 절대적으로 자기충분성을 가진 존재이다. 그래서 하나님은 자기 행위의 이유를 결코 자기 외부에서 찾지 않는다. 하나님은 피조물의 행위에 이리저리 흔들릴 수 없다. 그렇다. 하나님은 모든 피조물을 좌지우지 하는 유일한 분이다. 오직 하나님만이 모든 피조물을 존재케 한 유일한 분이기 때문이다.

"우리가 그를 힘입어 살며 기동하며 있느니라····"(행 17:28).

그렇다면 하나님이 영원토록 하나님을 찬양하고 영원토록 하나님께 영광을 돌릴 한 족속을 선택한 행위는 오직 하나님 자신의 의지의 자발적인 선에서만 나온 행위였다.

하나님의 행위인 이 선택은 **불변적인** 것이다. 필연적으로 그렇다. 하나님의 선택 행위는 피조물 안에 있는 어떤 것에 즉, 하나님 이외의 어떤 것에 근거를 두고 있지 않기 때문이다. 하나님의 선택 행위는 모든 것 이전에 존재한다. 심지어 하나님의 "미리 아심"(豫知)보다도 앞선다. 하나님은 미리 알았기 때문에 작정하지 않는다. 하나님이 무오하고 돌이킬 수 없도록 확정해놓기 때문에 미리 안다. 만일 그렇지 않다면 하나님은 단지 그럴 것이라고 추정할 뿐이다. 그러나 하나님은 미리 알았기 때문에 추측하지 않는다. 하나님의 미리 아심은 확실한 지식이다. 만일 확실하게 미리 아는 것이라면 하나님이 확정해놓은 것임에 틀림없다.

선택은 하나님의 행위이기 때문에 **영원하다.** 하나님이 특별은혜의 방식으로 행하는 모든 행위는 철회할 수 없고 변경할 수 없는 것이다. 사람은 어떤 사람을 선택하여 가장 사랑하는 친구로 삼지만 얼마 후에 생각이 바뀌어 다른 사람을 선택하여 대체한다. 그러나 하나님은 이런 식으로 행동하지 않는다. 하나님의 생각은 언제나 한결같고 그 어떤 것도 하나님을 바꿔놓지 못한다. 선택에 따른 하나님의 뜻은 확고부동하고 불변적이다(롬 9:11, 딤후 2:19).

둘째, 하나님의 선택행위는 **그리스도 안에서 이뤄진다.** "창세 전에 그리스도 안에서 우리를 택"하였다(엡 1:4). 선택은 그리스도 안에 있는 사람을 찾는 것이 아니라 사람을 그리스도 안에 **두는** 것이다. 선택은 사람을 그리스도 안에 존재케 하는 것이며 그리스도와 연합하게 하는 것이다. 즉, 사람이 회심할 때 그리스도 안에 나타나는 존재가 되도록 하는 기초이다. 하나님은 자신의 무한한 생각 속에서, 아담의 후손 가운데 한 무리를 불변적 사랑으로 사랑하겠다는 뜻을 품었다. 그렇게 사랑하는 그 사랑 때문에 그들을 그리스도 안에서 선택하였다. 하나님은 자신의 무한한 생각 속에 있는 이 행위에 의하여, 영원 전부터 그들을 그리스도 안에 존재케 하고 복받게 하였다. 비록 전 인류가 아담 안에서 타락하였지만 모두 똑같이 타락하지는 않았다. 비택자들은 저주받기 위해 타락하였고, 그리스도와 아무 관련을 맺지 않았기 때문에 즉, 하나님과 연합을 이루도록 만드는 중보자인 그리스도가 비택자들과 관련을 맺지 않았기 때문에 비택자들은 죄 가운데 멸망당하도록 남겨졌다.

비택자들도 모든 것을 자신들의 자연적인 머리인 아담 안에서 가지고 나왔다. 그러나 택자들은 자신들의 은혜롭고 영광된 머리인 그리스도 안에서 모든 영적 축복을 받았다(엡 1:3). 이러한 영적축복은 그리스도 안에서 택함을 받은 자들을 위하여 확보한 것이기 때문에 결코 상실할 수 없다. 택함을 받은 자들을 하나님이 자신의 소유로 선택하였다. 하나님은 택자들의 하나님이고 택자들은 하나님의 백성이다. 하나님은 택자들의 아버지이고 택자들은 하나님의 자녀다. 하나님은 택자들을 그리스도에게 형제로, 동료로, 신부로, 짝으로 주어 전달가능한 모든 은혜와 영광을 함께 하게 하였다. 아버지 하나님은 택자들이 아담 안에서 타락할 것과 그 후과가 어떨 지를 미리 내다본 즉시, 아들 하나님이 택자들을 대신하여 모든 의를 이행하고 택자들의 보증물로서 자신의 육신을 십자가에 못 박아 택자들의 모든 죄를 담당하고 자신의 영혼을 속죄제물로 드릴 것이라는 생각에 입각하여 택자들을 타락의 파멸로부터 일으켜주기로 뜻을 세웠다. 이 모든 것을 실행하기 위하여 아버지 하나님이 사랑하는 독생자가 성육신하였다.

주 예수께서 대제사장적 기도를 하던 중에 "세상 중에서 내게 주신 사람들에게 내가 아버지의 이름을 나타내었나이다 저희는 아버지의 것이었는데 내게 주셨으며"라고 아버지 하나님께 언급한 것은 바로 이 사실을 가리킨 것이다(요 17:6). 바로 은혜의 선택을 언급하였다. 여기에서 언급된 자들은 아버지 하나님의 기쁨의 대상 즉, 하나님의 보석, 하나님의 분깃이다. 그리스도도 그렇게 간주한다. 아버지 하나님은 중보자를 정말 높이 평가하였다. 만일 그렇지 않았다면 하나님이 택한 자들을 그리스도에게 주지 않았을 것이고 그리스도에게 돌보라고 맡기지도 않았을 것이다. 그리스도는 아버지가 주신 이 사랑의 선물을 정말 고귀하다고 평가하였다. 만일 그렇지 않았다면 그리스도는 스스로 그처럼 엄청난 대가를 지불하면서까지 택자들을 구원하지 않았을 것이다. 자, 택자들을 그리스도에게 주는 행위는 택자들을 선택하는 것과는 다르고 명확하게 구별되는 행위였다. 택함 받은 자들은 먼저 아버지가 선택에 의해 자기 소유로 삼은 자들이었다. 그 다음에 아버지는 택자들을 사랑의 선물로 그리스도에게 주었다. "저희는 [선택에 의해] 아버지의 것이었는데 내게 주셨으며" 즉, "영원한 때 전부터 그리스도 예수 안에서 우리에게 주신 은혜대로" 하신 것이다(딤후 1:9).

셋째, 하나님이 자기 백성을 스스로 선택하는 행위는 죄가 개입하는 사건과는 별개였고 **죄가 개입할 것을 예견한 것보다 선행하는 행위**였다. 우리 주제의 이 측면은 어느 정도 예측한 것이지만 여기에서는 그리 명확하게 다루지 못한다. 그러나 상당히 중요한 것이기 때문에 나중에 별도로 고찰할 생각이다. 여기에서 각별히 고찰해야할 초점은 하나님이 선택행위를 할 때에 자기 백성을 타락한 자로 보았는가 아니면 타락하지 않은 자로 보았는가 즉, 아담 안에서 오염된 부패상태라고 보았는지 아니면 창조될 때처럼 순수한 상태의 피조물로 보았느냐에 관한 것이다. 전자의 입장을 후택설(Sublapsarianism), 후자의 입장을 전택설(Supralapsarianism)이라고 부른다. 과거엔 이 문제를 놓고 칼빈주의자들이 두 진영으로 갈라져 격론을 벌였다. 본인은 (긴 연구 끝에) 주저없이 전택설 입장을 취한다. 물론 본인의 입장을 기꺼이 따를 사람이 별로 없다는 것도 잘 안다.

죄가 오직 성육신의 신비만을 제외한, 은혜의 가장 큰 신비들을 보지 못하게 가로막기 때문에 지금 훨씬 더 어려운 과제가 되었다. 하나님의 생각과 계획과 목적의 영원한 대상으로서의 교회가 가진 본래적인 영광, 탁월성, 순수성, 위엄을 생각하기 보다는 우리의 비참함과 그 비참함으로부터 성자의 성육과 순종과 희생에 의한 구속을 파악하는 것이 훨씬 더 쉽다. 그럼에도 불구하고 성경을 더욱 철저히 고수하면 하나님의 백성은 창조 당시에 가졌던 피조성 및 아담과의 자연적 연합 이전에 초(超)피조성 및 그리스도와의 영적 연합을 가졌던 것은 명확한 사실이다. 하나님의 백성은 아담 안에서 타락하고 저주받아 모든 악을 가진 존재가 되기 전에 그리스도 안에서 하늘의 모든 영적 축복들로 복 받았다는 사실도 마찬가지로 명확한 사실이다.

먼저, 존 길이 이 사실을 지지하여 내놓은 논거를 요약해보자.
하나님의 선택작정을 두 부분 혹은 단계 즉, 목표에 관한 의지와 수단에 관한 의지로 구별해야 한다. 첫 번째 부분은 하나님 그 자체의 의지를 다룬다. 이 부분에서 하나님은 자신의 영광을 위하여 자기 백성을 선택하기로 결정하였다. 두 번째 부분은 목적을 성취할 수단을 확정함으로써 첫 번째 부분의 현실적 **실행**을 다룬다. 신적 작정의 이 두 부분을 결코 둘로 쪼개도 뒤섞어도 안 된다. 판명하게 생각해야 한다. 목적에 관한 하나님의 의지란, 하나님의 주권적 선과 은혜에 영광을 돌리기 위해 자신의 은총을 부어줄 족속을 정해놓았다는 뜻이다. 수단에 관한 하나님의 의지란, 하나님이 그 백성을 창조하고 그들의 타락을 허용하고 그리스도의 구속과 성령의 거룩케 하심에 의해 타락으로부터 회복시키기로 결정하였다는 뜻이다. 이것들을 분리된 별개의 작정들로 간주해서는 안 된다. 하나의 뜻을 이루기 위한 구성부분들로 이해해야 한다. 하나님의 계획은 창세기 1장이 창조와 관련하여 보여준 것처럼 실제적이고 분명한 하나의 **질서**가 존재한다.

(자연의 질서에서) **수단**을 결정하기 전에 먼저 **목적**의 의도를 고찰하는 것처럼, 먼저 의도 속에 존재하는 것이 마지막에는 실행 속에 존재한다. 자, 하나님의 영광은 실행의 최종 결말이다. 따라서 하나님의 영광은 먼저 의도 속에 존재하였다는 결론은 필연적이다. 그러므로 목적을 세우는 하나님의 의지 속에서는 사람을 창조되지도 않고 타락하지도 않은 존재로 간주해야 한다. 사람을 창조하는 것과 사람의 타락을 허용하는 것은 모두 **수단**에 관한 하나님의 계획에 속하기 때문이다. 만일 하나님이 먼저 사람을 창조하기로 작정하고 타락을 허용하기로 작정한 뒤에 타락한 인류로부터 일부를 선택하여 은혜와 영광에 이르도록 했다면 하나님은 아무런 목적도 염두에 두지 **않은 채** 사람을 창조할 뜻을 품었다는 말이 아닌가? 그것은 하나님께 지혜로운 사람도 하지 않을 것을 했다는 혐의를 씌우는 것이 아닌가? 사람도 어떤 것을 (건축 같은 것을)하기로 결정할 때 마음에 목적을 품은 뒤에 그 목적을 성취할 방법 및 수단을 정하기 때문이다. 모든 것을 아는 하나님은 목적도 없이 수단을 정한다고 잠시 동안만이라도 생

각할 수 있는가?

하나님이 목적에 관하여 뜻을 품는 것과 그 목적을 성취할 수단을 정하는 것 사이의 구별을 성경이 명확하게 제시한다. 예를 들면, "만물이 인하고 만물이 말미암은 자에게는 많은 아들을 이끌어 영광에 들어가게 하시는 일에 저희 구원의 주를 고난으로 말미암아 온전케 하심이 합당하도다"와 같은 구절이 있다(히 2:10). 여기에서 보듯이 먼저 **목적**에 관한 작정이 있다. 즉, 하나님은 "많은 아들을 이끌어 영광에 들어가게" 정하였다. 수단을 세움에 있어서는 "저희 구원의 주를 고난으로 말미암아 온전케 하겠다"고 정하였다. 마찬가지로 그리스도 자신과도 관련되었다.

"여호와께서 내 주에게 말씀하시기를 내가 네 원수로 네 발등상 되게 하기까지 너는 내 우편에 앉으라 하셨도다"(시 110:1).

하나님은 중보자를 존귀하게 높이기로 작정하였다. 하지만 그렇게 높이 들리기 위해서는 먼저 엎드려서 길가의 시냇물을 마시도록 정해놓았다(시 110:7). 즉, 하나님은 구속자가 영원토록 하나님의 우편에서 충만한 기쁨을 마시도록 작정하였지만(시 16:11) 그 전에 먼저 고통의 쓴 잔을 들이키도록 하였다. 이스라엘 족속도 그랬다. 가나안은 이스라엘 민족의 몫으로 예정된 땅이었다. 그러나 이스라엘이 그 예정된 목적지에 도달하기 위해서는 광야를 경유하도록 정해주었다. 하나님은 자기 백성이 아담 안에서 타락할 것을 미리 보기 전에 먼저 거룩과 영광으로 이끌기로 예정하였다는 전택설 입장은, 하나님의 백성을 죄악된 피조물로 간주하여 작정하였다는 후택설 입장보다 로마서 9장에서 제시한 야곱과 에서의 경우에 훨씬 더 잘 어울린다.

> "그 자식들이 아직 나지도 아니하고 무슨 선이나 악을 행하지 아니한 때에 택하심을 따라 되는 하나님의 뜻이 행위로 말미암지 않고 오직 부르시는 이에게로 말미암아 서게 하려 하사 리브가에게 이르시되 큰 자가 어린 자를 섬기리라 하셨나니"(롬 9:11, 12).

이 구절을 통해 바울은 하나님이 야곱을 택하신 것은 야곱과 에서가 태어나기도 전에 이뤄졌기 때문에 공로와는 전혀 상관없었다고 입증한다. 만일 하나님이 시간 속에서 행하는 것은 영원 속에서 은밀하게 작정한 것을 나타내는 것에 불과하다는 점을 염두에 둔다면, 지금 여기에서 강조하는 초점은 훨씬 더 결정적이 될 것이다. 예정과 유기 즉, 선택과 간과라는 하나님의 두 행위는 일체의 예견된 선이나 악과는 전혀 별개의 행위였다. 또한 "**택하심**을 따라 되는 하나님의 **뜻**"이라는 복합적인 표현도 하나님의 작정은 두 부분으로 구성된다는 주장을 얼마나 뒷받침해주는지도 주목하라.

하나님이 자기 백성을 죄악된 피조물이라고 생각하기 전에 영원한 복락으로 예정하였다는 전택설은 후택설에 비해 토기장이의 진흙덩어리 비유에 훨씬 더 부합한다.

> "토기장이가 진흙 한 덩이로 하나는 귀히 쓸 그릇을, 하나는 천히 쓸 그릇을 만드는 권이 없느냐"(롬9:21).

이에 관하여 (제네바 교회에서 칼빈과 동역한) 베자는 "만일 바울이 인류를 부패한 존재라고 생각했다면 어떤 그릇을 존귀한 것으로 만들고 어떤 그릇은 천한 그릇으로 만든다는 말을 하지 않았을 것이다. 오히려 모든 그릇이 천하게 사용해야 마땅하다는 사실을 알기 때문에 어떤 그릇은 그 천한 상태에 **내버려두고** 다른 그릇을 천한 상태에서 존귀한 상태로 **바꾼다**고 말했을 것이다"라는 의견을 피력하였다.

그러나 추론과 연역을 그만두고 좀 더 명명백백한 것으로 눈을 돌려보자. 에베소서 1:11은 "모든 일을 그 마음의 원대로 역사하시는 자의 뜻을 따라 우리가 예정을 입어"라고 말한다. 이 말씀을 유심히 살펴보면 "그 마음의 역사하시는 자의 뜻을 따라" 하나님이 행하는 "모든 일"에는 분명한 구별이 있다. 다른 말로 표현하자면, 하나님이 자기 백성에게 부어주는 영적 축복들은 먼저 하나님의 백성을 타락하지 않은 것으로 간주하여 부어주는 축복들이 있고 그 뒤에 하나님의 백성을 타락한 것으로 간주하여 부어주는 축복들 이렇게 두 가지로 나뉜다. 첫 번째요 최고 수준의 축복을 4-6절에서 열거하고 **목적**에 관한 하나님의 작정을 다룬다. 두 번째요 종속적인 수준의 축복을 7-9절에서 묘사하고 그 목적을 성취하기 위해 하나님이 지정해준 **수단**에 관한 하나님의 작정을 다룬다.

영원 전부터 하나님의 자기 백성을 향한 의지의 신비 속에 있는 두 부분은 사용된 동사의 시제 변화에 의해서도 명확하게 드러난다. "우리를 **택하사**"(4절), "우리를 **예정하사**"(5절), "그의 사랑하시는 자 안에서 우리에게 **거저 주시는 바**"(6절)를 서술할 때 헬라어 원문에서는 과거(KJV에서는 현재완료)시제였다가 "우리가 그리스도 안에서… 그의 피로 말미암아 구속 곧 죄 사함을 **받았으니**"(7절)에서는 현재시제가 된다. 4-6절에서 언급한 은택들은 결코 타락 여하에 좌우되지 않고, 우리가 그리스도 안에서 선택된 그것으로부터 흘러나온다. 그리스도가 우리의 구속자라는 것과는 더 고차원적으로 구별된 근거에 입각해서 제공받는 축복들이다. 하나님은 우리를 "거룩하고 흠이 없게" 하려고 우리의 머리인 그리스도 안에서 선택하였다. 여기에서의 "거룩"은 이생에서 획득할 수 있는 불완전한 거룩이 아니라 순결한 천사들조차도 그 본성에 의해서는 획득한 적이 없는 그런 완전하고 불멸적인 거룩을 가리킨다. 우리를 자녀삼기로 예정한 것은[12] 하나님과의 직접적인 교제를 가리킨다. 그런데 이 축복은 만일 죄가 개입하지 않았더라면 우리의 것으로 주어졌을 축복이었다.

토마스 굳윈은 에베소서 1장을 비할 데 없이 탁월하게 해설하면서 다음과 같이 지적하였다.

> 완전한 성결, 수양과 같은 축복의 제일 원천은 비록 타락을 고려하기 **이전**은 아닐지라도 타락을 고려하지 **않고** 예정한 것이다. 하나님이 작정하는 모든 것은 즉각적으로 하나님의 생각 속에 존재한다. 그 모든 것들은 우리를 위하여 예정된 것이다. 그러나 첫 번째 부류에 속하는 축복들에 관한 작정에서 하나님은 우리를 매우 영광된 피조물로 간주하였다… 그러나 두 번째 부류에 속하는 축복들을 예정할 때는 단지 타락을 고려하

---

12) [역자 주] 엡 1:6의 이 부분에 대해 헬라어 원문은 기본적으로 "be highly favored" "make accepted"의 의미를 가진 "카리토오"(χαριτόω) 동사의 직설법 과거 능동태 3인칭 단수 "엑사리토센"(ἐχαρίτωσεν)이다. 헬라어 본문 "엑사리토센 헤마스"(ἐχαρίτωσεν ἡμᾶς)를 KJV은 "he hath made us accepted"로, 반면에 NIV는 "he has freely given us"로 옮겼다. 한글성경은 NIV와 유사하게 "거저주시는 바"로 번역하였다. 여기에서 성구인용은 개역한글 판 그대로 하지만 본문번역은 저자의 생각을 그래도 옮겼다. KJV를 따른 셈이다.

였다. 즉, 우리를 **죄인**이요 불신자로 간주하여 예정해준 축복들이다. 첫 번째 부류의 축복은 하나님의 은혜를 찬양토록 하기 위한 것이었다. 이때는 은혜를 마음껏 베풀어주는 사랑으로 이해한 것이다. 반면에 두 번째 부류에 속하는 축복은 "그의 은혜의 영광"을 찬양토록 하기 위한 것이다, 이때는 은혜를 값없이 베푼 자비로 이해한 것이다.

첫 번째 부류의 고차원적인 축복은 하늘에서 완전하게 성취될 것이다. 우리가 천국에서 누릴 상태에 어울리는 축복들이다. 하나님은 이 축복들을 두 번째 부류의 축복들보다 먼저 염두에 두었고 "창세 전"이었다고 말한다(엡 1:4). 그리고 이 세상이 종말을 맞이한 이후에 실현될 것이다. "우리를 예정하사… 자기의 아들들이 되게" 하신 그것을 우리는 아직도 기다리고 있다(엡 1:5). 반면에 두 번째 부류에 속한 축복들은 이 낮은 세상에 있는 우리에게 주어진다. 우리는 지금 여기에서 그리스도의 피를 통하여 죄 용서를 받기 때문이다. 다시 말하자면, 첫 번째 부류의 축복들은 "그리스도 안에서 우리를 택하사 우리로 사랑 안에서"라는 말씀에 따르면, 오직 우리가 그리스도의 **인격**에 대해 맺는 관계에만 근거를 둔다. 그러나 두 번째 부류의 축복들은 그리스도의 **사역** 즉, 그리스도가 속죄사역을 통해 이루는 구속에 근거를 둔다. 따라서 두 번째 부류의 축복들은 단지 죄가 우리 앞에 가져다놓은 장애물을 제거해주는 것이다.

피조물로서 그리스도 안에서 받는 축복과, 죄인으로서 그리스도를 통하여 받는 축복으로 구별하는 것은 그리스도가 우리를 위하여 유지하는 이중적 직분에 의하여 확증된다. 이것을 바울은 에베소서에서 "이는 남편이 아내의 머리 됨이 그리스도께서 교회의 머리 됨과 같음이니 그가 친히 몸의 구주시니라"라는 말로 명확하게 표현한다(5:23). 이 구절에서 사용된 직함의 배열 **순서**에 각별히 주목하라. 먼저 그리스도는 우리에 대해 머리요 남편이다. 이것은 입양된 자녀들이 하나님에 대해 즉, 하나님의 아들과 결혼함으로써 맺는 관계의 기초를 놓는다. 그 다음에, 그리스도는 우리의 "구주"이다. 이 직분은 필연적으로 죄와 관련된 것이다. 에베소서 5:23을 골로새서 1:18-20을 비교해보라. 골로새서도 동일한 순서로 진술한다. 18절과 19절에서 우리는 그리스도가 그리고 그리스도와 함께 교회가 무엇을 위해 절대적으로 예정되었는지를 알 수 있다. 그리스도는 우리가 부활한 이후에 들어갈 상태의 기초가 되도록 예정되었다. 골로새서 1:20에서 그리스도는 구속자요 중보자로 묘사된다. 그렇다. 그리스도는 먼저 교회의 머리이고 그 다음에 교회의 구속자이다! 그리스도가 택자들에 대해 맺는 이 이중적인 관계로부터, 그리스도가 예정된 목적인 이중적인 영광이 나온다. 하나는 내재적 영광이다. 즉, 인성 안에 거하는 하나님의 아들이요 영광된 교회의 머리로서의 그리스도로 인한 영광이다(요 17:5을 보라). 다른 것은 외재적 영광이다. 이것은 그리스도가 구속사역에 의해 획득하고 영혼의 고뇌를 통해 사들인 영광이다(빌 2:8-10).

우리가 지금까지 환기시킨 초점은, 하나님을 경외하는 영혼이 선택교리를 믿는 유일한 이유는 하나님의 말씀에 선택교리가 명확하고 뚜렷하게 계시되어 있는 것을 발견하기 때문이라는 사실이다. 결론적으로, 선택교리에 관한 유일한 정보출처는 하나님의 말씀 그 자체이다. 하지만 지금까지 언급한 것은 너무 개괄적이어서 열심 있는 탐구자에게는 큰 도움이 되지 못한다. 성경에 주목하여 선택의 신비를 밝혀줄 빛을 찾을 때 지극히 본질적으로 염두에 두어야 할 것은 **그리스도가** 성경의 모든 부분을 열기 위한 열쇠라는 점이다. 그래서 그리스도는 성경은 자기에 관하여 기록된 것이라고 선언한다. 그러므로 우리는 이 주제를 그리스도를 제외해놓고 연구하면 틀림없이 오류를 범한다. 우리가 지금까지 논증한 것은 그리스도가 선택의 위대한 원형이며, 만일 우리가 올바로 진행하기를 원한다면 그리스도를 출발점으로 삼지 않으면 안 된다는 것이다.

방금 지적한 것은 총론에서든 각론에서든 타당하다. 예를 들면, 우리가 논한 주제의 특별한 세부사항에 관련해서도 이 관점을 각별히 견지해야 한다. 만일 우리가 출발점 그 자체로 올바로 되짚어보면 하나님은 피조물과 교제하기를 기뻐하고 결단하였다는 점을 알게 된다. 말하자면, 하나님은 자신과 교제를 나누게 될 피조물을 존재케 하기로 결정하였던 것이다. 이 결정에서 최고 유일의 목적은 하나님 자신의 영광이었다. 하나님은 모든 것을 자기를 위하여 만들었기 때문이다(잠 16:4). 거듭 말하자면, 하나님이 만물을 창조할 마음을 갖게 만든 유일하고 충분한 동기는 하나님 자신의 영광이었다.

> "누가 주께 먼저 드려서 갚으심을 받겠느뇨 이는 만물이 주에게서 나오고 주로 말미암고 주에게로 돌아감이라 영광이 그에게 세세에 있으리로다 아멘"(롬 11:35, 36).

하나님이 선택을 통해 자기에게로 돌리도록 한 주된 영광은 **하나님의 은혜의 영광**을 나타내는 것이었다. 에베소서 1:5, 6의 "그 기쁘신 뜻대로 우리를 예정하사 예수 그리스도로 말미암아 자기의 아들들이 되게 하셨으니 이는 그의 사랑하시는 자 안에서 우리에게 거저 주시는 바 그의 은혜의 영광을 찬미하게 하려는 것이라"라는 말씀은 이 점을 논란의 여지없도록 확증해준다.

은혜라는 속성은 하나님의 성품 가운데 탁월하게 나타나는 완전성 가운데 하나이며, 그 자체로 영광된 것이다. 피조물이 창조되기 전에도 언제나 그와 같았던 속성이다. 그럼에도 하나님은 하나님의 백성이 세세토록 은혜를 찬양하고 은혜에 영광을 돌리도록 할 생각으로 선택을 할 때 은혜를 펼쳤던 것이다. 하나님은 율법을 수여할 때에는 거룩이라는 속성을, 세상을 창조할 때에는 능력이라는 속성을, 사악한 자들을 지옥에 던져 넣을 때에는 정의라는 속성을 나타냈다. 그러나 하나님의 은혜라는 속성은 특별히 예정에서, 그리고 택자들을 예정한 목적에서 빛난다.

> "또한 영광 받기로 예비하신 바 긍휼의 그릇에 대하여 그 영광의 부요함을 알게 하고자 하셨을지라도 무슨 말 하리요"(롬 9:23).

이 말씀은 에베소서 1:7의 경우처럼 일차적으로 하나님의 은혜를 가리킨다. 삼위일체 가운데 두 번째 위격을 하나님인 동시에 사람이 되도록 예정하였다. 먼저 작정한 것이다. 그리스도 안에서 우리를 선택하기 위함이다(엡 1:4). 이것은 먼저 그리스도를 선택한다는 것을 전제한다. 그것은 마치 우리를 세울 땅을 먼저 선택하는 것과 같다. 우리는 양자로 입양되도록 예정되었다. 하지만 이것은 "예수 그리스도로 말미암아" 되는 일이다(엡 1:5). 그리스도는 "창세 전부터 미리 알리신 바 된" 자다(벧전 1:20).[13] 나중에 확인하겠지만, "창세 전부터"라는 표현은 어떤 주목해야 할 시점을 가리킬 뿐만 아니라 탁월하고 우선적인 존재를 가리킨다. 즉, 하나님이 그리스도와 그 백성을 위하여 세상을 창조하기로 뜻을 품기 전에 그리스도를 **주목**하였다는 사실을 가리킨다. 자, 지금까지 우리가 입증한 사실은, 우리의 구원보다도 훨씬 더 높은 목적을 위하여 즉, 하나님 자신이 피조물 속에 있는 자신의 완전한 형상을 즐거워하고 바라보기 위하여, 단지 피조물에 불과한 존재로서는 가능한 방법과 정도로까지 하나님 자신을 사람에게 전달해주기 위하여 그리스도를 하나님인 동시에 사람이 되도록 예정하였다는 것이다.

성자를 신인 양성이 연합한 인격체가 되도록 예정됨과 동시에, 하나님이 창조할 다른 모든 것의 주권적인 목적과 하나님이 영광에 이르도록 선택하기를 기뻐할 지성적 피조물의 목적이 되는 것은 바로 그 영광된 인격에게 유업으로 주어진다. 이것을, "만물이 다 너희 것임이라… 너희는 그리스도의 것이요 그리스도는 하나님의 것이니라"라는 말씀에서 명확하게 가르친다(고전3:21~23). 이 말씀은 목적성과 관련한 언급이다. 즉, 성도들인 너희는 만물을 예정한 목적인 것처럼 그리스도는 너희들을 예정한 목적이며 하나님의 **목적 혹은 실행계획**이다. 그리스도는 최고 유일의 목적이 아니라 "주권적 목적"이라는 뜻이다. 하나님 자신이 가장 높기 때문이다. 그러나 그리스도는 모든 피조물에 대해 주권적인 목적이며, 하나님과 더불어 공동 저작권을 가지고 있으며, 하나님 아래에 있다. 그렇기 때문에

---

13) [역자 주] 한글성경에서 "미리 알리신 바 된"이라고 번역한 부분의 헬라어 원문은 "프로기노스코"(προγινώσκω)의 수동태 완료분사형이다. 이것을 KJV은 "was foreordained"로, NIV는 "was chosen"으로 옮겼다. 단어의 차이는 있지만 모두 예정론을 뒷받침 한다.

골로새서 1:16에서는 "만물이 다 '그로 말미암고' '그를 위하여' 창조되었고"라고 말한다(골1:16). 그것은 로마서 11:36에서 하나님에 관해 언급한 것과 같은 방식이다. 따라서 창조할 때에 이 주권적인 목적은 중보자의 유업으로 주어진다.

"아버지께서 아들을 사랑하사 만물을 다 그 손에 주셨으니"(요3:35).

인자(人子)를 성자(聖子)와 연합하도록 예정함으로써, 그리고 그 연합을 통하여 우리와 만물의 주권적 목적이 되도록 함으로써, 사람인 그리스도 예수를 그처럼 높여서 가능한 최고의 은총을, 택자들에게 베풀 모든 은혜를 무한히 뛰어넘는 은총을 부어주었다. 만일 우리를 선택한 목적이 하나님의 은혜의 영광을 찬양케 하는 것이라면 그리스도의 선택에 대해서는 더 말할 것이 없다. 동정녀에게서 태어난 "저 거룩한 존재"에게는 그 신비적 몸을 구성하는 지체들 전체에게 준 것보다 더 큰 존귀를 주었다. 그것을 베푼 것은 순전한 은혜 즉, 주권적 은혜였다. 간단히 생각해보아도, 그리스도의 인성에는 이처럼 존귀한 대접을 받아 마땅한 무엇인가가 있는가? 그런 것을 요구할 만한, 예견된 덕성도 없었을 것이다. "누가 너를 구별하였느뇨 네게 있는 것 중에 받지 아니한 것이 무엇이뇨"(고전 4:7)라는 말씀은 그리스도 예수의 인성에 관해서도 다른 모든 피조물과 동일하게 적용된다.

명심해야 할 것은 인자를 삼위일체의 2격과 연합하고 그 모든 존귀와 영광도 함께 받도록 작정할 때에 하나님은 완벽하게 **자유로웠고** 자신이 원하는대로 하였다는 점이다. 그렇다. 만일 하나님이 원하였더라면 여인의 씨가 아니라 천사장을 지명하여 무한한 특권을 갖도록 하였을 것이다. 그러므로 그렇게 작정한 것은 하나님 안에 있는 **자유로운 은혜**였다. 그리스도에게 동료 인간들보다 훨씬 높은 품격을 베푼만큼 그 은혜는 그만큼 더 큰 것이었다. 사람인 예수를 예정한 것은 은혜에 대한 최고의 모범이었다. 따라서 하나님이 예정을 할 때 가졌던 **자신의 은혜를 드러낸다**는 (바로 이 때문에 선택을 '은혜의 선택' 이라고 부른다. 롬 11:5) 최고 목적은 그리스도에게서 성취되었고 그리스도는 그 어떤 피조물보다 하나님의 은혜의 영광을 높이 찬양하게 되었다.

그리스도의 경우는 하나님의 선택에 대한 전범이라는 사실로부터 우리가 발견하는 원리는 은혜를 **타락한** 피조물에게 베풀고 그 파멸과 비참으로부터 구원해주는 신적 은총으로만 이해하거나 제한해서는 **안 된다**는 점이다. 은혜는 그 은혜를 받는 대상에 있는 죄를 필연적으로 전제하지 않는다. 사람인 그리스도 예수에게 은혜를 베푼 것은, 전혀 죄가 없고 죄를 지을 수 없는 자에게 은총을 베풀었다는 점에서 최고의 사례이다. 은혜란 **받을 자격이 없는 이들**에게 베푼 은총이다. 성육신한 그리스도 안에 있는 인성은 특별대우를 받을만한 공로가 없었다. 은혜를 타락한 피조물들에게까지 확대하였을 때 은혜는 처벌받아 마땅하고 지옥에 던져져야 마땅한 피조물들에게 은총을 베푸는 것이다. 그러나 이 사실은, 하나님이 은총을 베푼 경우를 타락하지 않은 천사들에게까지 확대하여 살펴보면 훨씬 더 잘 나타나겠지만 용어 그 자체에서는 드러나지 않는다. 따라서 그리스도는 하나님이 자기 백성들로 하여금 닮도록 예정한 모범이기 때문에, 하나님이 자기 백성을 영원한 영광에 이르도록 선택할 때 하나님은 자기 백성을 타락한 피조물이 아니라 타락하지 않은 피조물로 간주하였다.

하나님은 인자를 절대적으로 선택하였고 그렇게 함으로써 자신이 창조하여 영광에 이르도록 선택할 모든 자들의 주권적인 목적이 되는 위엄을 부여해 주었다. 그러므로 하나님 자신의 영광뿐만 아니라 그리스도의 영광을 위하여 우리를 선택한 것은 하나님의 작정 자체가 가진 목적이었다. 그리스도와는 달리 우리는 절대적으로 예정되지 않았다. 우리가 처음 예정될 때부터 하나님의 의도는 우리가 **그리스도의 것**이 되고 우리는 "영광의 주"로부터 영광을 받는 것이었다(고전 2:8). 모든 경우에서처럼 이 점에서도 그리스도는 탁월하다. 그리스도 자신의 위엄을 위해 신인양성적 인격체가 되도록 예정되었기 때문이다. 반면에 우리는 하나님과 그리스도의 영광을 위하여 예정되었다. 누가 은총받을 지를 계획한 것은 먼저 그리고 오로지 하나님 아버지였다. 반면에 선택받은 피조물이 존재하는 목적은 선택한 하나님과 그리스도를 위해서 였다.

하나님은 우리를 선택할 때 하나님인 동시에 사람인 하나님의 아들을 염두에 두었고, 그리스도를 우리의 목적으로 삼도록 계획하고 자기를 위하여 우리를 선택하였다. 그렇게 해서 우리를 그리스도의 "짝"으로 삼았다(시 45:7). 그리스도가 하나님의 기쁨이었기 때문에(사 42:1) 우리도 하나님의 기쁨이 될 것이다(잠 8:31). 따라서 하나님이 우리를 먼저 그리스도의 것으로 주었을 때 우리는 그리스도에 의해 구원받은 죄인이 아니라 무죄한 지체로서 무죄한 머리에게 주어졌던 것이다. 주권적인 선물로 중보자에게 주어 중보자를 존귀하게 높이고 즐겁게 하기 위한 것이며, 우리로 하여금 중보자와 함께 그리고 중보자로부터 나오는 초자연적 영광에 참여하도록 하기 위한 것이다.

따라서 요한복음 17:22, 23을, 아버지가 저희를 선택하고 내게 주어 내 것으로 삼도록 한 뜻에 순응하여 (신인양성적 존재로서의) "내게 주신 영광을 내가 저희에게 주었"습니다. 아버지는 나를 사랑한 것처럼 저들을 (선택을 통해 영원한 사랑으로) 사랑하셨습니다. 그렇습니다. 아버지는 저들의 목적인 나의 영광을 위하여, 아버지가 저들을 사랑한 가장 큰 목적을 위하여 저들을 내게 주셨습니다라고 읽어야 한다.

바로 뒤에 이어지는, 24절에서 그리스도는 "아버지여 내게 주신 자도 나 있는 곳에 나와 함께 있어 아버지께서 창세 전부터 나를 사랑하시므로 내게 주신 나의 영광을 저희로 보게 하시기를 원하옵나이다"라고 기도한다. 그리스도는 영원전부터 하나님의 택함을 통해서 사랑을 받았다. 그리고 하나님의 백성은 그리스도를 향한 하나님의 사랑으로 인해 그리스도에게 선물로 주어졌다. 어떤 의도로? 그리스도를 그 인격과 영광을 통해 바라보고 경탄하고 찬양하도록 할 의도였다. 바로 백성들 자신의 영광을 뛰어넘어 그러한 존재가 되도록 백성들을 예정하였다. 백성들의 영광은 그리스도의 영광을 바라봄으로부터 나온다(고후 3:18). 그리스도를 예정한 목적인 이 영광은 무엇인가? 하늘에 있는 그리스도의 영광 즉, 우리가 바라보도록 예정된 그 영광의 높이인 그 인격의 영광이 먼저 절대적으로 그리스도를 예정하였다. 여기 24절에서 "아버지께서 창세 전부터 나를 사랑하시므로"라는 진술에서 그리스도가 하나님을 향한 주된 동기를 어떻게 드러내는지 주목하라. 하나님이 목적을 품을 때 먼저 그리스도라는 존재를 선택한 뒤에 그 지체들을 선택하여 그리스도에게 주어 그리스도를 영화롭게 하도록 하였다.

우리는 우리의 목적인 그리스도의 영광을 위하여, 하나님을 위하여, 그리고 우리를 향한 하나님의 은혜의 영광을 위하여 택함을 받았다. 하나님은 이중적인 관계 즉, 하나님의 영광을 위하여 그리스도로 하여금 우리에게 맺게 한 관계와, 그리스도의 인격이 가진 절대적인 영광에 대해 맺게 한 관계를 예정하였다. 첫 번째 관계는 우리를 자기 몸을 이루는 지체로서, 배우자로서 아내를 받아들인 "머리"의 관계이다. 두 번째 관계는 구세주요 구속자의 관계이며, 머리됨에 덧붙여진 관계이다. 이 이중적인 관계는 그리스도의 영광을 더 높이기 위한 것이며 우리를 향한 하나님의 은혜의 영광을 위한 것이다. 그렇지만 이 두 관계는 서로 구별된 것이며 따라서 결코 혼동해서는 안 된다.

> "이는 남편이 아내의 머리 됨이 그리스도께서 교회의 머리 됨과 같음이
> 니 그가 친히 몸의 구주시니라"(엡 5:23).

이러한 각각의 직분은 하나님의 선하고 기쁘신 뜻에 의해 그리스도에게 맡겨진 것이다. 그리스도가 백성들에 대해 갖는 이 이중적인 관계는 골로새서 1:18-20에서 다시 진술되어 있다. 그리스도에게 부여된 이 이중적인 **직분의** 존귀함은 하나님인 동시에 사람인 그리스도의 인격의 절대적 위엄을 더 크게 높인다. 우리를 선택한 것은 그리스도를 선택한 것처럼 절대적

인 것이 아니라 그리스도의 두 직분에 대한 상대적인 것이었다. 그리스도의 첫 번째 직분은 우리가 아담 안에서 타락한 것을 전혀 고려하지 않은 우리 자신에 관련된 것이다. 이때 우리는 창조 당시의 순수한 피조성을 가진 존재로 간주된 것이고 그렇게 간주함으로써 우리를 우리의 머리인 그리스도와의 관련을 맺은 상태에서 궁극적 영광에 이르도록 예정한 것이다. 즉, 우리는 그리스도의 몸을 구성하는 지체로서 혹은 그리스도의 신부로서, 혹은 차라리 그리스도가 교회의 머리이기 때문에 앞의 둘 다인 관계를 그리스도와 갖든지, 아니면 우리가 우리의 타락을 고려하기 전에 혹은 타락을 고려하지 않은 상태에서 충분한 능력을 갖든지 이다. 두 번째는 타락한 즉, 부패하고 죄악 된 존재로서 따라서 구속자로서의 그리스도와 관계를 가진 상태에서 구원과 구속을 받을 대상으로 간주된 우리 자신과 그리스도의 관계이다.

이 각각의 관계는 하나님의 은혜의 영광을 위한 것이었다. 첫째, 전적으로 피조물로 간주된 우리를 증진시켜, 창조의 법칙이 획득할 수 있는 것 이상의 영광에 그리스도에 의해 도달하도록 만들 생각이었다. 우리를 이 영광에 이르도록 작정하는 것은 순전한 은혜였다. 그 은혜는 우리를 타락으로 인한 죄와 비참으로부터 구속하는 것 못지않은 은혜였다. (우리를 택한 것의 원형인) 그리스도를 택한 것이 어떤 행위도 고려하지 않았던 것과 마찬가지로 행위 혹은 공로로부터 전적으로 독립되어 있었기 때문이다. "나의 선은 주님에게까지 미치지 않습니다"라고 선언한 것과 같다(시 16:2).

"아들 하나님이 겪은 삶의 수고와 죽음의 고통은 하나님의 모든 속성에 비할 수 없는 광채를 반사해주었지만 지극히 복되고 무한히 행복한 하나님은 아들 하나님의 순종과 죽음을 조금도 필요로 하지 않았다. 구속사역의 수행은 바로 우리를 위한 것이었다"(스펄전).

디모데후서 1:9은 바로 이 **근원적 은혜**를 가리킨다. 영원 전부터 우리를 영광에 이르도록 예정한 근원적인 은혜를 "따라" 하나님으로 하여금 우리의 행위와 상관없이 우리를 구속하고 불러내도록 동기를 부여한 유일한 은혜를 가리킨다.

그 근원적 은혜에는 하나님의 위대하고 궁극적인 계획이 있다. 그 계획은 결국 성취될 것이고 모든 것을 완성할 것이다. 하나님은 우리를 창조하는 즉시, 우리를 영광으로 이끌었을 것이다. 하지만 그 다음 단계로, 그리스도를 더욱 영화롭게 하고 하나님의 은혜를 더욱 충분히 나타내기 위해서 즉, 시편 36:10에서 "계속하시며"로 번역된 히브리 단어 "마솨크"(משך)는 "연장하다" "연기하다"라는 뜻인 점을 고려하면 하나님의 은혜를 최대한 멀리까지 미치게 하기 위해서, 하나님은 우리의 유산이 우리의 머리인 그리스도의 인격적 영광을 바라보는 것이 전부인 것을 기뻐하지 않았다. 하나님은 우리가 타락하여 죄에 빠지도록 허용하는 작정을 하였다. 그래서 우리를 변화가능성을 가진 상태로 창조하기로 작정하였다. 이것은 하나님의 은혜를 넘치도록 받게 하려는 준비였다(롬 5:15). 이 사실을, "긍휼[우리는 받을 자격이 없음을 가리키는 용어]에 풍성하신 하나님이 우리를 사랑하신 그 큰 사랑을 인하여"라는 말씀이 확증해준다(엡 2:4). 그렇다.

하나님은 먼저 우리를 무죄한 피조물로 간주하여 사랑하였다. 이것은 죄인으로 간주된 우리에게 "긍휼"을 베푸는 근거가 되었다.

택자들은 창조되는 즉시 그 예정된 영광으로 들어가지 않고 먼저 죄와 비참에 빠지고 그 뒤에 그 죄와 비참으로부터 구원받도록 하겠다는 하나님의 결정에 입각하여, 그리스도는 위대하고 더 큰 영광을 위하여 구속자요 구세주라는 직분을 택자들의 머리가 되는 선택에 추가하였다. 죄악 되고 비참한 우리의 존재는 지금 우리가 직접적으로 관심을 쏟고 있는 문제다. 우리가 이 세상에 머무는 동안에 우리를 가장 괴롭히는 문제이기 때문이다. 바로 그렇기 때문에 성경은 우선적으로 그리스도를 구속자요 구세주로 제시한다. 여기에서 우리가 "우선적으로"라고 말하는 것은 우리가 지금까지 살펴본 것처럼 그리스도의 **머리됨**이라는 고차원적인 영광에 대해 결코 침묵하지 않기 때문이다.

그리스도를 선택할 때와 우리를 선택할 때의 하나님이 작정한 순서를 성경의 가르침에 따라 개관하기를 마치기 전에 지적하고 싶은 것은, 하나님이 그리스도를 머리로 예정한 것과 구세주로 예정한 것 사이에는 시간 간격이 있다고 가정해서는 안 된다는 점이다. 하나님은 그 모든 것을 동시적으로 생각하였다. 작정순서의 구별은 자연질서에서 하는 것이며, 우리로 하여금 하나님의 생각을 더 잘 이해하도록 하기 위한 것이다. 그리스도가 자신의 신비적 "몸"과 연결되어 있지 않다면 "머리"가 될 수 없을 것이다. 만일 우리가 타락하지 않았더라면 우리의 "구세주"가 될 수 없을 것처럼 말이다.

"내가 붙드는 나의 종, 내 마음에 기뻐하는 나의 택한 사람을 보라…"
(사 42:1).

그리스도는 먼저 택함을 받았고 기쁨이었고 그 다음에 하나님의 종이었다. 그래서 그리스도가 구속사역을 수행할 때 하나님이 붙들어주었다. 양성적 인격체로서의 그리스도는 절대적으로, 일차적으로 하나님 자신과 하나님 자신의 영광을 위하여 예정되었다. 상대적이고 이차적으로는, 우리와 우리의 구원을 위해 선택되었다.

절대적으로 고찰하자면, 신인양성적 인격체가 갖는 영광은 하나님의 본원적이며 시원적인 의도였고, 하나님이 그렇게 마음을 정한 것이었다. 그 다음에 그리스도를 우리의 머리로, 우리는 그의 몸이 되도록 예정하였다. 하나님은 우리를 우리의 머리인 그리스도에게로 연합시킴으로써 우리로 하여금 불변적으로 거룩한 존재가 되고, 그리스도의 아들 됨으로부터 우리도 하나님의 자녀가 되는 권세를 갖고 하나님의 사랑을 받는 맏아들인 그리스도 안에서 은혜로 받아들여지고 그리스도와 동일한 영광의 상속자가 되는 것과 같은 축복들을 충분하고 유효적으로 지으셨다. 우리가 이 모든 축복을 받을 수 있는 것은, 하나님이 우리를 그리스도와 연합한 순전한 피조물로 간주해주기 때문이다. 게다가 이 모든 축복은 에베소서 1:7과 그 문맥이 충분히 명확하게 보여주는 것처럼 구속이 낳는 축복들과는 구별되는 것으로서, 굳이 그리스도의 죽음을 통해 확보할 필요가 없었다. 이것은 하나님이 뜻을 세움에 있어서는 최초의 단계이고 그 뜻을 실행함에 있어서 최종적 단계이다. 또한, 이것은 우리가 주님과 함께 영원히 거할 때 구원의 축복 전체보다 큰것이며, 모든 축복들의 면류관이다.

좀 더 낮은 차원으로 내려가서 지적하고 싶은 것은, 거룩한 천사들은 결코 타락한 적이 없기 때문에 거룩한 천사들은 부패한 상태에 처해 있을 때 선택받았다고 간주할 수 없다는 점이다. 그러므로 우리를 하나님이 선택할 때 순전한 피조물로 간주하였다고 전제하는 것이 지극히 합리적이다. 하나님의 선택 대상인 그리스도의 인성은 결코 아담 안에서 타락하지 않았고 부패상태에 빠진 적도 없었다. 그리스도의 인성은 "백성 중에서 택한 자"였다(시 89:19). 그렇다면 결론적으로, 그 선택의 모집단인 백성을 반드시 **타락하지 않은** 무리로 간주해야 한다. 이런 관점만이 죄가 들어오기 **전에** 이브(교회)를 아담(그리스도)에게 주신 모형에 일치한다. 하나님이 택자를 영광에 그리고 구원에 이르도록 한다는 이중예정은 비택자에 대한 이중예정 즉, 피조물로서의 유기와 죄인으로서의 정죄에 상응한다.

6장_ 선택의 구상

선택의 구상

앞 장에서는 만물의 시초로 되돌아가 성경이 가르치는 한도 안에서, 하나님의 작정의 순서를 영원한 선택작정에 관련하여 더듬어보았다. 이제는 미래를 생각해보자. 하나님의 원대한 구상 즉, 하나님이 자기 백성을 예정하여 도달하도록 한 **목적지는 무엇인가**를 알아보자. 우리 주제의 이 국면이 전혀 낯선 독자들이 있을 터이므로 아무것도 당연시 하지 않고 천천히, 성경적 증거를 명확하게 제공하면서 풀어나가겠다. 하나님께서 저자와 독자들에 복을 주어 심령을 살아나게 하여 실제로 즐거워하고 찬양하게 하시길 바라는 진리는 다음과 같다.

1. 우리를 선택할 때 하나님의 구상은 우리가 **거룩한** 존재가 되는 것이었다.

"곧 창세 전에 그리스도 안에서 우리를 택하사 우리로 사랑 안에서 그 앞에 거룩하고 흠이 없게 하시려고"(엡 1:4).

여기에서 언급된 거룩이 우리가 이 세상에서 획득하는 은혜의 불완전한 거룩을 가리키는지 장차 올 세상에서 우리 것이 될 영광의 완전한 거룩을 가리키는지에 관해 주석가들 사이에 상당한 의견차이가 있어왔다. 개인적으로는, 양쪽을 다 포함한다고 믿지만 일차적으로 후자를 의미한다고 본다. 그래서 이 입장에서 해설하겠다.

첫째, 완전한 거룩은 하늘에 속한다. 이것이 일차적인 의미라는 것은 "그 앞에 거룩하고 흠이 없게 하시려고"라는 부연설명 어구에서 드러난다. 이것은 하나님 자신도 흠을 잡지 못할 그런 거룩이다. 성도들이 이 세상에서 개인적으로 획득하는 불완전한 거룩은 비록 하나님 앞에서 진정한 거룩일지라도 "흠이 없는" 거룩도 아니고, 하나님이 충만하게 기뻐할 수 있는 거룩도 아니다.

둘째, 하나님은 우리로 하여금 장차 올 세상에서 완전한 거룩에 이르도록 예정하신 것처럼 이 세상에서 복음적 거룩에 이르도록 예정하였다. 그렇지 않으면 우리는 결코 하늘에 들어가지 못할 것이다. 만일 우리가 이 세상에서 마음이 청결하게 되지 않는다면 결코 천국에서 하나님을 보지 못할 것이다. 거룩은 영혼에 새겨진 하나님의 형상이며, 하나님을 닮음으로써 우리로 하여금 하나님과 교제를 나눌 수 있게 되는 것이다. 그러므로 사도는 "거룩함을 좇으라" 이렇게 하지 않고는 "아무도 주를 보지 못하리라"고 선언한다(히 12:14). 이성은 배움의 토대이므로 이성이 없다면 어떤 누구도 배움을 얻지 못한다. 마찬가지로 하나님이 거룩이라는 원리를 우리에게 전달해주지 않으면 하늘의 영광에 도달하지 못한다. 그러므로 하나님이 우리를 예정할 때의 첫 구상은 우리가 하나님 앞에서 거룩해지는 것이었기 때문에 거룩을 **우리의** 최고 관심사항으로 삼도록 하자. 이 땅에서도 내주하는 죄가 자신들의 가장 무거운 짐이라는 사실을 발견하는 자들에게 견고한 위로가 있다. 비록 자신들의 거룩이 이생에서는 지극히 불완전하더라도 다가올 생에서의 완전한 거룩에 대한 열망이다.

거룩은 우리가 그리스도 안에서 선택되었기 때문에 맺어지는 열매임에 틀림없다. 우리가 그리스도 안에 존재하는 데에 반드시 필요한 요소이기 때문이다. 하나님이 사람을 선택하여 그리스도 안에 존재하도록 하고도 거룩한 존재로 만들어주지 않는다는 것은 어불성설이다. 하나님이 사람을 그리스도 안에 존재하도록 예정한다면 그리스도의 **지체**가 되도록 예정하는 것이며, 따라서 반드시 머리와 지체는 일치해야 한다. 그리스도에게 은혜의 선택을 주어 아내로 삼도록 하였다. 그렇다면 남편과 아내는 동일한 종류와 형상이지 않으면 안 된다. 아담이 아내를 맞이해야 했을 때 반드시 동일한 종(種)이어야 했고 어떤 짐승도 아담의 적절한 배필이 될 수 없었다. 하나님은 모든 짐승을 아담 앞으로 데려왔지만 그 모든 짐승 가운데서는 아담에게 **어울리는** 돕는 배필이 없었다(창 2:20). 어떤 짐승도 아담과 동일한 형상을 가지고 있지 않았고 동일한 종류가 아니었기 때문이다. 마찬가지로 하나님이 사람을 택하여 그리스도 즉, 거룩한 자 안에 둔다면 그 사람은 반드시 거룩해야 한다. 바로 이런 이유 때문에 우리의 거룩은 우리가 그리스도 안에서 선택받는 것을 뒤따른다(엡 1:4).

하나님은 자신의 백성으로 하여금 하나님 자신 앞에서 완벽하게 거룩해지도록, 그리고 자기 앞에서 영원히 거하도록 작정해놓았다. 영원토록 하나님을 즐거워하도록 하고 그 즐거움 속에서 자신을 즐거워하도록 하기 위함이다. 시편 기자의 말처럼, "주의 앞에는 기쁨이 충만하고 주의 우편에는 영원한 즐거움이 있다"(시 16:11). 이 말씀은, 우리의 영원한 유업의 형언할 수 없는 복락은 무엇으로 구성되어 있는지에 관해 계시해준다. 그것은 하나님을 향한 완전한 거룩, 완전한 사랑이다. 이것이 하늘 영광의 정수(精髓)다. 전체 사도가 하늘이 어떠한 지를 묘사하고 서술하는 데 남은 생애 전체를 쏟아 부었더라도 하나님 앞에서의 완전한 거룩, 하나님을 향한 완전한 사랑, 하나님을 완전히 즐거워함, 하나님이 우리를 사랑하는 식으로 하라는 말들을 확대하는 수준을 벗어나지 못하였을 것이다. 이것이 천국이다. 이것이 하나님이 자기 백성들로 하여금 도달하도록 작정한 목표점이다. 우리를 하나님 앞에서 흠 없이 거룩한 상태로 만든다는 것이 하나님이 우리를 선택할 때 가졌던 첫 구상이다.

2. 우리를 선택할 때 하나님의 구상은 우리가 **하나님의 자녀**가 되는 것이었다.

> "그 기쁘신 뜻대로 우리를 예정하사 예수 그리스도로 말미암아 자기의
> 아들들이 되게 하셨으니"(엡 1:5).

거룩은 우리를 하늘에 **적합한** 존재로 만들어주는 것이다. 거룩치 못한

사람은 하늘을 즐거워하지 못할 것이기 때문이다. 만일 거룩치 못한 사람이 하늘에 들어간다면 본성적 요소를 벗어나게 될 것이다. 그렇다면 거룩은 성도의 체질을 빛 가운데 있는 유업을 누리도록 적절하게 만들어주는 것이다(골 1:12). 자녀 삼는다는 것은 하늘 영광에 들어갈 **권리**를 주고 위엄과 특권을 부여한다는 것이다(요 1:12). 다른 경우들에 관하여 지적한 것처럼, 에베소서 1:4의 마지막 말 "사랑 안에서"는 본래 5절에 속한다. 그래서 5절은 "사랑 안에서 그 기쁘신 뜻대로 우리를 예정하사… 아들들이 되게 하셨으니"라고 이해해야 한다. 자기 독생자를 향한 하나님의 사랑은 우리를 그 아들 안에서 선택하였기 때문에 우리를 그 아들과 하나 된 자로 간주하여 마음을 쏟아 부을 정도로, 그리하여 우리를 이토록 높은 존귀와 특권에 이르도록 예정할 정도로 컸다. 이 주장은 "보라 아버지께서 어떠한 사랑을 우리에게 주사 하나님의 자녀라 일컬음을 얻게 하셨는고, 우리가 그러하도다"라는 말씀과 완벽하게 일치한다(요일 3:1).

하나님은 우리를 그리스도 안에서 완벽하게 거룩한 존재로, 더 이상 어떤 축복을 더해줄 필요가 없는 상태로 만들었을 것이다. 바울은 "그러나 이제는 너희가… 거룩함에 이르는 열매를 얻었으니"라고 말한다(롬 6:22). 이것은 보배로운 열매다. 그러나 바울은 여기에서 멈추지 않았다. 바로 뒤에 "이 마지막은 영생이라"라는 말을 더 큰 열매요 특권으로 덧붙인다. 비슷하게, 하나님은 자녀 삼는 것을 거룩에 더했다. 시편 가지의 말처럼, "여호와께서 은혜와 영화를 주"실 것이기 때문이다(시 84:11). 하나님은 우리의 하나님으로서 "너희는 거룩하라 나 여호와 너희 하나님이 거룩함이니라"라는 명백한 명령을 따라 우리를 선택하여 거룩에 이르게 하였다(레 19:2). 하나님은 그리스도 안에서 우리의 **아버지**가 되었기 때문에 우리를 자녀삼기로 예정하였다. 그렇다면 지극히 높으신 하나님이 그리스도 안에서 그리고 그리스도를 통해서 자기 백성에 대해 맺고 유지하는 이중적인 관계가 존재한다. 그리스도 때문에 우리 자신에게 결과적으로 주어지는 이중적인 축복이 존재한다. 이것은 "찬송하리로다 하나님 곧 우리 주 예수 그리스도의 아버지께서 그리스도 안에서 하늘에 속한 모든 신령한 복으로 우리에게 복 주시되"라는 말씀과 얼마나 면밀하게 부합하는지를 확인해봐라(엡 1:3). 우리는 중생에 의하여 본성상 하나님의 자녀가 되는 것처럼, 입양에 의하여 하나님의 법적 자녀가 된다. 신생에 의하여 우리는 (경험적으로) 하나님의 가족구성원이 되고 입양에 의하여 자녀의 법률적 지위를 획득한다. 그래서 거기에 연관된 모든 특권을 부여받는다.

> "너희가 아들인 고로 하나님이 그 아들의 영을 우리 마음 가운데 보내사 아바 아버지라 부르게 하셨느니라"(갈 4:6).

자녀로의 입양은 그리스도와의 연합에 의하여 우리의 소유가 된 특권 즉, 이생과 내생에서 우리가 누리는 모든 축복에 대해 우리가 갖고 있는 법률적 권리를 알려준다. 바울이 상기시켜주는 것처럼, 만일 우리가 자녀라면 상속자 즉, 그리스도와 공동으로 상속권을 가진 상속자다. 그렇다. 그리스도처럼 하나님을 소유하고 즐거워하는, "하나님의 후사"이다(롬 8:17). 다윗은 미갈과 결혼하게 될 것 같다는 암시를 받고 놀래서 "왕의 사위 되는 것을 너희는 경한 일로 보느냐"라고 외쳤다(삼상 18:23). 왕의 사위는 왕이 가장 총애하고 높이기를 원하는 자가 될 것이고 왕의 사위가 된다는 것은 가장 존귀한 명예이기 때문이다. 이 때문에 요한일서 3:1 바로 뒤에, "사랑하는 자들아 우리가 지금은 하나님의 자녀라 장래에 어떻게 될 것은 아직 나타나지 아니하였으나 그가 나타내심이 되면 우리가 그와 같을 줄을 아는 것은…" 즉, 우리는 그리스도처럼 될 것이라는 말을 붙인다(2절). 그러므로 우리도 그리스도가 하나님을 완벽하게 즐거워한 것처럼 즐거워하게 될 것이다.

이제 당연히 "예수 그리스도를 통하여"라는 부분에 주의를 기울여야 할 차례이다. 예수 그리스도를 통하여 우리가 하나님의 자녀요 상속자가 된다. 그리스도는 선택에 있어서 우리의 전범(典範)이다. 우리가 닮도록 예정된 원형이다. 그리스도는 하나님의 본성적 아들이고 우리는(그리스도와의 연합에 의하여) 하나님의 법적 자녀가 된다.

로마서 8:29의 후반절인 "그로 많은 형제 중에서 맏아들이 되게 하려 하심이니라"라는 말씀은 하나님이 그리스도를 원형, 원본으로 세웠고 우리를 그리스도의 복사본, 복제품으로 만들었다는 뜻이다. 하나님이 그리스도 안에서 우리를 선택한 그 택하심을 제외한, 우리가 소유하는 모든 위엄, 우리가 누리는 모든 축복은 그리스도로부터 나온다. 그리스도는 우리를 하나님의 자녀가 되게 하는 실효적 원인이다. 이미 언급한 것처럼, 그리스도는 하나님의 본성적 아들이다. 그렇다면 우리는 어떻게 하나님의 자녀가 되는가? 하나님이 우리를 그리스도에게 신부로 줌으로써 우리는 하나님의 자녀가 된다. 하나님은 영원 전부터 우리를 그리스도의 신부가 되도록 혼약을 맺어두었다. 그래서 우리는 하나님의 법률적 자녀가 된다. 그것은 마치 한 여인이 어떤 사람의 아들과 결혼하여 그 며느리 즉, 법률상의 딸이 되는 것과 같다.

우리는 그리스도라는 인격과 맺은 관계 덕분에 자녀의 권세를 얻는다. 그리스도의 속죄사역 때문이 아니다. 우리가 하나님의 자녀로 입양되는 것은 본래부터 예정을 통해 우리에게 부여된 특권인데 구속 즉, 그리스도의 순종이 아니라 그리스도가 본성적으로 하나님의 아들이라는 것에 근거한 것이다. 반면에 우리의 칭의는 그리스도의 순종과 고난에 근거한 것이다.

> "우리가 그리스도 안에서 그의 은혜의 풍성함을 따라 그의 피로 말미암아 구속 곧 죄 사함을 받았으니"(엡 1:7).

그러나 우리의 수양과 하나님의 법률적 자녀가 되는 것은 하나님의 본성적 아들인 그리스도를 통해서이다. 우리는 그리스도의 인격에 관련해서는 그 형제들이다.

> "너희를 불러 그의 아들 예수 그리스도 우리 주로 더불어 교제케 하시는 하나님은 미쁘시도다"(고전 1:9).

그리스도와의 교제를 통해 우리는 그리스도의 지위에 동참하게 되고 그리스도 안에 있는 다른 모든 것을 받을 수 있게 되었다. 여인이 결혼을 통해 남편의 모든 소유에 대해 법률적 권리를 획득하는 것과 같다. 그리스도가 하나님의 본성적 아들이라는 것이 그리스도의 사역이 무한한 가치를 갖게 되는 기초인 것처럼 우리가 자녀로 입양되는 것은 우리가 그리스도의 인격과 관련을 맺는 기초이다. 그 다음에 그리스도의 공로적 사역에 입각하여 우리가 의롭게 된다.

그러나 방금 지적한 것에 대해 주의사항을 덧붙이지 않을 수 없다. 우리는 아담 안에서 타락하였을 때 모든 특권을 상실하였다. 그러므로 그리스도는 그 특권을 새롭게 획득하기를 간절히 원했다. 그러므로 우리가 하나님의 자녀가 되는 것, 그리고 다른 모든 축복은 그 실제적 수여라는 점에서는 그리스도의 공로가 맺은 결실이다. 그래서 바울은 그리스도는 "율법 아래 있는 자들을 속량하시고 우리로 아들의 명분을 얻게 하려"고 성육신하였다고 말한다(갈 4:5). 우리의 죄악들 그리고 율법과 그 저주에 속박된 우리의 처지는 하나님이 우리를 실제 자녀로 삼는 것을 가로막는 장애물이었다. 그런데 바울이 사용한 정밀한 표현에 주목하라. 바울은 그리스도가 우리를 위하여 아들의 명분을 획득한다고 하지 않고 단지 아들의 명분을 받을 수 있도록 한다고 말하였다. 아들의 명분은 우리가 하나님의 법률상 자녀의 신분으로 그리스도와 관계를 맺는 것이었다. 이것은 영원 전부터 하나님의 목적이었다.

이제 이 특권이 얼마나 대단한 것인지를 생각해보자. 아담은 거룩한 상태로 창조되었다. 누가복음 3:38에 따르면, 아담은 하나님의 아들이었다. 그러나 어디에서도 아담이 그리스도를 통해 하나님께 입양된 아들이라고 말하지 않는다. 욥기 38:7에서도 천사들을 "새벽별," "하나님의 아들"이라고 부르지만 그리스도를 통하여 그러한 지위를 얻었다는 말은 결코 없다. 천사들은 창조에 의해서 된 아들이었다. 하나님이 천사를 만들었기 때문이다. 결코 그리스도와의 혼인에 의하여 법률적으로 아들이 된 것은 아니다. 이것은 신자들에게만 베푼 은혜요 특권이다. 따라서 우리는 하나님이 사랑하는 아들과 맺은 특별한 관계로 인해 천사를 능가한다. 그리스도는 우리를 향하여 형제라고 부르지만 어떤 경우에도 천사들을 형제라고 부르지 않는다. 히브리서 12:22, 23은 이런 의미이다. 22절에서 언급한 천사들과 구별지어, 우리를 "장자들의 총회와 교회"라고 불러 우리의 지위가 우월함을 나타낸다(창 49:3). 우리는 하나님의 "장자"와 관련을 맺고 있고, 천사들보다 높은 자녀의 명분을 가지고 있기 때문이다.

필폿(Philpot)[14]은 다음과 같이 설명한다.

> 비유가 도움이 될지 모르겠습니다. 마치 아브라함이 자신의 친족 가운데 한 여인을 선택하여 이삭의 배필로 삼은 것처럼, 아버지가 자기 아들의 신부감을 선택합니다. 그리고 아브라함의 종 엘리에셀이 리브가에게 한 것처럼, 신부를 치장하는 예물뿐만 아니라 멋진 선물을 줍니다. 그러나 그녀는 아들의 배필이 되는 순간, 법률적으로 딸이 되는 것입니다. 단지 친애하는 아들에게 어울리는 짝으로서가 아니라 아버지로서의 사랑을 부어줍니다. 단지 그녀의 아름다움과 덕성을 칭찬하고 상냥한 성품에 매혹되는 것이 아니라 자신이 받아들인 딸에게 아버지로서의 사랑을 쏟아 붓습니다. 더욱 새롭고 더욱 가까운 관계를 갖습니다. 물론 비유는 불완전합니다. 지나치게 확대해도 안 됩니다. 그러나 우리를 자녀로 받아들인 하나님의 경이로운 사랑을 더욱 명확하게 이해하는데 이런 비유가 도움이 될 것입니다. 그러므로 우리를 자녀로 받아주기로 한 예정은 거룩에 이르도록 선택한 것보다 훨씬 고차원적이고 더 풍요롭고 더 큰 축복입니다. 따라서 하나님의 사랑이 맺은 추가적이고 특별한 열매라고 결론내려도 좋습니다.

그러나 교회를 예수 그리스도에 의해 자기 자녀로 입양하겠다고 예정할 때 하나님의 사랑은 교회를 아들 하나님의 배우자로 간주하는 시각보다 훨씬 깊은 뿌리를 갖습니다. 그것은 예수의 참되고 실질적이며 영원한 아들 됨으로부터 나오며, 지극히 밀접하게 연결되어 있습니다. 택자들은 그리스도 안에서 선택 받음으로써 하나님의 자녀가 됩니다. 왜 그럴까? 그리스도는 하나님이 참되고 실질적이며 본질적인 아들이기 때문입니다. 따라서 본성적으로 하나님의 아들인 자와 연합함으로써 즉, 양자입양에 의하여 하나님의 자녀가 되는 것이기 때문입니다. 만일 그리스도가 단지 직분에 의해서만 혹은 성육신에 의해서만 하나님의 아들이라면 사정은 다를 것입니다. 그리스도 자신도 양자로 입양된 아들에 불과할 것입니다. 그러나 영원한 실체에 의하여 하나님의 아들이기 때문에 "당신이 내게 주신 자녀들과 나를 보십시오. 나는 본질상 아들이고 저들은 입양한 자녀들입니다"라고 말할 수 있다. 그렇다면 자신의 독생자를 향한 하나님의 사랑이 이처럼 크고 이처럼 특별하기 때문에 그 독생자와 연합한 교회를 바라볼 때 하나님의 마음은 독생자를 사랑할 때와 동일한 사랑으로 교회를 품는다.

3. 우리를 선택할 때 가졌던 하나님의 구상은 우리를 구원한다는 것이었다. 즉, 타락과 그 결과로부터의 구원, 죄와 그로 인한 결과들로부터의 구원이었다. 하나님의 이 특수예정은, 우리의 본성적 머리요 대표자인 아담 안에서 우리가 겪게 될 결함을 하나님이 미리 본 것에 입각하였다. 전술한 여러 장에서 지적한 것처럼, 하나님은 자신의 은혜를 더 크게 나타내고 중보자의 영광을 더 크게 만들 목적으로 자기 백성의 타락을 허용하기로 작정하였다. 분명히 "구원"이라는 용어는 죄를 암시하며, 나아가서는

---

14) [역자 주] 죠셉 필풋(Joseph Charles Philpot, 1802-1869)은 옥스퍼드 대학에서 수학하고 옥스퍼드 대학 워세스터(Worcester) 칼리지의 특별연구원으로 선출된 학자이며 국교회의 설교자가 되었다. 그러나 1835년 국교회를 사임하고 나온 뒤 엄격한 특수침례교회에서 사역하였다. 교회사역과 더불어 약 20년간 월간 "Gospel Standard"의 편집자로 섬겼다.

타락을 전제한다. 그러나 하나님이 자기 백성이 죄에 빠지는 것을 감내하고 그 뒤에 죄로부터 구원해내기로 한 결정은 전적으로, 택자들에 관한 일차적인 구상과 택자들이 도달하도록 예정된 궁극적인 영광에 종속적인 것이었다. 이러한 종속성은 "하나님이 우리를 구원하사 거룩하신 부르심으로 부르심은 우리의 행위대로 하심이 아니요 오직 자기 뜻과 영원한 때 전부터 그리스도 예수 안에서 우리에게 주신 은혜대로 하심이라"는 말씀에 나타난다(딤후 1:9).

이 성경구절을 세심히 분석하면 **첫째**, 하나님은 자기 백성에 관한 "뜻"을 세웠다는 것과 역사 속에서든 하나님의 생각에서든 세상이 시작되기도 전에 그리스도 예수 안에서 백성에게 "은혜"를 베풀었다는 사실을 알게 된다. 즉, 죄 없는 피조물 전체로부터 자기 백성을 골라내고 그리스도 안에 존재케 하고 자녀 됨의 은혜를 베푸는 하나님의 주권적 행위를 가리킨다. **둘째**, 하나님이 우리 즉, 신자들을 구원하였고 "거룩한 부르심으로" 불렀다는 사실을 알게 된다. 이것은 시간 속에서 발생하는 사건을 가리킨다. 역사의 한 시점에서 하나님은 죄 가운데 죽어 있는 우리를 유효적 소명에 의하여 불러내 거룩에 이르도록 한다(딛 3:5). **셋째**, 우리의 구원과 소명은 실제적이든 예견된 것이든 "우리의 행위대로"가 아니라 하나님 자신의 "뜻"대로 한 것 즉, 우리를 자기 자녀로 삼겠다는 하나님의 본래적인 의도에 입각하여 한 행위라는 사실을 알게 된다. 하나님을 움직여 우리를 구원하게 만든 것은 (우리에겐 아무런 공로가 없기 때문에) 우리의 공로도 우리의 비참함도 아니라 하나님이 처음부터 우리를 그리스도에게 주신 그것이다.

우리가 앞에서 지적한 것처럼, 하나님은 그리스도로 하여금 자기 백성들과 **이중적인 관계**를 맺도록 하였다.

> "그리스도께서 교회의 **머리 됨**과 같음이니 그가 친히 **몸의 구주**시니라"
> (엡 5:23).

에베소서 1:3에서는 먼저, 그리스도를 "하늘에 속한 모든 신령한 복으로 우리에게 복 주시는 머리"로 나타내고, 나중에 5장에서는 "물로 씻어 말씀으로 깨끗하게 하사 거룩하게 하시"기 위해 "교회를 사랑하시고", "교회를 위하여 자신을 주신 구세주"로 나타낸다(25, 26절).

그리스도를 가리켜 "몸의 구주"라고 한 말에서는 그리스도는 택자들 이외에 다른 누구의 구세주가 아니라는 사실을 암시한다. 이 사실을 확증해 주는 본문이 디모데후서 2:10이다.

> "그러므로 내가 택하신 자를 위하여 모든 것을 참음은 저희로도 그리스
> 도 예수 안에 있는 **구원**을 영원한 영광과 함께 얻게 하려 함이로라"

애매하게 사용된 용어로서의 "구원"뿐만 아니라 하나님이 자기 백성을 위하여 작정한 "그 구원"에 주목하라. "우리 소망을 **살아 계신 하나님**께 둠이니 곧 모든 사람 특히 믿는 자들의 **구주**시라"라는 말씀에 전혀 충돌을 일으키지 않는다(딤전 4:10). 즉, "살아 계신 하나님"은 아버지 하나님을 가리키고 "구주"를 "보존자"로 번역하는 것이 훨씬 정확하다고 박스터(Baxter)가 지적하였다.

하나님은 자신의 택자들을 아담 안에서 타락한 존재로 간주하여 작정한 "구원"을 죄책과 형벌로부터, 죄의 지배와 권세로부터라는 두 개의 표제로 요약해도 좋을 것이다. 이 두 표제 가운데 전자는 법률적 측면을, 후자는 경험적 측면을 다룬 것이다. 이 두 가지는 그리스도가 우리를 **위하여** 행한 것에 의하여, 그리고 성령이 우리 **안에서** 행하는 것에 의하여 성취된다. 법률적 측면에 관련한 성경구절은 "하나님이 우리를 세우심은 노하심에 이르게 하심이 아니요 오직 우리 주 예수 그리스도로 말미암아 구원을 얻게 하신 것이라"이고(살전 5:9), 경험적 측면에 관련해서는 "하나님이 처음부터 너희를 택하사 성령의 거룩하게 하심과 진리를 믿음으로 구원을 얻게 하심이니"이다(살후 2:13). 후자에 의하여 전자에 대한 증거와 확신을 획득한다.

> "하나님의 사랑하심을 받은 형제들아 너희를 택하심을 아노라 이는 우리 복음이 말로만 너희에게 이른 것이 아니라 오직 능력과 성령과 큰 확신으로 된 것이니…"(살전 1:4, 5).

죄로부터의 구원이 완성되면 우리에게서 죄는 더 이상 존재하지 않을 것이다.

4. 우리를 택하심에 있어서 하나님의 구상은 우리가 **그리스도를 위한 존재**가 되는 것이었다.

> "만물이 그에게 창조되도다 그로 말미암고 그를 위하여 창조되었고"(골 1:16).

하나님은 우리를 그리스도 안에서 선택하고 우리로 하여금 그리스도를 통하여 자녀의 권세를 갖도록 예정하였을 뿐만 아니라 우리를 그리스도에게 주었다. 그리스도는 하나님이 완전한 거룩과 수양에 이르도록 선택할 때 품은 신적 의지가 가진 목적이었다. 하나님에게는 본성적 아들 즉, 삼위일체의 두 번째 위격이 있고, 그 아들을 인성과의 연합을 통해서 가시화하여 자신의 더 큰 영광을 도모하겠다고 작정하였다. 우리를 양자로, 그리스도의 형제로 받아들이기로 작정하였다. 그리스도가 혼자가 아니라 "많은 형제 중에서 맏아들이 되게 하기 위해서"였다. 스가랴 13:7에서는 사람인 그리스도 예수를 "만군의 여호와"의 **"짝된 자"**라고 부른다. 마찬가지로 시편 45:7의 "하나님이 즐거움의 기름으로 왕에게 부어 **왕의 동류**보다 승하게 하셨나이다"라는 말씀에 따르면, 하나님은 다른 사람들을 자기 아들을 위한 존재로, 그의 동류들이 되도록 예정하였다.

신적 작정의 주제는 (앞을 헤아리든지 뒤로 돌이켜보든지) 그 범위가 광대하고 (포함된 모든 것을 깊이 생각해볼 때) 포괄적이다. 그래서 그 주제를 개괄적으로 묘사하는 것은 결코 쉬운 일이 아니다. 논리정연하게 개괄하고 지극히 본질적이며 판명한 특성들을 독립적으로 다루려고 시도해도 도저히 중복서술을 피하지 못한다. 그러나 이런 반복서술을 통해서 독자들이 주제의 가장 중요한 측면을 좀 더 용이하게 파악하게 된다면 우리의 목적은 성취될 것이다. 이제, 우리를 택할 때 하나님이 가졌던 구상과 관련하여 고찰하고픈 주제의 일부는 선택의 본질을 다룬 장에서 어느 정도 다룰 수밖에 없었다. 당시에 하나님의 본래적인 의도는 우리의 타락에 대한 예견보다 앞선다는 사실을 확인하면서 신적 구상의 적극적인 측면을 다뤘다.

> "그러나 우리에게는 한 하나님 곧 아버지가 계시니 만물이 그에게서 났고 우리도 그를 위하며 또한 한 주 예수 그리스도께서 계시니 만물이 그로 말미암고 우리도 그로 말미암았느니라"(고전 8:6).

먼저 이 구절에서 사용된 차별적인 용어에 주목하자. 이 구절에서는 "우리"와 "만물"을 날카롭게 구별한다. 선별된 특별한 무리와 그렇지 않은 무리를 구별하고, 후반절에서도 반복한다.

우리들 그리고 다른 모든 것들은 다 아버지로부터 나오고, 아버지에게 속한다. 즉, 발생적 원인으로서의 아버지에게 속하거나 아버지의 뜻과 권세에 의한다. 이것은 "우리" 그리고 하나님의 모든 피조물에게 공통적이다. 그러나 바울은 더 높은 차원의 탁월성과 품격에 이르도록 분리된 남은 자들로서의 "우리"를 언급한다. 이렇게 특별한 무리를 "우리도 그로 말미암았느니라"라는 말로 언급하면서 "만물이 그로 말미암고"라는 말과 대립시킨다. 성경은 만물의 기원인 "한 하나님 곧 아버지"를 제시하고 우리도 그 하나님 아버지 안에 있다고 한다. 아주 정당한 지적이다. 하나님이 우리를 특별한 사랑으로 인해 그리고 특별한 연합에 의해 받아들인다는 언급이다. 이것을 데살로니가전서 1:1의 "하나님 아버지… **안에** 있는 데살로니가인의 교회에 편지하노니 은혜와 평강이 너희에게 있을지어다"라는 말씀과 비교해보라. 헬라어 원문의 취지는 하나님의 영광에 이르도록 즉, "하나님을 위하여" 우리를 선택하였다는 것이다. 즉, 우리가 하나님 안에 존재한다는 것은 우리는 하나님을 위한 존재라는 것이다. 이러한 구별을 에베소서 4:6의 "하나님도 하나이시니 곧 만유의 아버지시라 만유 위에 계시고 만유를 통일하시고 만유 가운데 계시도다"라는 말씀이 좀 더 실증적으로 확증해준다. 에베소서 본문에서도 동일한 방식으로 "만물"과 "우리"를 구별해서 사용한다. 만물에 관해 말하면서 하나님은 만물 위에 있다고 한다. 이 말에 의해서 우리는 모든 피조물이 참여에 의하여 하나님 으로부터 확보하는 존재성보다 무한히 우월한 신적 본성 및 본질의 고상함과 초월성을 파악한다. 하지만 **둘째로**, 초월자는 임박하고, 만물 가까이에 있고, 만물을 "관통하여" 꿰뚫고 있다. 초월자는 만물과 함께 있다. 하지만 그 모든 것들과는 다른 존재를 유지하고 있다. 그것은 마치 공기가 우리가 거하는 모든 곳에 퍼져 있는 것과 같다. 그러나 **셋째로**, 성도에 관련해서 그것은 "너희 모두 **안에** 있다." 이것은 성도를 나머지 모든 것들과 다른 것으로 만들어주는 주권적 은혜이다. 하나님은 성도들과 연합해서, 특별한 방식으로 그리고 특별한 관계에 의해서 성도들과 하나가 되었다.

우리 같은 피조물을 받아들여 하나님처럼 높이 들리고 형언할 수 없는 존재와 연합시키다니 얼마나 놀라운 은혜인가! 이 은혜는 우리가 소유하고 누리는 특권과 행복의 정점이다. 이사야 57:15과 66:1, 2을 비교해보면 거기에서 하나님 자신이 우리에게 향한 은혜의 경이로운 분량과 그 자신의 인격의 탁월성과 초월성을 어떻게 강조하였는지를 알게 될 것이다. 이사야 57:15에서 하나님은 자신을 "지존무상하며 영원히 거하며 거룩하다 이름하는 자가 이같이 말씀하시되 내가 높고 거룩한 곳에 거하며 또한 통회하고 마음이 겸손한 자와 함께 거하는 존재"라고 언급한다. 반면에 이사야 66:1, 2에서 하나님은 "하늘은 나의 보좌요 땅은 나의 발등상이니

무릇 마음이 가난하고 심령에 통회하며 나의 말을 인하여 떠는 자 그 사람은 내가 권고하려니와"라고 선언한다. 생기가 불어넣어진 흙덩어리에 불과한 우리를 선택하고 우리 안에 내주하고 피조물 가운데 오직 우리에게만 자신과 교통하게 해주는 하나님의 은총이 얼마나 무한하게 자신을 낮춘 것인지를 보여준다. 우리는 천사들과는 달리 하나님의 성품에 참여한 자들이다.

고린도전서 8:6을 좀 더 깊이 강해하기 전에, 지금 우리가 다루는 주제의 특성상 먼저 그 첫머리의 "그러나 우리에게는 한 하나님 곧 아버지가 계시니"라는 어구를 잠시 간략하게 다뤄야 할 것이다. 삼위일체를 부정하는 자들이 조잡하게 왜곡해왔기 때문이다. (마 5:16, 약 3:9 등에서처럼) 이 어구의 "아버지"라는 용어는 삼위일체의 2격과, 3격과 대조되는 1격을 가리켜 사용된 것이 아니라 하나님으로서의 하나님, 하나님 그 자체로서의 신적 본성을 가리킨 용어다. 가장 절대적인 의미에서 그리스도는 하나님이 아니라는 주장을 이 구절로부터 입증해낼 수 있다면 논리적 추론에 의해 틀림없이, "한 주(主)"라는 말은 성부가 주 즉, 생명을 부여하는 주가 아니라는 결론에 도달하게 될 것이다. 고린도전서 8:6의 핵심사상은 5절에서 언급된 이방종교의 거짓된 고안물에 대한 완벽한 반대명제 및 반대론을 제공하는 것임을 감안하면 정말 명료해진다.

이방종교에서는 많은 "신" 혹은 절대자를 두고 많은 "주" 혹은 중재자들을 세운다. 그러나 기독교인들은 오직 한 분의 절대자 즉, 삼위일체 하나님과 유일한 중보자 즉, 주 예수 그리스도를 인정한다. 그리스도는 이중적인 "주권"을 갖고 있다. 먼저, 본성적, 본질적, 본유적 주권이다. 삼위일체의 2격이라는 그 이유 하나만으로 갖는 주권이다. 두 번째는 (고전 8:6이 가리키는 주권으로서) 파생적, 경륜적, 분배적 주권이다. 이 주권은 하나님인 동시에 사람으로 간주된 그리스도에게 하나님이 위임함으로써 주어진 주권이다. 하나님은 그리스도를 주권적 목적으로 작정하였고, 우주를 관장하는 일을 맡겼다. 그 모든 권세를 맡긴 것이다(요 5:22, 27, 행 2:36, 히 1:2). 신인적 존재로서의 그리스도는 하나님과 동등한 권세를 가지고 있다(요 5:23). 하지만 하나님의 아래에 있다(고전 3:23, 시 2:8, 빌 2:11).

고린도전서 8:6에서 고찰할 그 다음 것은, "우리도 그를 위하여"라는 어구인데 헬라어 본문으로는 "헤메이스 에이스 아우톤"(ἡμεῖς εἰς αὐτόν) 즉, "우리도 그 안에 (있다)"이다. 하나님과의 이런 초자연적 연합 및 교통은 하나님이 우리를 선택할 때 품었던, 우리를 향한 궁극적인 구상이다. 다음과 같은 구절들이 그 점을 잘 나타낸다.

> "여호와께서 **자기를 위하여** 야곱 곧 이스라엘을 자기의 특별한 소유로 택하셨음이로다"(시 135:4),

> "이 백성은 내가 **나를 위하여** 지었나니…"(사 43:21),

> "내가 **나를 위하여** 바알에게 무릎을 꿇지 아니한 사람 칠천을 남겨 두었다"(롬 11:4).

우리를 선택하신 것은 단지 다른 모든 사람들로부터 따로 떼어서 자신의 특별한 보물로 삼는 것(출 19:5)일 뿐만 아니라, 하나님이 자신을 특별히 예배드리고 섬기도록 하기 위해 우리를 구별하여 하나님께 거룩한 존재가 되도록 하는 것(렘 2:3)일 뿐만 아니라, 하나님을 찬양하도록 하기 위한 것이다(사 43:21). 심지어 악한 자들도 그렇게 하기 때문이다(잠 16:4, 빌 2:11). 그러나 우리는 특별히 하나님 자신과 하나님의 영광을 위하여, 전적으로 은혜와 인애를 통하여 그렇게 한다.

하나님 자신을 우리에게 전달해주는 일에서 은혜가 우리를 위하여 할 수 있는 모든 것, 그리고 하나님이 우리로 하여금 자신의 영광을 높이도록 하기 위하여 하려는 모든 것은 전적으로 하나님이 우리에게 베푸는 **자유로운 은총**으로부터 나온다. 다른 말로 하자면, 하나님은 결과로서의 우리의 행복이 목적으로서의 하나님 자신의 영광에까지 확장되도록 하기 위하여, 우리 안에서 및 우리 위에서 영광을 받지 않을 것은 하나님은 자신이 은혜 가운데 우리에게 베푸는 것으로부터 나오지 않는 것과 마찬가지이다. 우리 안에 있는 하나님의 영광은 우리의 선과 조금도 분리되지 않는다니 얼마나 경이롭고, 얼마나 위대하고, 얼마나 형언할 수 없이 복된가! 하나님은 은혜와 영광 그 둘이 서로 불가분리적일 뿐만아니라 상호공존하도록 정해놓았다. 그러므로 만일 하나님이 명시적 영광을 최대한으로까지 받을 계획을 세웠다면 우리에게 은혜를 최대 한도로 베풀 것이다. 하나님은 은사를 베풀고 축복을 부어주는 동시에, 피조물인 우리가 받아들일 수 있는 최대 한도로 우리에게 자신을 전달해준다.

이것은 인간의 하찮은 이성을 훨씬 초월하는 것이다. 오직 믿음만이 파악할 수 있다. 우리는 "하나님의 모든 충만하신 것으로 충만하게" 되어야 한다(엡 3:19). 하나님은 자신을 전달해줄 때에 자기 자신 **전체**를 전달해준다. 자신의 신적 속성 전체를 전달해주어 우리에게 복을 주든지, 삼위의 인격 전체를 전달해주어 우리로 하여금 그 모두를 즐거워하고 교제를 나누도록 해준다. 하나님 안에 있는 모든 것이 하나님을 하나님 자신의 광대한 무한성 속에서 찬양받게 하는 데 기여하는 만큼, 택자들을 (피조물의 능력에 따라) 복된 존재로 만드는 데 기여한다. 만일 우리가 하나님 자신을 하나님의 전 존재를 소유한다면, 우리는 "하나님의 후사"이다(롬 8:17). 우리는 그리스도와 공동으로 상속받는다. 하나님 자신이 그리스도의 유업이라는 것은 "여호와는 나의 산업과 나의 잔의 소득이시니"라는 하나님 말씀이 확증해준다(시 16:5). 이것 이상 더 무엇을 바랄 수 있겠는가?

> "이기는 자는 이것들을 유업으로 얻으리라 나는 저의 하나님이 되고 그는 내 아들이 되리라"(계 21:7).

하나님이 자신을 위하여 우리를 선택한 결과로서 **우리를 위하여 자기 자신**과 자기 안에 있는 모든 것을 **남겨둔다**. 로마서 11:4이 하나님이 택자들을 **자기를 위하여 남겨둔** 것을 언급한다면(5절을 보라 그리고 "이제도"라는 표현에 주목하라) 베드로전서 1:4은 우리를 "위하여 하늘에 간직하신" 것 즉, 하나님을 언급한다. 이것은 하나님 자신이 우리의 유업이며, 예정된 상속자들 이외엔 어느 누구도 이 경이로운 유업을 받지 못할 것이라는 사실로부터 분명해진다. 하나님은 우리가 자기 앞에 모이게 될 때까지 하늘에서 기다린다. 하늘에서 하나님은 그 모든 세월 내내 기다려왔고 각 세대의 큰 자들을 간과하였고 자신의 성도들을 위하여 자신을 간직해 두었다.

> 마치 위대한 왕자가 꿈속이나 환상속에서 아직 태어나지 않은 여인의 형상을 바라보고 사랑에 빠져서는 그녀가 태어나고 성장할 때까지 자신을 간직해두며 다른 사랑에 대해서는 일체 생각지도 않으려는 것과 같다(토마스 굳윈).

성도여! 만일 하나님이 당신을 이렇게 사랑한다면 하나님을 향한 당신의 사랑은 어떠해야 할까? 하나님이 자기 전체를 당신에게 주었다면 당신은 그 하나님께 얼마나 전적으로 헌신해야 할까? 하나님이 우리를 이 낮은 세상의 온갖 시련과 곤란을 뚫고 안전하게 하늘에 도달하도록 만들었을 때 하나님이 우리를 선택할 때 품었던 최초의 궁극적인 구상은 하나님 자신을 위한 것이었음을 명확하게 나타낼 것이며 따라서 우리는 하늘에 들어가 하나님 앞에 설 것이다.

> "능히 너희를 보호하사 거침이 없게 하시고 너희로 그 영광 앞에 흠이 없이 즐거움으로 세게 하실 자"(유 24).

유 24는 우리로 하여금 하나님을 미리 찬양하고 영광을 돌리도록 하기 위한 언급이다. (내 생각에는) 이 구절은 (엡 5:27, 히 2:13과는 달리) 그리스도가 아니라, "그 영광 앞에서"라는 말이 암시하는 것처럼 아버지 하나님을 가리킨다. 우리를 영광의 주인 자기 앞에 세우는 바로 그 위격이다.

"우리 구주 [딛 3:4에서 '아버지'를 분명하게 '우리 구주'라고 부른다는 점에 주목하라] 홀로 하나이신 하나님께 영광과 위엄과 권력과 권세가 만고 전부터 이제와 세세에 있을지어다 아멘"(유 25).

　이 송영에서 언급된 모든 속성은 아버지 하나님의 속성이다. 하나님은 우리를 "그 영광 앞에 흠이 없이 즐거움으로 서게 하실" 것이다. 이처럼 하나님이 자기 앞에 "서게 함"은 각각의 성도가 하늘에 들어서자마자 일어나는 일이다. 그리고 은혜의 택함을 받은 무리 전체가 하늘에 도착하면 더욱 공식적으로 반복될 것이다. 우리는 충분한 근거를 가지고 기뻐할 것이고 하나님도 기뻐할 것이다. 우리를 천국에 들어가게 하는 것은 우리 자신보다도 하나님 자신의 더 큰 관심사이기 때문에 하나님은 큰 기쁨으로 우리를 자기 앞에 세울 것이다. "우리를 그 영광 앞에 서게 하는 것"은 하나님이 크게 기뻐하고 우리를 자신과 함께 기뻐하도록 하는 내용이다. 마치 부모들이 자녀들이 오랜만에 집에 돌아왔을 때 크게 기뻐하는 것과 같다. 누가복음 15장에 있는 아버지의 기쁨과 비교해보라. 아버지는 자신의 목적이 성취되었기 때문에, 자신의 영원한 계획이 실현되었기 때문에, 자신의 영광을 획득하였기 때문에 기뻐한다. 여기에 "너의 하나님 여호와가 너로 인하여 기쁨을 이기지 못하여 하시며 너를 잠잠히 사랑하시며 너로 인하여 즐거이 부르며 기뻐하시리라"라는 말씀이 동조한다(습 3:17). 하나님은 자신을 위하여 먼저 우리를 선택하여 궁극적인 목적으로 삼았다. 이제 이 목적을 완성하였다.

　하나님은 자기 백성을 **자기를 위하여** 선택하였다고 가르치는 또 하나의 구절은 에베소서 1:5이다.

> "그 기쁘신 뜻대로 우리를 예정하사 예수 그리스도로 말미암아 **자기의**
> 아들들이 되게 하셨으니"(엡 1:5).

이 구절에서 "자기의"로 번역된 말은 본래 "자기에게"인데 헬라어로는 "자기를 위하여"라는 말과 차이가 없다. 그래서 첫째, "자기를 위하여" 즉, 성부 하나님을 가리키는 것으로 이해해도 정당하다. 그러므로 하나님은 우리를 선택하여 이 입양의 궁극적인 목표점인 자기에게 도달하게 하였다고 이해해도 된다. 둘째, 이처럼 우리를 양자로 받아들이기로 예정할 때 하나님이 품은 한 목적인 예수 그리스도에게로 이다. 본문에서 사용된 전치사 "에이스"(eivj)는 목적 혹은 목적절을 가리킬 때 "위하여"라는 의미를 갖기도 한다. 성경에서 많은 사례를 찾을 수 있지만 그 한 예가 그 다음 구절인 6절의 "그의 은혜의 영광을 찬미하게 하려는"과 로마서 11:36의 "만물이 주에게로 돌아감이라"이다. 후자에서 "주에게로"는 "주를 위하여"라는 의미이다. 그러므로 우리는 이 표현을 가장 포괄적인 의미로 받아들이고, 그 문맥과 신앙의 유비에 따라 이중적인 의미를 부여하자.

하나님이 우리를 자기에게로 예정하였다는 말을 우리를 자기의 자녀로 입양한다는 의미로만 받아들이지 말자. 하나님은 우리로 하여금 자신의 위대하고 영광된 자신에게 이르도록 그리고 자신의 위대하고 복된 아들을 위하여 선택하고 예정하였다는 것을 분명하고 직접적으로 가리키는 말로 이해하자. 다른 말로 하자면, 본문에 따르면 우리를 예정한 데에는 단지 우리를 양자 입양하는 것 이상으로 더 큰 목적이 있다. 비록 양자 입양을 특별한 목적이라고 언급하지만 하나님이 우리를 **자기에게로** 예정한 것에 비하면 하위의 종속적인 목적에 불과하다. 첫째, 하나님은 우리를 하나님 자신의 본성을 만족시켜줄 흠없는 거룩에 이르도록 그리스도 안에서 선택하였다. 게다가 하나님은 우리를 양자로 입양되는 존귀와 영광에 이르도록 예정하였다. 그러나 그 무엇보다도, 우리를 하나님 자신에게로 예정한 것으로 인해 하나님의 은혜는 최대한도에 이르렀다.

하나님이 우리를 "자기에게로" 예정하였다는 것은 **우리 안에 특별한 속성이 있다**는 뜻이다. 천하의 "생축"이 다 하나님이 것이고(시 50:10) 온갖 종류의 짐승이 하나님을 찬양할 것이다(사 43:10). 그러나 교회는 하나님 영광의 특별한 보배이며 매개체이다. 택자들을 전체 중에서 특별한 방법으로 성별하여 하나님 자신에게로 이끈다.

"이스라엘은 나 여호와의 성물 곧 나의 소산 중 처음 열매가 되었나니"(렘 2:3).

이 예레미야 말씀은 민수기 18장의 모형이 설명하는 것처럼 하나님이 자기 백성을 성별하여 자기에게로 이끈다는 것을 나타낸다. 그리스도는 하나님이 우리를 자기 것으로 받아들인다는 것을 실증하였다.

"내가 비옵는 것은 세상을 위함이 아니요 내게 주신 자들을 위함이니이다 저희는 **아버지의 것**이로소이다"(요 17:9).

마찬가지로 바울도 동일한 것을 "주께서 **자기** 백성을 아신다"라는 말로 강조하였다(딤후 2:19). 이 말씀 역시 우리를 선택하여 하나님 앞에서 거룩한 존재가 되게 한다는 뜻이다. 로마서 11:4은 우리를 성별하여 하나님을 섬기고 예배하도록 한다는 점을 지적한다. 하나님이 남겨둔 자를 바알을 숭배하는 자들에 대조시켜 "내가 나를 위하여… 남겨 두었다"는 말을 한다. 그러나 무엇보다도 이 말씀의 취지는, 하나님은 우리를 받아들여 가장 가깝게 연합시키고 자신과 교통하게 하고 자신의 성품에 참여케 한다는 것이다.

이제 에베소서 1:5의 "자기의"를 "예수 그리스도를 위하여"를 의미한다는 점을 고찰해보자. 헬라어는 대명사 '아우토스' (him)와 재귀대명사 '하우토스' (himself)를 뒤섞어서 사용하기 때문에 "자기의"를 이렇게 번역해도 전혀 무리가 없다. 그리스도를 교회가 하나님과 맺고 있는 관계에 연결하여 언급하는 전치사를 통하여 하나님의 영광을 가리킨다. 즉, 교회는 그리스도 **안에** 있고, 그리스도를 **통하고**, 그리스도를 **위한** 것이다. 이때 사용된 전치사들은 에베소서 1:4, 5에서도 동일한 순서로 사용된다. 즉, 우리는 우리의 머리인 그리스도 **안에서** 선택되었고, 우리를 양자로 삼는 수단인 그리스도를 **통하여** 입양하도록 예정되었고, 목적인 그리스도를 **위하도록** 정해졌다. 그리스도 자신의 은혜의 영광과 더불어 그리스도의 존귀를, 하나님이 우리를 예정할 때 하나님의 목표로 삼았다. 이 세 가지는 창조와 섭리에 관련해서 그리스도에게 속한다. 골로새서 1:6의 헬라어를 살펴보라. 그러나 만물은 그 근원인 하나님 아버지에게만 속한다(롬 11:36, 고전 8:6, 고후 5:18).

하나님이 가장 먼저 한 작정은, 하나님의 독생자를 인성과의 연합을 통해 하나님의 본체에 이르도록 한 인성에서 가시적으로 영광을 받는 것이었다. 그 다음에 더 큰 영광을 위하여, 하나님은 우리를 그리스도를 통해 양자로 받아들여 그리스도의 형제로 삼도록 작정하였다. 하나님은 독생자가 인성에 있어서 홀로 존재하지 않고 그 영광을 높여줄 단짝과 함께 하기를 원하였다.

첫째, 그리스도를 그 동류들과 비교함으로써 그리스도의 영광을 더 높인다. 그리스도에게 기름을 부어 동류보다 높였고(시 45:7), "그로 많은 형제 중에서 맏아들이 되게"하였다(롬 8:29).

둘째, 하나님은 아들 하나님이 신인 양성적 존재가 되도록 예정함으로써 유일무이한 존귀와 비길 데 없는 영광을 주었다. 그 존귀와 영광을 더 높이기 위해, 그리스도의 영광을 목도하고 찬양할 자들이 그리스도 곁에 존재하도록 예정하였다(요 17:24).

셋째, 하나님은 우리를 양자 삼기로 예정하고 그리스도를 우리를 양자 삼는 모든 영광의 수단으로 삼기로 예정하였다. 그래서 우리는 그리스도를 통하여 자녀의 명분을 얻는다. 그리스도는 예정에 있어서 우리의 모범일 뿐만 아니라 그 예정의 실질적인 원인이다.

하나님이 예정을 계획함에 있어서, 그리스도가 인성을 취하도록 한다는 생각은 타락을 전제하거나 예견한 것에 입각하지 않았다. 목적으로서의 그리스도를 위하여 우리를 예정한 것이 의미하는 것처럼 말이다. 분명코, 명백한 사실이다. 자, 단지 죄 때문에 그리고 구속사역을 위해서 그리스도를 세상에 보낸다는 것은 그리스도를 우리에게 종속시키는 것이며, 우리의 유익을 아들 하나님이 성육신한 목적으로 만드는 것이다. 그것은 정말이지 주객을 전도시키는 것이다. 하나님인 동시에 사람인 그리스도가 우리 및 다른 모든 것들의 **목적**이다. 더욱이 이것은 무한한 가치를 지닌 존재인 그리스도를 우리가 그리스도의 사역을 통해 받는 은택에 종속시키는 것이었다. 반면에 구속은 그리스도 자신을 우리에게 주고 우리를 그리스도에게 주는 것보다 훨씬 열등한 것이다. 구속 자체를 먼저, 하나님이 우리의 필요를 채워주기 위해서라기보다는 그리스도 자신의 영광을 위하여 구상했다고 보아도 좋을 것이다.

7장_ 선택의 표출

선택의 표출

하나님은 선택행위에 의해 교회를 하나님 자신과 분명하고도 인격적인 관계를 맺도록 하였다. 그래서 하나님은 교회의 지체들을 자신의 친 자녀들이요 백성들로 간주한다. 결과적으로 심지어 그들이 중생하기도 전, 자연상태에 있는 동안에도 그런 식으로 바라보고 인정한다. 선택교리는 비록 오늘날 기독교계에서는 거의 망각되었지만 매우 복되고 경탄할만한 진리이다. 이 시대에 일반적인 사고방식은, 우리는 단지 거듭날 때에만 하나님의 자녀가 된다는 것이다. 즉, 우리가 믿음의 두 팔로 그리스도를 꽉 껴안을 때까지는 그리스도와는 아무 관계가 없다고 가정한다. 그러나 성경의 가르침을 살펴보면, 이런 무지에 대해서는 도무지 변명의 여지가 없다. 성경의 명백한 증언을 고의로 반박하는 자들에게, 자신의 거룩한 창조주에게 이처럼 악독하게 대꾸하는 자들에게 화가 있을 것이다.

선택교리를 극렬하게 반대하는 이들이 다른 어떤 것보다도 출애굽기의 중심적인 교훈에 관해 강설하는 것은 해괴한 일이다. 본인은 그런 자들에게 히브리 인들이 속박의 집 애굽에서 전적으로 우상숭배에 빠져 있는 동안에, 모세를 보내 그 속박의 땅에서 구원해내기도 전에, 유월절 어린양의 피를 흘리기도 전에, 하나님은 히브리 인들이 자기 것이라고 명확하게 인정하지 않았느냐고 묻고 싶다(겔 20:5-9). 참으로, 하나님은 모세에게 "내가 애굽에 있는 내 백성의 고통을 정녕히 보고 그들이 그 간역자로 인하여 부르짖음을 듣고 그 우고를 알고"라고 선언하고(출 3;7) 바로에게 "이스라엘 하나님 여호와의 말씀에 내 백성을 보내라 그들이 광야에서 내 앞에 절기를 지킬 것이니라"라고 명령하였다(출 5:1).

히브리 인들은 하나님의 이스라엘 즉, 은혜의 영적 선택에 관하여 하나님이 정한 모형이었다.

정말이지. 하나님의 택자들은 "다른 이들과 같이 본질상 진노의 자녀"들이다(엡 2:3). 그럼에도 불구하고 하나님은 영원한 사랑으로 사랑하였다. 결과적으로, 주 하나님은 성령을 보내 택자들을 살려내 새생명에 들어가게 하기도 전에 택자들을 자기 것이라고 생각하고 언급한다. 지금 이 진리는 거의 알려지지 않았다. 그러므로 이 자리에서는 이 진리의 증거를 성경으로부터 찾아보자.

첫째, 하나님은 택자들을 **자신의 자녀**라고 부른다. "네 모든 자녀는 여호와의 교훈을 받을 것이니"(사 54:13) 여호와의 교훈을 받기도 전에 하나님의 자녀라고 부른다. "흩어진 하나님의 자녀를 모아 하나가 되게 하기 위하여"(요 11:52) 하나로 불러 모으기도 전에 하나님의 자녀라고 부른다.

둘째, 하나님은 택자들을 **자신의 백성**이라고 부른다. "주의 권능의 날에 주의 백성이… 주께 나오는도다"(시 110:3) 주께 나오기도 전에 주의 백성이라고 부른다. "내가 너와 함께 있으매 아무 사람도 너를 대적하여 해롭게 할 자가 없을 것이니 이는 이 성중에 내 백성이 많음이라 하시더라"(행 18:10) 바울이 그곳에서 복음을 전하기도 전에 주님은 자기 백성이 많다고 말씀한다.

셋째, 그리스도는 하나님의 택하신 자들을 우리에 인도해 넣기도 전에 **자기 양**이라고 부른다. "또 이 우리에 들지 아니한 다른 양들이 내게 있어 내가 인도하여야 할 터이니…"(요 10:16) 여기에서 언급한 주님의 다른 양들은 이방인들 중에 있는 택자들이 아니라면 누구겠는가?

넷째, 택자들을 아직 타락의 파멸상태에 있는 중인데도 **다윗의 장막**이라고 언급한다.

> "하나님이 처음으로 이방인 중에서 자기 이름을 위할 백성을 취하시려고 저희를 권고하신 것을 시므온이 고하였으니 선지자들의 말씀이 이와 합하도다 기록된바 이후에 내가 돌아와서 다윗의 무너진 장막을 다시 지으며 또 그 퇴락한 것을 다시 지어 일으키리니"(행 15:14-16).

사도시대에 하나님은 자기 이름을 위하여 이방인들로부터 한 백성을 취하기 시작하였다. 이것을 오래 전에 아모스 선지자가 예언하였다.

> "다윗의 장막 즉, 하나님의 택자들은 옛적에 아담 안에서 비택자들과 함
> 께 있었고 그들과 함께 타락하였다. 그러나 주님은 택자들을 첫 아담 안
> 에서가 아니라 둘째 아담 안에서 다시 일으켜 세울 것이다. 둘째 아담 안
> 에서 택자들은 성령을 통하여 하나님이 거할 처소가 될 것이다"
> (제임스 웰즈).

하나님의 마음에 있는 사랑은 영원 전부터 하나님 안에 감추인 비밀이
었고, 세상이 시작되기 전에는 하나님인 동시에 사람인 그리스도를 제외
하고는 전혀 알려지지 않았다. 하지만 그 사랑은 은혜의 택함 전체를 향하
여 발휘되었다. 택자들이 자신들을 향한 하나님의 선한 뜻을 최대한으로
담고 축복과 은혜와 영광을 최대한으로 담은 사랑을 받더라도 이런 방식
으로는 잠시 동안은 그 사랑에 대해 알지 못하였다. 택자들을 둘러싼 그리
고 택자들에 대한 그리스도의 인격 안에 있는 하나님의 의지적 행위들은
결코 중단되지 않음에도 불구하고 그들 가운데 그것들을 보지 못하고 알
지 못하는 상태에 잠시 머물러 있어야 했다. 그 모든 것은 영원 전부터 여
호와의 불가해한 마음속에 있었다. 그러므로 영원토록 존재할 것이다. 그
러나 다양한 때에 다양한 정도로 계시해주고 드러내주었다.

하나님의 택함을 받은 자들이 처한 다양한 상태는 하나님의 다양한 지
혜를 보여줄 뿐만 아니라 위에서 본인이 언급한 진술을 실증해준다. 택자
들은 피조 당시의, 본래 아담 안에 있던 때의 순수하고 거룩한 상태에 있
어야 했다. 택자들은 그 본래적 상태로부터 아담 즉, 연방적 머리의 죄책

과 부패에 참여하여 죄와 비참의 상태로 전락하였다. 이 상태로부터 그리스도의 구속사역에 의하여 구속상태로 옮겨져야 했다. 성령의 소성케 하는 활동과 거룩케 하는 활동을 통하여 그리스도의 구속을 아는 지식을 제공받아야 했다. 택자들은 세상에서의 삶을 마친 뒤에 무죄상태에 들어간다. 그 상태에서 안식을 취하고 구원의 완성을 기다린다. 적절한 과정을 거쳐 부활상태에 들어갈 것이다. 그 상태에서 영원한 영광과 변치 않는 복락의 상태로 들어갈 것이다.

마찬가지로, 하나님이 자기 백성에 대한 영원한 뜻을 펼치는 데에도 다양한 단계가 있다. 선택의 원리는 인류의 역사가 시작될 때부터 작동하였다. 타락 사건이 발생하는 즉시 주님은 여자의 자손과 뱀의 자손 사이를 구분하는 선을 그었다고 선언하였다. 그것을 먼저 가인과 아벨이라는 선명한 사례를 통해 예증하였다(요일 3:12). 이 선택원리는 지속적으로 작동하였다. 노아, 아브라함, 이삭, 야곱과 그 가족을, 그리고 이스라엘 족속을 다른 모든 민족들로부터 구별하여 여호와의 택하신 백성이요 특별한 은총을 받을 족속으로 삼았을 때는 더욱 현격하게 나타났다. 그러나 지금 고찰해야 할 것은 하나님의 영원한 은혜의 목적의 작동이라기보다는 그 **나타남**이다.

택자들이 거치도록 예정된 모든 상태에서 하나님이 사랑은 하나님의 선하고 즐거운 뜻에 따라 택자들에게 발휘되었고 택자들 위에 펼쳐져 있다. 하나님은 자신이 택한 자들을 향한 비밀하고 영원한 사랑과 그 사랑을 공개적으로 드러낸 것은 비록 서로 판명하게 구별될지라도 단일하며 동일한 사랑이다. 하나님이 그리스도 안에서 선택한 자들을 향한 신적 사랑의 첫 번째 행위는 택자들로 하여금 그리스도 안에 존재케 하는 것, 그리스도 안에서 영원히 복된 상태로 머물러 있는 것이다. 이것은 모든 은혜와 영광의 근본적인 행위였다. 하나님은 "그리스도 안에서 하늘에 속한 모든 신령한 복으로 우리에게 복" 주었기 때문이다(엡 1:3).

은혜의 택자들 전체의 머리인 그리스도를 향해 하나님이 마음에 품은 사랑은 형언할 수 없다. 그리고 그리스도 안에 있는 택자들을 향한 하나님의 사랑은 무한히 커서 성경조차도 "지식에 넘치는" 즉, 알 수 없는 것이라고 선언할 정도이다(엡 3:18, 9). 그 사랑을 공개적으로 표현하고 드러낸다는 주제를 지금 우리가 고찰할 계획이다.

첫째, 그리스도의 성육신과 사명.

> "하나님의 사랑이 우리에게 이렇게 **나타난**바 되었으니 하나님이 자기의 독생자를 세상에 보내심은 저로 말미암아 우리를 살리려 하심이니라"(요일 4:9).

하나님의 사랑을 누구에게 나타내는 지를 즉, 본문에서 "우리에게"라고 표현된 인물들을 주목하라. 성경 기자는 하나님의 거룩한 자들을 포함하고 표현하기 위하여 사용한 용어이다. 사도들은 자신들의 주제를 온 힘을 다해 성도들의 뼈 속 깊이 심어주고 성도들로 하여금 그 주제를 활용하도록 한다. 그렇게 해서 이 진리의 심대한 중요성을 체감하도록 한다. 이것이 사도들의 현격한 탁월성이다. 그 주제는 선택, 구속, 유효적 소명, 혹은 영화이며 사도들은 "우리에게"라는 용어를 사도 자신들과 사도들의 편지를 수신하는 모든 신자들을 포함하는 의미로 사용한다. 성경에 있는 유익을 이용하고 누리는 방도를 열어주는 은혜의 축복들과 은택들 전부에 사도들과 일반 성도들이 똑같이 관련되어 있다는 사실을 적절하게 확증해준다. 이 사실을 에베소서 1:3-6에서 실증해준다.

> "찬송하리로다 하나님 곧 우리 주 예수 그리스도의 아버지께서 그리스도 안에서 하늘에 속한 모든 신령한 복으로 우리에게 복 주시되 곧 창세 전에 그리스도 안에서 우리를 택하사 우리로 사랑 안에서 그 앞에 거룩하고 흠이 없게 하시려고 그 기쁘신 뜻대로 우리를 예정하사 예수 그리스도로 말미암아 자기의 아들들이 되게 하셨으니 이는 그의 사랑하시는 자 안에서 우리에게 거저 주시는 바 그의 은혜의 영광을 찬미하게 하려는 것이라"(엡 1:3-6).

이 본문에서 "우리"를 반복한다는 사실은 **모든** 성도가 그리스도 안에 있는 영원한 선택에 관련이 있다는 것을 보여준다. 바울은 유효적 소명에 관련해서도 "우리"라는 용어를 사용한다(롬 9:24). 구원에 관련해서도(딤후 1:9) 영화에 관련해서도(엡 2:7, 롬 8:18) 마찬가지다. 서신들에서 반복적으로 사용된 "우리"는 은혜의 선택 전체를 포함하고 있는 반면에 그 나머지 전체를 배제하며 그리스도 예수 안에서 하나님의 부르심을 받은 자들 이외에는 어느 누구에게도 진정으로 혹은 적절하게 사용할 수 없다는 사실을 주의 깊게 확인해보라.

이제, 그리스도의 성육신과 사명에서 하나님의 사랑이 공개적으로 나타났다는 점을 고찰해보자. 여호와의 무한한 마음속에는 택자들에 대한 사랑 전체가 영원 전부터 자리 잡았다. 여호와의 그 사랑을 시간 속에서 펼치고 알려서 교회로 하여금 그 사랑을 더욱 지각할 수 있도록 하는 방법 및 수단은 다양하다. 그리스도 안에 있는 자들에 대한 하나님의 영원한 사랑에도 불구하고 그 택자들이 피조물의 순수상태로부터 부패상태로의 타락을 즐거이 허용한 것처럼 택자들을 그 타락상태로부터 구속해주기로 미리 결정하였다. 성부와 성자는 영원한 언약을 체결하였다. 그 언약에서 성자는 인성을 취하여 택자들의 보증이요 구속자로 처신하기로 약속하였다. 성자의 성육신, 삶과 죽음은 택자들을 구원해주는 수단으로 확정되었다. 이것 즉, 죄를 제거하고 영원한 의를 가져오기 위하여 그리스도가 육체로 나타나서 그 육체로 행하고 고난을 겪기로 한 것은 구약예언의 주제였다.

그리스도에 관한 선지자들의 계시를 통해 명백하게 드러난 사실은, 그 전체가 본래 하늘에서 시간이 시작되기 전에 협약된 것 즉, 여호와와 그 가지 사이에 협약을 맺고 영원한 성령이 그 증인이 된 결과물이며, 하나님께 속한 모든 것, 심지어 하나님의 깊은 것들을 살피는 이에 의해 하나님이 거룩한 자들에게 전달해줄 것이라는 사실이다. 임마누엘 즉, 하나님이 우리와 함께 하심이라는 그 인물에서, 하나님이 만들어내고 지극히 존귀하게 완성한 성육신과 구원에 의하여, 축복된 삼위일체의 사랑 전체가 지극히 영광스럽게 반영되었다. 하나님은 그리스도 안에 있는 하나님의 교회에게 베푸는 사랑의 위대함과 위엄 전체에서 빛을 발했고, 따라서 자신의 영원한 선의를 펼쳐 보여주었다. 하나님은 그리스도 안에 있는 교회를 사랑하여 자신의 독자를 내주었다. 이 사실을 말씀에서 명확하게 표현한다. 그 사실에 대한 우리의 지각을 생생하게 유지하기에 전적으로 충분하

고 그 사실을 믿음으로 아는 지식을 성령이 기쁘게 우리 마음속에 유지할
정도로 충분하다.

하나님의 사랑을 이렇게 나타내는 **목적**을 요한일서 4:9에서 "하나님이
자기의 독생자…로 말미암아 우리를 살리려 하심이니라"라고 간략하게
정리한다. 피어스(S. E. Pierce)는 요한일서 4:9에 관한 설교에서 다음과
같이 말했다.

> 우리가 예수 그리스도를 통하여 칭의, 평화, 죄, 용서, 수영, 하나님께 나
> 아가는 삶을 사는 것은 바로 주 예수 그리스도의 성육신과 중보사역을
> 통해서이다. 타락상태에 있던 택자들 전체가 죄, 부패, 비참, 사망이었다.
> 하나님은 자신의 택자들이 이런 상태에 있을 때 사랑을 쏟아 부었다. 택
> 자들이 아직도 죄인의 상태에 있는 동안에 그리스도는 택자들을 위하여
> 죽었다. 그리스도는 자신의 죽음에 의하여 택자들의 죄를 제거하였다. 그
> 리스도는 택자를 사랑하였고 택자들의 죄악을 자기 피로 씻어주었고 하
> 나님에게로 인도해주었다. 그렇게 함으로써 택자들에 대한 성부의 영원
> 한 사랑은 지극히 분명하게 확증되었다.

위에서 살펴본 성경구절과 가장 현격한 병행구절은, 그리스도가 성부에
게 "세상 중에서 내게 주신 사람들에게 내가 아버지의 이름을 **나타내었나**
이다 저희는 아버지의 것이었는데 내게 주셨으며"라고 진술한 말씀이다
(요 17:6).

아버지의 이름 혹은 아버지의 생각 및 의지의 감추인 신비를 나타내는
것은 오직 그리스도만이 할 수 있었다. 그리스도는 영원 전부터 아버지의
품안에 있었고 비가시적인 아버지를 가시적으로 나타내기 위하여 성육신

한 분이기 때문이다. 하나님의 "감취었던" 지혜를 드러내는 것(고전 2:7), 지성소를 개방하는 것, 창세전부터 감취졌던 것을 선포하는 것이 메시아의 직무요 사역이었다. 요한복음 17장에서 그리스도는 자신이 그 직무를 신실하게 수행하였다고 선언한다. 그러나 요한일서 4:9의 "우리"를 요한복음 17:6에서는 "세상 중에서 내게 주신 사람들"이라고 정의한다. 그렇다. 바로 이들에게 그리스도는 하나님의 형언할 수 없는 이름을 나타냈다.

요한복음 17장에서 그리스도는 전에는 결코 계시된 적이 없는 방식으로 하나님의 마음 전체를 공개하였고 하나님의 영원한 사랑을 알렸다. 여기에서 그리스도는 아버지가 그리스도 예수 안에서 택한 자들에 대해 품은 선한 뜻을, 영적 지성을 지식과 총명으로 채우기에 충분한 방식으로, 이생과 내생의 모든 축복을 위하여 주님을 전적으로 신뢰하고 확신하게끔 만들어 주도록 고안된 그런 방식으로 강설해주었다. 그리스도 자신 이외에 도대체 누가 이런 정보를 제공해줄 수 있을까? 그리스도는 하나님 집에 대한 위대한 유일한 선지자였다. 그리스도는 은혜와 영광의 보고를 여는 열쇠를 가졌다. 그리스도라는 인격체 안에는 "지혜와 지식의 모든 보화가 감취어" 있었다(골 2:3). 하나님의 "이름"이라는 말은 하나님은 명시적이고 공유적 방식으로 존재한다는 의미이다. 교회를 향한 하나님의 사랑, 그리스도 안에 있는 자기 백성에 대한 언약적 관계, 자기 백성을 영원히 기뻐하는 마음, 바로 이러한 것들이 그리스도가 그토록 충분히 드러내기를 기뻐한 것이었다.

주님이 우리에게 자신을 아는 지식을 허용함으로써, 우리는 하나님이 우리를 선택하였다는 사실을 알게 된다. 이 사실을 참되게 파악하는 것이 기뻐할 근거이다. 그러므로 그리스도는 "너희 이름이 하늘에 기록된 것으로 기뻐하라"고 말한다(눅10:20). 우리가 하나님의 사랑을 받는 자라는 사실을 알 수 있는 유일한 방법은 하나님의 아들을 믿는 것이다. 따라서 이것은 영적 지식이 맺는 결실이다. 그리스도는 지식의 열쇠이며 신앙의 문을 열어준다. 그래서 우리는 그리스도를 말씀에 계시된 대로 받아들인다. 그리스도는 마음속에 있는 하나님의 사랑을 성령에 의해 기쁘게 흘러넘치게 한다. 영원한 언약을 우리의 지성에 계시해줄 성령을 준다. 그 성령의 계시에 의해 우리는 모든 은혜와 영원한 위로의 원천인 하나님의 사랑을 알고 느끼게 된다. 여호와가 자신의 모든 선을 모세 앞을 지나가게 하고 모세에게 자신의 영광을 보여준 것처럼(출 33:19), 자신을 자비롭고 은혜로운 주 하나님으로 아는 지식으로 우리를 이끌어들인다.

둘째, 초자연적 소명에 의하여.

이것을 바로 앞에서 어느 정도 예시하였지만 여기에서 좀 더 명확하게 고찰하자. 성도의 소명은 선택은혜가 맺은 최초의 직접적인 결실이며 하나님의 목적에서 나온 것이다.

> "그 강물은 영원 전부터 땅 밑으로 흘렀다가 거기에서 처음으로 솟구친다. 그 다음에는 영원에 이르기까지 땅 위를 흘러간다. 그것은 하나님이 사람과 사람의 사이에 둔 최초의 위대한 차이점이며, 하나님이 자기 양에게 찍은 최초의 낙인이다. 그것에 의해 하나님은 그 양떼가 자기 소유라고 인정하고 그 사실을 가시적으로 나타낸다"(토마스 굿윈).

"또 미리 정하신 그들을 또한 부르시고 부르신 그들을…"(롬 8:30).

근원적인 축복은 하나님이 우리를 예정한 것이었다. 그 다음 축복은 예정된 우리를 하나님이 불러내신 것이었다. 바로 이 순서를 성경의 다른 곳에서도 찾아볼 수 있다.

"하나님이 우리를 구원하사 거룩하신 부르심으로 부르심은 우리의 행위대로 하심이 아니요 오직 자기 뜻과 영원한 때 전부터 그리스도 예수 안에서 우리에게 주신 은혜대로 하심이라"(딤후 1:9).

하나님은 소명에 의해 자신의 영원한 목적을 분명히 나타낸다. 이 진리를 제시하는 또 한 사람의 사도가 베드로이다.

"그러므로 형제들아 더욱 힘써 너희 부르심과 택하심을 굳게 하라"(벧후 1:10).

이 구절에서 특별히 제시하는 것은 우리의 믿음도 우리의 칭의도 아니고 우리를 "부르심"이다. 그 소명을 확실하게 하라고 우리에게 명령한다. 왜냐하면 우리는 소명에 의하여 우리의 예정을 확증 받게 될 것이다. 즉, 우리의 믿음을 확증해줄 것이다. 선택은 소명이 없으면 확실한 것이 아니라는 뜻은 아니다. 우리를 부르기 전에 "하나님의 견고한 터[하나님의 영원한 작정]는 (확실하게) 섰기 때문"이다(딤후 2:19). 우리를 부르심에 의해 우리의 믿음을 증명해주기 때문이다. 따라서 사도들의 의견은 하나다. 그래서 신자들에게 보낸 사도들의 서신에는 두 용어가 공존한다. 따라서 바울은 "고린도에 있는 하나님의 교회 곧… 성도라 **부르심**을 입은 자들" 즉,

부르심에 의해 성도가 된 자들이라고 말하고, 베드로는 "함께 **택하심**을 받은 바벨론에 있는 교회"라고 말한다(벧전 5:13).

소명과 선택은 대등한 용어다. 사도들은 선택을 직접적으로 증거하는 경우에만 한해서 참된 소명이라고 인정하고 따라서 소명을 받는 사람의 범주와 예정된 사람의 범주가 정확히 일치한다. 그 점에 있어서는 의심할 여지가 조금도 없도록 이 보배로운 진리를 말씀에서 얼마나 자주 언급하는지를 확인해본다는 것은 정말 축복된 경험이다. 정말 은혜롭게도 성령은 자신을 낮춰서 우리의 연약함을 도우셨다.

> "나 여호와가 옛적에 이스라엘에게 나타나 이르기를 내가 무궁한 사랑으로 너를 사랑하는 고로 인자함으로 너를 인도하였다 하였노라"(렘 31:3).

이 구절에서는 두 가지를 단언하였다. 그리고 그 둘 사이의 친밀하고 불가분리적인 관계를 강조적으로 진술하였다. 하나는 자기 백성을 향한 하나님의 영원한 사랑이고, 다른 하나는 그 사랑의 결과 및 표출이다. 성령의 유효적 소명에 의하여 택자들은 자신들의 본성적 상태 즉, 하나님에 대한 소외로부터 벗어나 그리스도 안에 있는 하나님에게로 이끌려진다. 그 초자연적 소명 혹은 이끌림을 이 구절에서는 명백하게 하나님의 "인자함"에 귀속시킨다. 이 인자함과 "무궁한 사랑"이 서로 연결되어 있다는 사실을 "…는 고로"('그러므로')라는 말로 지적한다. 하나님이 우리를 자신에게로 화해시킴으로써 우리는 우리를 향한 하나님의 영원한 선의에 대한 증거를 획득한다.

삼위일체 하나님 자신이 택한 자들에게 부어주는 영원한 사랑과 은혜는 이 세상에서 바로 그것이 맺는 결실 즉, 직접적인 효과에 의하여 택자들에게 명백하게 드러난다. 여호와의 마음에 숨겨진 비밀은 여호와 자신의 경이로운 사역을 통하여 점진적으로 교회에게 공공연하게 나타난다. 불경한 자들의 세계가 이런 일에 관심 갖기를 기대할 수 없다. 그러나 거듭난 자들에게는 확실하고 점점 더 커져가는 기쁨의 원천임에 틀림없다. 앞에서 지적한 것처럼, 택자들에 대한 하나님의 사랑은 먼저 하나님의 독생자의 성육신과 사명에서 입증되었다. 하나님의 독생자는 아담 안에서 타락한 백성의 구속을 성취하도록 예정되었다. 둘째, 택자들이 여기 지상에 머무는 동안에 받는 신적 소명 안에서 및 신적 소명을 통해서 하나님의 은혜의 영원한 목적을 계시한다. 이제, 이 신적 소명이 실제로 무엇인지를 더욱 분명하게 고찰해야 한다.

무엇보다 먼저, 택자들이 받는 소명과 말씀의 소리를 듣는 모든 사람에게 주어지는 소명을 면밀하게 구별하지 않으면 안 된다. 전자는 개별적이며 후자는 일반적이다. 말씀의 소리를 듣는 모든 사람에게, 그렇다. 말씀을 기록된 형태로 손에 들고 있는 모든 사람에게 하나님은 죄악을 버리고 그리스도 안에 있는 자비를 구하라는 소명을 준다. 이 일반적 소명은 택자들과 비택자들에게 똑같이 주어진다. 그러나 오호라. 이 일반적 소명을 모든 사람이 **거절한다**. 이것을 다음과 같은 구절이 잘 묘파하고 있다.

"사람들아 내가 너희를 부르며 내가 인자들에게 소리를 높이노라"(잠 8:4).

"청함을 받은 자는 많되 택함을 입은 자는 적으니라"(마 22:14).

"내가 부를지라도 너희가 듣기 싫어하였고 내가 손을 펼지라도 돌아보는
자가 없었고"(잠 1:24).

"다 일치하게 사양하여… 가로되…"(눅 14:18).

오직 택자들만이 특별하고 개별적인 소명을 받는다. 이제 이 소명을 고
찰해보자.

둘째, 택자들이 받는 특수한 소명은 개인적이며 **내적인** 소명이며, 외적
귀를 때리는 것에 그치지 않고 마음 깊숙이 뚫고 들어간다. 이것은 하나님
의 **능력**의 말씀이다. 본성적으로는 영적 죽음의 상태에 있는 택자들에게
다가가서 소생시켜 새 생명을 누리게 하는 것이다. 선한 목자가 자신의 잃
어버린 양을 찾아 구원해주고 아버지에게로 데려다 놓은 것이다.

"…그가 자기 양의 이름을 각각 불러 인도하여 내느니라 자기 양을 다 내어
놓은 후에 앞서가면 양들이 그의 음성을 아는 고로 따라 오되"(요10:3, 4).

법률적 측면에서 볼 때 하나님이 택하신 자들의 구원은 그리스도가 죽
고 부활할 때 성취되었다. 그러나 성자의 영이 택자들의 마음속으로 들어
가 아바 아버지라고 외치게 만든 뒤에야, 그리스도가 성취한 구원은 택자
들에게 실제로 유효한 경험이 되었다. 오직 성령만이 우리에게 진리의 구
원적 지식을 주고 올바로 파악하게 만든다. 성령은 우리의 오성에 빛을 비

춰서 하나님과 하나님의 아들 예수 그리스도를 아는 **영적** 지식을 받아들일 수 있도록 만들어준다.

셋째, 택자들이 받는 소명은 **유효적** 소명이며, 성령의 초자연적 활동에 의해 성취되는 소명이다. 옛 창조에서만큼 새 창조에 대해서도 동일한 효력을 갖는다.

"제[하나님]가 말씀하시매 이루었으며 명하시매 견고히 섰도다"(시 33:9).

"주의 권능의 날에 주의 백성이 거룩한 옷을 입고…주께 나오는도다"(시 110:3).

이런 구절들은 **유효적** 소명을 가리킨다. 주님의 권리주장에 전적으로 굴복하기를 원치 않는 택자들의 본성은 자신들에게 준 하나님의 은혜와 사랑에 대한 압도적인 지각의 전달에 의하여 달콤하게 녹아내린다. 다시 다음 구절들을 보자.

"네 모든 자녀는 여호와의 교훈을 받을 것이니… 크게 평강할 것이며"(사 54:13).

"하나님의 아들이… 우리에게 지각을 주사 우리로 참된 자를 **알게 하신** 것… "(요일 5:20).

한 번 더 말하자면, 이 유효적 소명은 하나님이 새 언약의 약속들을 유효화하는 것이다. 즉,

"내가… 내 법을 저희 생각에 두고 저희 마음에 이것을 기록하리라 나는
저희에게 하나님이 되고 저희는 내게 백성이 되리라"(히 8:10).

신학자들은 현명하게도 이 소명을, 복음을 듣는 모든 사람에게 주는 일
반적이며 외적인 소명과 구별하기 위하여 "유효적 소명"이라는 이름으로
불렀다. 이 유효적 소명은 초청이 아니라 생명과 빛을 실제로 **부여하는 것**
이다. 유효적 소명은 우리가 조금도 사랑스럽지 않을 때 즉, 우리를 역겹
고 가증스러운 존재로 만들어주는 그런 것만을 가지고 있을 때, 그런 우리
에 대한 하나님의 경이롭고 무한한 사랑이 직접적으로 맺은 결실이다(겔
16:4-8). 바로 그 때문에 성령을 택자들에게 준다. 그리스도가 택자들을
위해 이룩한 것을 택자들 안에서 유효화시키기 위해 성령을 주는 것이다.
우리에게 성령을 주신 것은 우리를 위하여 그리스도를 주신 것만큼이나
위대하고 대단한 은사라는 사실을 명확하게 인식하고 감사하다고 인정하
자. 성령이 우리 안에 거함으로써, 우리는 거룩하게 되고 구속의 날까지
인 쳐진다. 성령의 내주에 의하여 우리는 살아계신 하나님의 성전 즉, 하
나님이 지상에서 거하는 곳이 된다.

언약적 자비 전체가 복된 성령의 손에 있다는 것으로는 충분치 않다. 성
령의 직무는 택자들을 (유효적 소명에 의하여) 그리스도에게로 데려가는
것이며, 주 예수가 택자들을 위하여 이행하고 성취해낸 구원을 택자들에
게 알려주고 적용해주는 것이다. 성령은 그리스도의 속죄와 승천의 결과
로 하늘에서 내려오고, 파멸한 죄인들을 위하여 그리스도로의 구원을 선
포한다. 죄와 재앙의 심령에 들어가 하나님의 구원을 알려준다. 택자들로

하여금 그리스도의 인격과 사역을 믿게 함으로써 구원에 수반하는 것들을 소유하게 만든다. 그 다음엔 택자들에게 보혜사가 되어준다. 택자들은 성령이 자신들에게 와서 중생의 역사를 일으켜달라고 기도하지 않는다. 택자들은 생명을 주고 거룩케 하는 성령을 이미 받았기 때문이다. 택자들이 지금 해야 할 것은 양자의 영을 받는 은혜를 달라고 기도하는 것이다. 성령이 자신들이 하나님의 자녀라는 사실을 자신들의 영과 함께 증거하기 위해서다.

자, 유효적 소명은 하나님은 하나님의 영원한 선택의 필연적이며 특유한 귀결 및 효과이다. 하나님의 택하신 자들 이외엔 어느 누구도 이 초자연적 소명을 받을 자가 없기 때문이다. 어떤 사람에 관해 영원한 영광으로의 예정이 선행되는 곳마다 믿음과 거룩으로의 유효적 소명이 무오하게 뒤따른다.

> "주의 사랑하시는 형제들아… 하나님이 처음부터 너희를 택하사 성령의 거룩하게 하심과 진리를 믿음으로 구원을 얻게 하심이니"(살후 2:13).

택자들은 하나님의 자유롭고 주권적인 은혜에 의하여 선택받아 구원에 이른다. 그런데 실제로 그 구원을 어떻게 획득하는가? 하나님의 사랑을 받는 자들은 어떻게 그 구원을 개인적으로 소유하게 되는가? 위 본문에 따르면, 성령의 거룩케 하심과 진리를 믿음이라는 방법에 의해서다. 그 이외의 방법으로는 안 된다. 하나님의 선택작정은 영생과 영광으로의 예정이다. 성령의 중생케 하고 거룩케 하는 활동에 의하여 그 대상자들 안에서 유효적으로 이룩한 거룩을 통해서 임이 분명하다. 바로 그런 방법으로 성령은 그리스도가 택자들을 위하여 성취한 것을 전달해준다.

> "또한 영광 받기로 예비하신 바 긍휼의 그릇에 대하여 그 영광의 부요함
> 을 알게 하고자 하셨을지라도 무슨 말 하리요 이 그릇은 우리니 곧 유대
> 인 중에서 뿐 아니라 이방인 중에서도 부르신 자니라"(롬 9:23, 24).

바울은 형언할 수 없이 엄숙한 주제 즉, 어떻게 하나님은 비택자들에게
자신의 분노를 보여주고 자신의 권능을 알려주는가를 다룬 바로 뒤에 이
축복된 구절을 제시하였다. 이 구절에서는 하나님은 자비의 그릇들에게
자신의 풍성한 영광을 어떻게 나타내는가라는 주제를 다룬다. 하나님의
백성들이 개별적으로 받는 유효적 소명이라는 방편에 의해서다. 유효적
소명은 우리를 향한 하나님의 영원한 은혜를 명백히 나타내는 데에 기여
한다. 로마서 8:28이 표현하는 것처럼 우리는 하나님의 "뜻대로 부르심을
입은 자들"이다. 다른 말로 하면, 성령을 우리에게 주는 것은 하나님의 작
정을 성취하기 위해서다. 또 다른 말로 표현하면, 성령의 유효적 소명을
통하여 신자가 자기를 향한 하나님의 영원한 사랑을 바라보도록 하기 위
한 것이다. 그것은 마치 벽에 난 작은 구멍을 통해 창공에서 빛나는 태양
을 내다보도록 하는 것과 같다.

아버지 하나님의 사랑을 일차적으로 선택행위를 통해 언급하고 자신의
독생자를 우리의 머리요 중보자로 내어주심에 의해 표현하는 것처럼, 그
리고 아들 하나님의 사랑은 성육신과 순종 그리고 우리를 위하여 자신의
생명을 내놓은 것에서 가장 찬란하게 빛나는 것처럼, 성령 하나님의 사랑
은 성부와 성자 사이에 맺은 영원한 약정을 말씀을 통해 계시하는 것에서

펼쳐 보여주고 우리의 지성에 빛을 비춰 성부와 성자를 참되고 영적으로 아는 지식에 이르게 함에서 나타난다. 성령은 유효적 소명을 줄 때, 그리스도의 구원을 영혼에게 내적으로 계시하고 적용해주기를 기뻐한다. 그것은 우리에게 하늘이 열리는 것이다. 죽은 죄인이 유효적 소명에 의하여 살아나고 강퍅한 마음이 부드러워지고 완강한 의지는 유연해지고 커다란 죄악들을 명확하게 용서받고 무한한 자비가 펼쳐지고 찬양받는다. 바로 그때에, 모든 영적 생명의 주(主)요 제공자인 성령은 큰 죄인들이 하나님은 사랑이심을 알 수 있도록 만들어준다.

성령에 의하여 그리스도는 하나님의 사랑을 마음에 흘러내리게 되는 것을 즐거워하고, 복음을 통하여 우리를 향한 아버지의 사랑을 아는 지식을 나타낸다. 이 진리를 우리에게 계시하도록 성령을 보낸다. 따라서 우리는 모든 은혜와 영원한 위로의 기초인 하나님의 사랑을 알게 되고 느끼게 된다. 우리의 (유효적 소명을 통하여 획득된) 개인적인 선택을 알게 됨으로써 우리는 하나님께 가까이 다가가며 사랑을 받는 존재임이 우리에게 분명해진다. 그래서 내려지는 결론은 우리는 그리스도의 사랑을 받는 존재임을 알아채게 된다는 것이다. 독생자 안에 있는 우리를 향한 아버지의 사랑에 관한 지식을 성령이 우리에게 나눠주기 때문에 우리는 선택이라는 경이로운 주제를 면밀히 검토하고 연구하게 된다. 그리고 이 주제를 알게 될수록 그만큼 더 경탄하게 된다. 따라서 성령의 영향을 받아 우리는 주 예수의 은혜를 바라보고 거룩한 만족과 기쁨으로 충만하게 된다.

넷째, 우리를 향한 하나님 은혜의 영원한 목적은 **우리 안에서 일어나는**

초자연적 변화에 의하여 나타난다. 엄격하게 말하자면, 이것은 우리의 주제에 해당되지 않는다. 신생은 유효적 소명과 동일한 것이기 때문이다. 그럼에도 불구하고, 너그럽게도, 거듭난 자들이 받을 의혹을 해소하기 위해, 이 항목을 별도로 고찰할 필요가 있다고 본다. 일반적이며 외적인 소명과 개별적이며 내적인 소명이 존재한다는 사실을 진중한 영혼이 알게 되면 자신은 이 둘 가운데 어떤 소명을 받았는지 확인하는 일에, 아니 차라리, 개별적이며 내적 소명을 받았는지에 깊은 관심을 갖는다. 후자만이 구원의 효력을 낳는 성령의 초자연적 소명이기 때문이다. 바로 이 문제가 하나님의 소중한 백성 가운데 많은 사람들이 크게 당황하고 번민하게 만들었다. 즉, 자신들이 사망에서 생명으로 옮겨졌으며 그리스도와의 생명의 연합을 이뤘다는 사실을 확인하고 확실하게 만드는 문제이다.

우리의 선택을 아는 **지식**이라는 논제를 곧 집중적으로 다룰 것이기 때문에, 하나님의 유효적 소명을 받는 순간에 내면에서 일어나는 초자연적 변화의 주요 특색들 가운데 몇 가지를 묘사하는 것으로 만족하자. 이 초자연적 변화를 바울은 고린도후서 5:17에서는 "그런즉 누구든지 그리스도 안에 있으면 새로운 피조물이라"고 개괄적으로 묘사한다. 동일한 것을 베드로는 "그의 신기한 능력으로 생명과 경건에 속한 모든 것을 우리에게 주셨으니 이는 자기의 영광과 덕으로써 우리를 부르신 자를 앎으로 말미암음이라"라는 말로 표현한다(벧후 1:3). 베드로후서의 표현은 매우 적절하다. 유효적 소명을 구체적으로 언급하고 하나님의 신적 능력에 속하는 것이라고 지적한다.

그렇다면 이 초자연적 변화는 우리가 그리스도 예수 안에서 새로운 피조물이 되는 것에 있다. 거듭남을 통해서 성령이 낳는 이 생명체는 비록 미약하고 작은 아기에 불과하지만 새로운 피조물이다. 새로운 생명을 나눠 받았고 새로운 원리들을 전달받았다. 이로써 새로운 행동들이 나온다. 그 때문에 "우리가 다 그의 충만한데서 받으니 은혜 위에 은혜러라"라고 말한다(요 1:16). 즉, 머릿속에 있는 모든 은혜가 지금 모든 부분에서 완전하다. "은혜 위에 은혜"라는 말은 아이가 부모로부터 사지 위에 사지를 받는 것과 같다. 우리의 유효적 소명에서 하나님의 권능은 우리에게 "생명과 경건에 속하는 모든 것"을 제공한다. 이것들을 구성하는 것을 이제 간략하게나마 고찰해보자.

첫째, **영적 오성**. 자연인은 영적인 것들을 (자연적이고 지적인 방식으로 심사숙고할 수는 있을지라도) 영적인 방식으로 지각하지 못하고 받아들이지도 못한다. 자연인에게는 영적 분별력이 결여되어 있기 때문이다(고전 2:14). 그러나 하나님은 우리를 유효적으로 부르실 때에는 참된 자를 알도록 우리에게 오성 즉, 이해력을 준다. 그러므로 베드로후서 1:3은 생명과 경건에 속한 모든 것을 "우리를 부르신 자를"아는 지식을 통해서 우리에게 제공한다고 선언한다. 성령이 택자의 마음에 들어올 때 그 영혼이 받는 최초의 빛은 하나님을 보는 새로운 관점이다. 그 빛 속에서 우리는 죄가 무엇인지를 보기 시작한다. 죄 그 자체가 거룩한 하나님을 거스리는 것임을 알기 시작하고 따라서 거룩이 무엇인지를 지각하기 시작한다. 은혜의 새 언약이 수행하는 축복과 사역의 중심핵 및 본질을 구성하는 것은 바로 이 새롭고 영적인 신지식이다.

"또 각각 자기 나라 사람과 각각 자기 형제를 가르쳐 이르기를 주를 알라 하지 아니할 것은 저희가 작은 자로부터 큰 자까지 다 나를 앎이니라"(히 8:11).

하나님을 영적으로 아는 이 지식은 유효적 소명에 수반되는 영적 변화의 근원이며 뿌리이다.

둘째, **거룩의 원리.** 영혼 속에 생성되는 것이다. 하나님은 자신의 백성이 "거룩"해지도록 하기 위해 그리스도 안에서 선택하였다(엡 1:4). 그러므로 하나님은 자기 백성을 "거룩하신 부르심으로" 부른다(딤후 1:9). 이렇게 해서 우리를 "빛 가운데서 성도의 기업의 부분을 얻기에 합당하게" 만든다(골 1:12). 우리가 하늘에 들어갈 **명분**은 그리스도가 우리를 위하여 성취한 것에 의존한다. 그러나 우리가 하늘에 들어갈 **적합성**은 우리 안에 만들어진 그리스도의 형상으로 구성된다. 거룩의 원리를 심령에 심어놓은 것은 성령이다. 그리고 거룩의 원리를 "새로운 본성"이라고 지칭하는 학자들도 있다. 하나님은 불법을 묵과하지 못하는 순결한 눈을 가진 거룩하신 하나님이라고 거듭해서 깊이 생각하는 지성에 의하여, 그리고 하나님의 거룩성을 파악하여 하나님께 매달리는 마음에 의하여 거룩의 원리는 스스로 존재를 입증한다. 자, 그렇다면, 거룩의 원리는 우리 자신을 검증하고 측정해야 하는 시금석이다. 하나님의 거룩성 앞에서 반기를 드는 것만큼이나 나를 낮추고 애통하게 만드는 것이 내 마음과 삶에 있음에도 불구하고 나는 하나님의 모든 명령은 나의 탐욕에 반대할지라도 거룩하고 선하다고 인정하는가? 하나님이 나를 다듬어 이 거룩에 점점 더 많이 참여하는 자로 만들어주기를 나는 지속적으로 갈망하는가?

셋째, **영적인 것들에 대한 사랑**. 우리가 유효적 소명을 받을 때에 "새로운 마음"을 전달받을 뿐만 아니라 우리의 의지를 하나님이 새롭게 만들어 주어서 영적으로 선한 것들을 선택할 능력을 갖게 한다. 이것은 자연인은 타락상태에서는 가질 수 없는 능력이다. 그 마음이 거룩한 것들로 향하고 갈망하도록 전환하는 것은 의지를 동반한다. 하나님의 사랑이 우리 마음을 적시며 흘러내릴 때 우리는 하나님을 그리고 하나님이 사랑하는 모든 것을 사랑하지 않을 수 없다. 하나님에 대한 참되고 신실한 사랑은 하나님의 유효적 소명의 결실이며 효과이다. 이 두 가지는 불가분리적이다.

"하나님을 사랑하는 자 곧 그 뜻대로 부르심을 입은 자들에게는"(롬 8:28).

오호라. 우리의 본성적 탐욕은 순수하고 거룩한 것을 기뻐하며 추구하는 원리가 존재하는 새롭게 된 마음속에서도 여전히 거룩하지 않은 것을 갈망한다.

"우리가 형제를 사랑함으로 사망에서 옮겨 생명으로 들어간 줄을 알거니와…"(요일 3:14).

당신에게는 (내면에 다른 성향의 역사들과 뒤섞인) 하나님 자신을 향한 참된 성향의 사랑이 없는가?

넷째, **믿음의 영적 원리**. 자연적 사물에 대해서는 자연적 믿음으로 충분하다. 그러나 영적이며 초자연적 사물은 영적이며 초자연적인 믿음을 요구한다. 영적 믿음은 "하나님의 선물"이며(엡 2:8), "하나님의 역사"에 의하여 거듭남을 통해 만들어진다(골 2:12). 이 믿음은 우리의 유효적 소명의 효과이며 성취이다.

"나 여호와가… 무궁한 사랑으로 너를 사랑하는 고로 인자함으로 너를 인도하였다"(렘 31:3)라는 말씀은 먼저, 그 마음이 하나님께로 이끌려진다는 것과 따라서 하나님의 약속에 의존하고 하나님의 사랑 안에 안식하고 하나님의 목소리에 응답한다는 것을 가리킨다.

> **"믿음**으로 아브라함은 **부르심**을 받았을 때에 순종하여 장래 기업으로 받을 땅에 나갈새 갈 바를 알지 못하고 나갔으며"(히 11:8).

믿음과 소명은 불가분리적이다. 즉, 하나님의 부르심에 믿음이 응답한다. 그러므로 우리는 "하나님의 택하신 자들의 믿음"(딛 1:1)은 형식적인 종교가들과 무모한 열광주의자들의 "믿음"과는 근본적으로 다르다. 첫째, 택자들의 믿음은 하나님의 선물이며 따라서 자연적 원리의 산물이 아니기 때문이다. 둘째, 택자들의 믿음은 어린 아이의 단순성처럼, 말씀에 기록된 것은 무엇이든 받아들이며, "어려운 점들"에 대해 투덜거리지 않기 때문이다. 셋째, 영적이며 초자연적인 믿음을 소유한 자는 오직 하나님만이 영혼 속에서 그 믿음을 붙들어준다는 사실을 깨닫는다. 그 믿음을 발휘하거나 증진시키는 것은 피조물의 능력에 달려 있지 않다.

결론적으로. 이 초자연적 변화는 택자들이 유효적 소명을 받을 때 택자들 속에서 이뤄지며, 하나님을 알게 하는 영적 이해력을 만들어내고 거룩의 원리, 사랑과 믿음의 원리를 심어준다. 따라서 이 초자연적 변화는 뒤

따라오는 은혜의 모든 행위의 **토대**이다. 신자의 생애가 끝날 때까지 은혜의 모든 행위는 유효적 소명이라는 이 최초의 사역이 건전하며 구원을 주는 것임을 입증해준다. 하나님은 영혼을 거듭나게 할 때에 모든 원리들과 모든 은사의 씨앗들을 베풀어준다. 신자의 장래 인생과 ("육"과 "영" 사이의 갈등을 통하여) 은혜 중에서의 성장은 택자들이 받은 소명을 활동하게 하고 나타나게 한 것에 불과하다.

하나님이 영원 전에 교회에 대하여 품은 은혜의 목적을 시간 속에서 알려주는 것을 이제 논의하겠다. 택하신 자들에 대한 하나님의 영원한 사랑은 다양한 방법 및 수단을 통해 나타낸다. 일차적인 것은 택자들을 위한 성자와 성령의 측량할 수 없는 은사들이다. 따라서 이제까지 우리는 다음 세 가지 사실에 관해 숙고해왔다.

(1) 그리스도의 성육신과 사명은 주로, 성부가 자신의 택하신 자들에게 자기 마음을 열어주는 것이다. 하나님의 본체가 영광을 받는 것이 그리스도의 성육신과 사명의 주된 목적이지만 여기에 불가분리적으로 연결된 것이 성도들의 축복이었다.

(2) 성령을 택자들에게 보내줌으로써 하나님의 은혜로운 계획을 나타낸다. 그럼으로써 택자들은 초자연적 소명의 대상이 된다.

(3) 성령의 중생 및 성화의 사역에 의해 택자들에게서 일어난 초자연적 변화는 이 사실을 더욱 확실하게 나타낸다.

다섯째, **하나님의 보존해주심.**

> "모든 은혜의 하나님 곧 그리스도 안에서 너희를 부르사 자기의 영원한
> 영광에 들어가게 하신 이가 잠깐 고난을 받은 너희를 친히 온전케 하시
> 며 굳게 하시며 강하게 하시며 터를 견고케 하시리라"(벧전 5:10).

이 구절은 하나님이 자신의 택자들을 유효적으로 부를 때, 유혹과 죄로
부터 지켜줄 때, 끝까지 택자들의 기운을 북돋아주고 견뎌내고─육체와
세상과 마귀의 온갖 반대에도 불구하고─최종적으로 영원한 영광에 도달
할 수 있도록 해줄 때 그 택자들에게 나눠준 경이롭고 강력한 은혜를 나타
낸다.

> "또 미리 정하신 그들을 또한 부르시고 부르신 그들을 또한 의롭다 하시
> 고 의롭다 하신 그들을 또한 영화롭게 하셨느니라"(롬 8:30).

올바로 주목해야 할 것은 베드로전서 5:8의 직접적인 문맥에서 마귀는
무서운 모습으로 묘사되어 있다. 적의(敵意)를 "대적"으로, 힘을 "사자"로,
만일 하나님이 막지 않는다면 삼켜버릴 자를 지치지 않고 끈덕지게 뒤지
는 무서운 모습을 "두루다니며 삼킬 자를 찾는" 울부짖는 "사자"에 빗댔
다. 이제 정반대의 축복되고 위로를 주는 광경을 확인해보자.

베드로전서 5:10은 원문으로는 "그러나 하나님"이라는 말로 즉,
"Ὁ δὲ θεὸς πάσης χάριτος"(그러나 모든 은혜의 하나님)로 시작한다. 그렇다.
전능자, 자기충족적이며 전적으로 충분한 하나님, "은혜의 하나님"이 택자
들을 부른다. 우리가 사단의 유혹을 처리해야 할 때 전능자의 "은혜"라는

속성으로부터 선택한다는 것은 정말 위로가 넘쳐나는 사실이다. 만일 은혜의 하나님이 우리를 위한다면 누가 우리를 반대할 수 있을까? 사단이 보낸 악한 천사가 와서 바울을 때려눕히려고 유혹할 때 하나님이 바울을 구원하려고 바울의 바로 앞에 가져다 놓은 것은 무엇이었는가? 바로 "은혜"였다. "내 은혜가 네게 족하도다"라고 선언하였다(고후 12:9). 하나님의 마음에 있는 은혜는 바울을 향하였고 그 은혜는 바울의 마음속에서 역사하고 있었다. 그렇게 함으로써 바울을 효과적으로 도왔다.

그러나 베드로전서 5:10의 원문 "**모든** 은혜의 하나님"이라는 말에는 훨씬 보배로운 것이 있다. 이 어구는 먼저, 하나님의 본성에 있는 은혜가 몹시 풍성함을 가리킨다. 그 다음에는 하나님이 자기 백성을 향해 세운 자비로운 계획을 가리키고, 그 다음에는 하나님이 자기 백성을 은혜롭게 다룬다는 것을 가리킨다. 하나님의 본성에 있는 은혜가 근원이고, 하나님의 뜻 혹은 계획의 은혜는 원천이며, 우리에게 나눠주거나 우리를 다루는 것에 있는 은혜는 흐름이다. 하나님은 그 자체로 모든 은혜의 하나님이다. 은혜를 본질적 속성으로 갖고 있는 전능자이기 때문이다. 하나님 자체에 은혜의 무궁무진한 수원지가 있어서, 은혜의 뜻과 계획에서 발원하여 흘러내리는 모든 물줄기를 풍성하게 채워준다. 거기에서 우리가 받는 위로는, 하나님의 본성에 있는 모든 은혜는 하나님은 교회에게 준 약속 즉, 교회에 필요한 모든 것을 그 필요한 만큼 최대한으로 공급해주겠다고 선언한 약속에 있다는 것이다.

신약성경 시대의 성도들만이 하나님이 이런 분임을 모른다. 구약성경에서 이 은혜를 받은 가장 위대한 인물인 동시에 가장 크게 찬양한 인물은 다 윗은 바로 이 사실을 파악하고 "여호와여 주께서… 주의 뜻대로 이 모든 큰 일을 행하사 이 모든 큰 일을 알게 하셨나이다"라고 인정하였다(대상 17:19). 그 바로 다음 구절에서 "여호와여… 주와 같은 이가 없고 주 외에는 참 신이 없나이다" 즉, 주는 모든 은혜의 하나님이라고 말한 것에 주목하라. 다윗은 은혜에 초점을 두고, 자기에게 계시된 대로, 그리스도 안에서 자기와 은혜언약을 맺은 하나님을 높인다. 하나님이 이처럼 베푼 은총이 자신을 뛰어넘을 때 다윗은 무슨 말을 더 할 수 있을까?(18절). 마치 바울이 "그런즉 이 일에 대하여 우리가 무슨 말 하리요"라고 말한 것과 같다(롬 8:31). 하나님은 죄를 용서할 때 모든 은혜로 충만한 위대한 하나님의 방식을 따라 용서한다. 하나님의 죄 용서는 부족함이 없다(사 55:7). 하나님은 우리의 생각을 따르지 않고 자신의 생각대로 한다고 말한다(사 55:8).

하나님이 작정한 은혜에 관하여 옛 신학자들이 언급하면서 염두에 둔 것은, 하나님이 자기 백성을 향하여 세운 자비로운 계획들 즉, 예레미야 선지가 "너희를 향한 나의 생각은… 평안"이라고 묘사한 그 계획이 흘러나온, 하나님의 본성에 있는 은혜의 수원지이다(렘 29:11). 하나님의 모든 생각을 언급할 수 없다. 다윗이 선언한 것처럼 "여호와 나의 하나님이여 주의 행하신 기적이 많고 우리를 향하신 주의 생각도 많기 때문이다"(시 40:5).

그렇다면 우리는 하나님의 견인 즉, 하나님이 우리를 모든 유혹을 안전하게 이겨내고 영원한 영광에 들어가게 한다는 진리에 직접적으로 기여하는 세부사항들을 정리하고 깊이 생각해야 한다.

베드로전서 5:10은 하나님의 작정적 은혜 즉, 하나님이 자기 백성들을 자기 앞으로 부르기 전에 그들을 향하여 마음에 품었던, 따라서 유효적 소명의 원천이며 하나님으로 하여금 자기 백성들에게 다가가도록 만든 그 은혜를 명백하게 언급한다(참고. 딤후 1:9). 하나님의 작정적 은혜에 속하는 첫 번째 행동은 하나님이 우리를 선택하는 것 즉, 은혜의 하나님이 되어주기로 계획한 이들을 선별해내는 것이다. 그러므로 택자의 선택을 "은혜로 택하심"이라고도 한다(롬 11:5). 이것은 은혜의 근본적인 행위이며, 다른 모든 행위들의 기초가 된다. 하나님의 교회에 대해 은혜의 하나님이라는 것은, 하나님은 단지 교회를 구성하는 지체들을 사랑하기로 선택하였다는 그 이유 때문에 사랑한다는 것이다. 은혜란 아낌없이 사랑을 베푸는 것이다. 교회는 "우리를 **은혜**로 받아주십시오"라고 기도한다(호 14:2). 주님은 "내가 저희의 패역을 고치고 **즐거이** 저희를 사랑하리니"라고 답한다(호 14:4). 하나님의 은혜와 인간의 공로는 서로 상극이다. 로마서 11:6이 보여주는 것처럼, 서로를 밀어낸다.

하나님은 자기 백성에게 모든 은혜의 하나님인 것은, 하나님이 자기 백성을 영원토록 사랑한다는 것이며, 변함없이 사랑하는 것이며, 자신의 마음을 결코 거두지 않겠다는 것이다. 베드로전서 5:10은 이 점을 "너희를 부르사 자기의 영원한 영광에 들어가게 하신이"라는 말로 명확하게 나타낸다. 하나님은 우리를 은혜 혹은 은총으로만이 아니라 영광으로 즉, "영원한 영광"에 들어가도록 불러냈다. 즉, 하나님은 유효적 소명에 의하여 우리를 영광에 들어갈 완전하고 충분한 **권리**를 영원토록 부여한 것이다. 그것은 하나님은 우리에게 영원토록 모든 은혜의 하나님이 되어주기로 결단하였고 영원토록 결단할 정도의 은혜와 사랑 때문에 우리를 불러냈다는 뜻에 다름 아니다. 그러므로 하나님은 후회의 여지가 없는 소명으로 우리를 부른다(롬 11:29). 그래서 이 점을 명확하게 나타내기 위하여 베드로전서 5:10에서는 "영광에 들어가게 하신 이가"라는 말 바로 뒤에 "잠깐 고난을 받은 너희를 친히 온전케 하시며 굳게 하시며 강하게 하시며 터를 견고케 하시리라"라는 말을 붙인다.

이렇게 하나님의 의지에 확고하게 자리 잡은 이 은혜는 하나님의 마음 속에서 가장 주권적이며 지배적인 원리이며, 하나님의 자유로운 은혜의 결단을 유효적으로 수행하고 성취하기 위하여 하나님이 의지하는 다른 모든 것들을 통제한다. 은혜는 하나님의 마음속에서 가장 단호한 것인만큼 가장 절대적인 원리이다. 통치는 은혜에 속하기 때문이다. "은혜의 보좌"라는 말은 달리 무슨 의미이겠는가?(히 4:16). 달리 무슨 까닭으로 "은혜도… 왕 노릇하여… 영생에 이르게 하려 함이니라"라고 말하겠는가? 이와 동일한 것이 베드로전서 5:10의 문맥에서 나타난다.

> "그러므로 하나님의 능하신 손 아래서 [하나님의 주권적 능력에] 겸손하라 때가 되면 너희를 높이시리라… 저가 너희를 권고하심이니라"(벧전 5:6, 7).

이 모든 것이 10절의 "모든 은혜의 하나님"이라는 말로 모아지고 그 다음에 "영광과 권세가 영원무궁토록 그에게" 즉, "모든 은혜의 하나님으로서의 그에게 있을지어다. 아멘"이라는 말이 뒤따른다(11절).

모든 은혜의 하나님으로서의 그리스도를, 그 본성에 있는 은혜의 수원지, 그 마음에 있는 은혜의 목적이 맺은 결과들을 온갖 시혜를 통해 즉, 실행 혹은 이행을 통해 고찰해야 할 차례이다. 잠시 베드로전서 5:5의 "하나님이… 겸손한 자들에게는 은혜를 주시느니라"라는 말로 돌아가자. 이 표현은 하나님의 실제 은혜 베풂을 가리킨다. 야고보도 비슷하게 "더욱 큰 은혜를 주시나니"라고 선언하면서 베드로와 동일한 구절을 인용한다(약 4:6). 야고보의 경우에는 하나님의 백성들이 가지고 있는 탐욕, 특히 시기심으로 추구하는 탐욕을 억누르는 것을 염두에 두고 한 말이다. 탐욕이 기승을 부릴 때 하나님의 은혜로 인하여 하나님이 은혜를 더 많이 베풀어 억눌러주는 것이야말로 은혜이다. 자신들의 탐욕 때문에 자신을 낮추는 자들에게 하나님은 더 많이 은혜를 베푼다.

"모든 은혜의 하나님"이라는 명칭을 만일 고린도후서 1:3의 "모든 위로의 하나님"이라는 명칭과 비교해보면 이해가 더 잘 될 것이다. 위로의 결과들과 연과지어 언급하고 있다. 시편 기자가 "주는 선하사 선을 행하시오니"라고 언급한 것처럼(시119:68) 바울은 하나님을 "모든 위로의 하나님"이라고 언급한 즉시, "우리의 모든 환난 중에서 우리를 위로하사…"라는 말을 덧붙인다. 하나님은 어느 때든지 성도들이 겪는 온갖 역경과 관련한 "모든 위로의 하나님"이다. 마찬가지로 하나님은 그 모든 은혜로운 결과들과 관련한 "모든 은혜의 하나님"이다. 하지만 자유로운 은혜를 적절하게 찬양하기 위하여, 그 둘은 서로 비례하지 않는다는 말을 덧붙여도 좋을 것이다. 하나님의 은혜를 배분하는 것은 하나님의 위로를 배분하는 것보다 폭이 더 넓다. 하나님은 위로를 베풀지 않는 곳에 은혜를 베풀 때가 종종 있다. 하나님은 모든 위로의 하나님이라는 것보다 훨씬 폭 넓게 모든 은혜의 하나님이다.

하나님이 제공하는 모든 분배적 은혜에는 충만함과 마르지 않는 근원이 있기 때문에 그 필연적 귀결은 무엇인가? 먼저, 자유로운 은혜의 통치 아래에 있는 성도에게는 하나님이 자신의 때가 이를 때 적용할 은혜를 준비해놓은 경우를 제외하고는 어떤 유혹도 닥치거나 닥칠 수 없다는 것이다. 이것의 명백한 의미는, 하나님은 은혜를 모든 필요와 상황에 적절하고 알맞게 준비해 놓는다는 뜻이다. 하나님은 적절한 시간에 상처에 바를 약을 준비해 놓지 않고는 마음에 어떤 상처도 허락하지 않는다. "은혜"라는 단어 자체가 필요 및 유혹과 관련된 용어이다. 그래서 "**모든** 은혜"라는 말은 모든 혹은 도무지 어떤 필요에도 관련된 용어이다. 자유로운 은혜를 받는 자들에게 여하한 부족함이 있다면 그리고 하나님에게는 그 부족을 채워줄 특별한 은혜가 없다면, 그런 하나님은 **모든** 은혜의 하나님이 아닐 것이다. 그러나 하나님의 백성들이 직면한 비참함은 하나님의 은혜가 감당할 수 있는 범위 보다 폭이 넓다고 결코 말할 수 없다.

하나님은 자기 백성들이 겪는 모든 다양한 필요를 채워줄 은혜를 갖고 있기 때문에 모든 은혜의 하나님이며, 어떤 상황이 요구하던 바로 그때가 은혜를 베풀 때이므로 도움을 제공한다.

> "그러므로 우리가 긍휼하심을 받고 **때를 따라** (필요한 때에) 돕는 은혜를 얻기 위하여 은혜의 보좌 앞에 담대히 나아갈 것이니라"(히 4:16).

"…주의 종의 일과 주의 백성 이스라엘의 **일을 날마다 당하는 대로** 돌아 보사"(왕상 8:59).

솔로몬의 이 중보기도를 그 원형인 평화의 왕의 중보사역을 나타내는 모형으로 간주해야 한다. 이처럼 하나님은 자기 백성들이 필요로 하는 모든 때에 모든 방법으로 은총을 베푼다. 만일 하나님이 어느 때에든지 하나님의 백성들을 돕지 못하고 그 필요를 채우지 못하는 경우가 있을 수 있다면 **모든** 은혜의 하나님이 아니다. 가장 필요할 때에 구원해주는 것은 은혜로움의 가장 중요한 부분이기 때문이다.

하나님은 은혜를 분배한다는 점에서 모든 은혜의 하나님이라는 사실은, 하나님은 이 명칭을 가능성으로 취하지 않고 **실제적으로** 모든 은혜의 하나님이며 따라서 자기 백성들의 온갖 다양한 필요를 채워주기에 충분한 은혜를 자기 안에 갖추고 있을 뿐만 아니라 **실제로 채워준다**는 사실을 입증해준다. 모든 종류의 사례를 통해서 하나님은 바로 그 사실을 충분히 증명한다. 장차 하나님은 가능성 속에서 모든 은혜의 하나님일 뿐만 아니라 실제로 실행 속에서 모든 은혜의 하나님이라는 명예를 받을 것이다. 바로 그 때에 하나님은 고린도전서 10:13이 충분히 타당한 말씀임을 나타낼 것이다.

"사람이 감당할 시험 밖에는 너희에게 당한 것이 없나니 오직 하나님은 미쁘사 너희가 감당치 못할 시험 당함을 허락지 아니하시고 시험 당할 즈음에 또한 피할 길을 내사 너희로 능히 감당하게 하시느니라"(고전 10:13).

신자의 **내면에 거하는** 죄로부터 가장 크고 통렬한 필요가 발생한다. 하지만 바로 이 부분에서 은혜는 풍성하게 공급된다. "죄가 더한 곳에 은혜가 더욱 넘쳤"기 때문이다(롬 5:20). 하나님의 은혜가 이처럼 풍성하게 넘친다는 사실은 하나님이 자기 백성들에게 유효적 소명을 줄 때 은혜롭게 나타난다. 이것을 한, 두 가지 세부사항을 언급하여 증명해보자.

첫째, 그럴 때 하나님은 자신이 베푸는 죄 용서를 통해 자신이 모든 은혜의 하나님이심을 나타낸다. 우리가 죄를 범함으로써 얼마나 막대한 빚을 초래하였는지를 생각해보라. 육적 생각은 가장 어렸을 때부터 하나님께 원수였다.

> "악인은 모태에서부터 멀어졌음이여 나면서부터 곁길로 나아가 거짓을 말하는도다"(시 58:3).

이성이 눈을 뜨는 첫 순간부터 계속해서 모든 생각은 악할 뿐이다. 우리가 범한 죄악은 우리의 머리카락보다 많았다. 독자여! 당신이 20세 혹은 30세가 된 후에 하나님이 당신을 유효적 소명을 주었다고 가정해보자. 그렇다면 그때까지는 거룩한 삼위일체 하나님이 받을만한 선은 결코 단 한 번도 행한 적이 없었던 것이다. 오히려 당신의 모든 행위는 하나님께 가증스러웠다. 당신은 하나님을 그토록 지독하게 모욕하는 것에 관해서도 신경 쓰지도 않았고 당신 자신의 상태에 관해서도 염려하지도 않았다. 그렇다면, 오호라, 기적 중의 기적이다! 하나님은 단 번에, 단 한 순간에, 당신의 그 모든 죄악을 없애버렸다. 즉, **모든** 죄를 용서해주었다(골 2:13).

둘째, 하나님은 자신의 거룩한 법이 요구하는 모든 것을 충족시킨 의 (義) 즉, 모든 순종을 담고 있는 그리스도의 완전한 의를 당신에게 부어주심을 통해 자신이 모든 은혜의 하나님임을 보여주었다. 무한한 공로를 가진 그 의를 전적으로, 단번에, 당신에게 전가해주었다. 조금씩, 한 번에 조금씩이 아니라 단번에 전체를 건네주었다.

> "한 사람의 범죄를 인하여 사망이 그 한 사람으로 말미암아 왕 노릇 하였은즉 더욱 은혜와 의의 선물을 넘치게 받는 자들이 한 분 예수 그리스도로 말미암아 생명 안에서 왕 노릇 하리로다"(롬 5:17).

진실로, 그 은혜는 '넘치는 은혜'였다. 그리스도의 완전한 의는 당신을 향한 하나님의 마음에 있는 은혜의 모든 계획에 충분히 상응한다. 이 완전한 의 전체를 당신은 소명을 받을 때 받는다. 그래서 이사야처럼 외치게 된다.

> "내가 여호와로 인하여 크게 기뻐하며 내 영혼이 나의 하나님으로 인하여 즐거워하리니 이는 그가 구원의 옷으로 내게 입히시며 의의 겉옷으로 내게 더하심이 신랑이 사모를 쓰며 신부가 자기 보물로 단장함 같게 하셨음이라"(사 61:10).

이것을 깨달았기 때문에 바울은 처음 회심할 때 자기에게 부어진 그 은혜를 "우리 주의 은혜가… 넘치도록 풍성하였도다"라고 찬양하였다(딤전 1:14).

셋째, 하나님은 당신을 거룩케 하심을 통해 자신이 모든 은혜의 하나님임을 보여주었다. 이것은 맨 처음 성령을 주어 당신의 심령에 내주하고 당신의 몸을 성전으로 삼는 것을 포함한다. 이렇게 해서 당신은 하나님께로 성별된다. 그 결과로 죄를 죽이는 은혜가 주어졌고 모든 탐욕은 치명상을 입었다.

> "그리스도 예수의 사람들은 육체와 함께 그 정과 욕심을 십자가에 못박 았느니라"(갈 5:24).

살리는 은혜가 심겨진다. 그럼으로써 영혼은 육신에 저항할 수 있게 된다.

> "그의 신기한 능력으로 생명과 경건에 속한 모든 것을 우리에게 주셨으 니 이는 자기의 영광과 덕으로써 우리를 부르신 자를 앎으로 말미암음이 라"(벧후 1:3).

칭의와 성화는 불가분리적으로 연결되어 있다. 전자가 양도불가능한 신분을 우리에게 제공해주는 것처럼 후자는 우리의 상태를 확고히 해준다. 그럼으로써 우리의 영화를 위한 토대가 놓인다. 헤아릴 수 없는 이 축복들은 당신의 견인에 대한 보증이며 담보물이었다. "너희 속에 착한 일을 시작하신 이가 그리스도 예수의 날까지 이루실" 것이기 때문이다(빌 1:6). 그것은 당신이 쌓은 공로의 문제가 아니라 오직 하나님의 은혜의 문제이다.

> "무릇 하나님의 행하시는 것은 영원히 있을 것이라 더 할 수도 없고 덜 할 수도 없나니 하나님이 이같이 행하심은 사람으로 그 앞에서 경외하게 하려 하심인 줄 내가 알았도다"(전 3:14).

사실, 죄는 여전히 당신 안에 남아 있다. 이 때문에 당신의 마음은 더욱 낮아질 것이다. 당신의 탐욕은 언제나 활동적이다. 그럼에도 불구하고 다윗과 마찬가지로 "여호와께서 내게 관계된 것을 완전케 하실지라 여호와여 주의 인자하심이 영원하오니"라는 확신을 가질 것이다(시 138:8).

사실, 당신은 자신에게 베풀어진 경이로운 은총을 지극히 불충분하게 파악한다. 당신의 일상적 행위는 은총을 받을 가치가 전혀 없다고 형언할 수 없이 부끄러워 고백하지 않을 수 없다. 하지만 그 때문에 그토록 후안무치하고 불결한 피조물을 감내하는 놀라운 은혜를 불러오도록 하는 기여를 하기도 한다.

모든 유혹을 안전하게 통과하여 영원한 영광에 이르게 하지 못하도록 신자를 가로막는다고 여겨지는 몇몇 장애물을 살펴보기 전에 먼저, 가능한 잘못된 개념에 빠지지 않도록 경계해야 한다. 계속해서 죄 가운데 머물기를 원하는 사람들을 구원해주는 것, 절대주권이 구원해주기를 바라고만 있는 것은 하나님의 은혜의 특권이 아니다. 정말 그렇다. 하나님은 규칙 없이는 어느 누구도 구원하지 않는다. 하물며 규칙에 반대하는 경우는 말할 것도 없다. 하나님을 "모든 은혜의 하나님"이라고 언급하는 바로 그 구절에 "너희를 부르사…"라는 말이 덧붙여져 있다. 디모데후서 1:9이 선언하는 것처럼 하나님은 우리를 "오직 자기 뜻과 영원한 때 전부터 그리스도 예수 안에서 우리에게 주신 은혜대로", "**거룩하신** 부르심으로" 부른다. 거룩함이 없이는 아무도 주를 보지 못할 것이기 때문이다(히 12:14). 은혜라는 군주는 모든 것을 잘 다스리는 군주처럼 근본적인 법률을 가지고 있다. 하나님의 견고한 터는 "주께서 자기 백성을 아신다[사랑한다]"라는 것만으로 든든히 서 있다고 방심하지 말라. 여기에 "주의 이름을 부르는 자마다 불의에서 떠날지어다"라는 명령을 덧붙인다(딤후 2:19).

반면에 주저하지 않고 우리는, 하나님의 구원적 은혜는 유효적이며 전능하며 거듭난 심령에서 무오한 원리로써 구원에 필요불가결한 규칙들을 준수할 수 있게 한다는 것이 성경의 가르침이라고 선언한다. 아르미니우스주의자들이 가정하는 한 가지는 인간의 자유의지가 이 과정을 가로막는다는 것이다. 이것은 마치 하나님은 자신이 다스릴 수 없는 피조물을 창조한 것으로 보는 셈이다. 우리는 하나님의 은혜가 지상권을 갖고 있기 때문에 하나님 안에 있는 모든 사람이 승리한다고 당당히 단언할 수 있다. 만일 한편으로는 은혜가 규칙을 정착시킬 때 하나님의 지혜와 정의와 거룩을 수반하고 다른 한편으로는 은혜가 하나님의 다른 모든 속성을 이끌어 우리를 보존하는데 참여하도록 만든다면, 그렇지 않았을 우리의 왜곡된 의지는 그 규칙의 테두리 안에 지속적으로 머물러 있으면서 정반대로 향하는 모든 반발을 극복할 것이다. 그렇기 때문에 하나님은 "내가⋯⋯그들을 떠나지 아니하리라 하는 영영한 언약을 그들에게 세우고 나를 경외함을 그들의 마음에 두어 나를 떠나지 않게" 하겠다는 절대적인 언약을 세운다(렘 32:40).

이 위대한 진리로부터 우리는, 모든 은혜의 하나님이 자기 백성을 모든 유혹을 안전하게 통과하게 할 것이라는 위로와 지지의 논증을 도출할 수 있다고 지적하고 싶다. 모든 위로의 하나님으로서 이런 방식으로 자기 백성을 의롭다 하는 것과, 유효적 소명을 주어 거룩하게 하는 것을 시작하였다면, 과연 하나님을 가로막아 자기 백성을 영원한 영광으로 인도하지 못하도록 만들 것이 존재하는가? 소명을 받은 이후에 지은 죄가 초래한 **죄책**이 그런 것인가? 아니면 신자 속에서 다시 기세를 올리는 죄의 **능력**이 그런 것인가? 만일 이 둘 가운데 어떤 것도 아니라면 더 이상 아무것도 없다. 죄책과 죄의 능력 이 두 가지는 때때로 신자의 양심과 생각을 날카롭게 압박하기 때문에, 이 둘 가운데 어떤 것도 하나님의 마음을 하나님의 사랑받는 자녀들로부터 돌려놓을 수 있는 것이 없다는 사실을 지적하는 것이 바람직하다.

만일 어떤 것이 하나님으로 하여금 신자에게 은혜 베풀기를 중단하게 만들 것이라는 생각이 들도록 만든다면 그것은 아마도 소명을 받은 이후의 죄책일 것이다. 그러나 그런 죄책조차도 하나님의 은혜를 중단시킬 능력이 없다. 애초에 하나님이 택자들의 산더미 같은 죄악을 씻어 의롭다 하시고 그 이후에 택자들에게 줄곧 모든 은혜의 하나님이기를 지속하였다면 틀림없이 하나님은 소명 이후에 지은 모든 죄악을 용서해 줄 것이다. 이 점에 있어서 택자들의 소명 이전 상태와 소명 이후의 상태를 비교하라. 먼저, 택자를 부를 때 하나님은 그 택자가 오랜 세월에 걸쳐 끊임없이 범하여 헤아릴 수 없이 쌓아놓은 죄악을 용서해주었다. 회심 이후에 범한 죄를 용서하는 것은 최악의 경우라도 단지 퇴보에 관한 것이다. 퇴보에는 그 사이사이에 많은 진지한 회개가 수반된다. 만일 하나님이 모든 죄악을 용서했다면, 비록 반복적으로 짓는 죄일지라도, 회개가 뒤섞인 퇴보를 하나님이 지속적으로 용서하는 것은 훨씬 쉬운 일이 아니겠는가?

"배역한 자식들아 돌아오라 나는 너희 남편임이니라…"(렘 3:14).

이스라엘은 전에 하나님과 결혼했었다. 그러나 하나님을 떠나 그릇된 길로 갔다. 신자가 처음 회심할 때 하나님은 그와 짝을 맺었다. 그때 하나님은 그에게 자신을 모든 은혜의 하나님으로 내주었다. 신실치 못한 짝에게 이런 은혜를 준다니 정말 놀랍지 않은가?

> "여호와께서 가라사대 배역한 이스라엘아 돌아오라 나의 노한 얼굴을 너희에게로 향하지 아니하리라 나는 **긍휼이 있는** 자라 노를 한 없이 품지 아니하느니라 여호와의 말이니라"(렘 3:12).

하나님은 정말 자비롭다. 우리가 더 이상 바랄 수 없을 정도로 쉬운 조건으로 즉, 죄를 **인정**하기만 한다면, 죄를 용서해준다.

> "너는 **오직 네 죄를 자복하라** 이는 네 하나님 여호와를 배반하고 네 길로 달려 모든 푸른 나무 아래서 이방 신에게 절하고 내 목소리를 듣지 아니하였음이니라 여호와의 말이니라"(렘 3:13).

하나님이 택자들의 퇴보를 고쳐주겠다고 약속하는 동일한 말씀이 이사야 57:17, 18과 호세아 14:4에도 있다.

우리의 마음이 전적으로 강퍅하고 회개치 않을 때 모든 은혜의 하나님이 그 수렁에서 우리를 꺼내주고 그 마음을 깨뜨리고 그동안 지은 모든 죄악을 용서해주었다면 그 하나님이 우리가 뒷걸음질 칠 때 우리 마음을 녹여 회복시켜주기를 계속하지 않겠는가? 그때에, 하나님은 당신이 과거에 지은 도저히 헤아릴 수 없이 쌓인 모든 죄악을 용서해주었다. 이제, 하나님은 매일 당신이 죄악으로 인해 자신을 낮출 때마다 죄 용서를 나눠준다. "죄와 더러움을 씻어"주기 위해 열린 샘을 우리는 계속해서 이용할 수 있다(슥 13:1). 자신의 죄악을 고백하고 그리스도의 피에 의거하여 탄원하고 은혜의 보좌 앞에 엎드려 자비를 구하고 그리스도의 중보사역을 통해 죄 용서를 빌지 않는가? 만일 이렇게 구한다면 필히 응답 받을 것이다. 하나님은 용서해주신다. 그러나 겸손히 자기를 낮추어 간구하기 때문이 아니라 죄를 용서하는 하나님의 은혜가 여전히 계속 흘러내리기 때문이다.

유효적 소명을 받은 자들은 "오호라. 회심 이후에 지은 내 죄악은 회심 이전에 지은 죄악보다 더 크고 악하였구나!"라고 한탄할 뿐 죄 용서의 응답을 받지 못할까? 그렇지 않다. 첫째, 처음 회심하였을 때는 훨씬 젊었을 것이다. 그 때 이후로 자연스럽게 성숙하였고 탐욕 또한 성장하였다. 따라서 그 전보다 탐욕과 죄악을 더 잘 의식하게 되었다. 둘째, 당신이 처한 환경은 탐욕과 죄악에 대해 비록 변명거리는 될 수 없을지언정 해명은 된다. 회심 한 이후에 훨씬 악한 죄를 짓는 사람들이 있다. 욥과 예레미야는 인생의 전반부보다는 후반부에서 훨씬 심각한 죄를 지었다. 유혹이 훨씬 강력해졌기 때문이다. 셋째, 당신의 무서운 죄악들만이 아니라 당신의 회개도 고찰하라. 죄악을 등지고 하나님을 향해 열렬히 울부짖는 당신의 갈구를 하나님은 무시하지 않았고, 자신이 모든 은혜의 하나님이라는 사실을 다시 입증해준다.

유효적 소명을 받을 때 우리 안에서 시작된 하나님 은혜의 물줄기를 가로막고 하나님의 마음이 우리를 떠나게 만들 것이라고 추정되는 또 다른 것은 신자의 내면에서 발휘되는 죄의 **능력**과 격동이다. 만일 하나님이 모든 은혜의 하나님으로서 처음에 우리를 거룩하게 하셨다면 분명코, 잔존하는 우리의 부패가 아무리 우리를 위태롭게 할 듯해도 하나님은 우리가 당면하는 모든 유혹에도 불구하고 분명코 우리 안에 은혜를 보존해둘 것임을 확증해주는 확실한 근거를 제공해준다. 하나님은 신자를 거룩하게 할 때에 신자의 영혼 속에 모든 은혜의 씨앗과 은혜로운 기질을 심어두어 항상 신자와 함께 있도록 하였다. 하나님은 자신이 씨를 뿌리고 심은 이 정원을 잘 기르고 지킬 능력이 없을까? 하나님의 가장 보배로운 약속에 귀를 기울여보자.

> "나 여호와는 포도원지기가 됨이여 때때로 물을 주며 밤낮으로 간수하여 아무든지 상해하지 못하게 하리로다"(사 27:3).

> "너희가 하나님이 우리 속에 거하게 하신 성령이 시기하기까지 사모한다 하신 말씀을 헛된 줄로 생각하느뇨 그러나 더욱 큰 은혜를 주시나니 그러므로 일렀으되 하나님이 교만한 자를 물리치시고 겸손한 자에게 은혜를 주신다 하였느니라"(약 4:5, 6).

이것은 우리의 가장 격렬하고 가장 위험한 갈등은 어떤 특정한 탐욕 혹은 유혹에 대한 것임을 명확하게 나타낸다. 그래서 여기에서 바울은 시기심을 예로 든다. 그러나 거듭난 영혼이 이 부패를 자각하고 그 부패에 굴복하여 추구하다가 그로 인하여 하나님 앞에서 슬퍼하게 될 때, 바로 이것은 신자의 내면에서 정반대의 은혜가 작동하여 그 탐욕의 활동에 맞서게 하고 시기심(즉, 시기심의 발원지인 교만)에 **저항**하게 한다는 것을 보여준다. 바로 그렇기 때문에 신자는 (교만에 반하는 은혜인) 겸손을 구하고, 모든 은혜의 하나님은 "더 많은 은혜"를 부어준다.

그러나 많은 가련한 영혼들은 "오호라, 몹시 두렵구나. 나의 상태는 지금이 과거 그 어느 때보다 훨씬 나쁘구나"라고 개탄할 것이다. 그렇다면 *회심 이후에 겪는 그 최악의 상태를 받아들여라. 그리고 마음의 틀을 그 점에서 고찰한 뒤에, 회심 이전에 가졌던 최선의 상태와 비교하라. 정직하게 말해보자. 지금의 이 상태를 과거의 상태와 감히 바꾸겠는가?* 회심 이전에는 마음속에 거룩한 정서가 조금도 없었고 전혀 하나님의 영광을 목적으로 삼지 않았다. 그러나 회심한 이후에는 (인생의 전 과정을 받아들여) 하나님을 바라보고 하나님을 기쁘시게 하기를 추구하였다. 진실로, 다윗처럼 "[돼지가 아니라] 잃은 양 같이 내가 유리하오니"라고 말할 수밖에 없지만 여전히 다윗처럼 "주의 종을 찾으소서 내가 주의 계명을 잊지 아니함이니이다"라고 덧붙이면 된다(시 119:176).

당신은 회심하기 전에는 결코 진정으로 하나님을 부른 적이 없었다. 그러나 이제는 거짓 없이 하나님께 호소한다. 전에는, 죄를 진실로 미워하지 않았고 거룩을 추구하지 않았다. 그러나 지금은 당신이 원하는 수준에 훨씬 못 미칠지라도 진실로 죄를 미워하고 거룩을 추구한다. 탐욕이 유혹을 통해 당신을 괴롭힌다고 말한다. 그렇다. 예전에 당신은 사단이 당신의 내면에 거하도록, 마치 자기 집처럼 안주하도록 하고, 당신을 장악하여 자기 뜻대로 하도록 만든 적이 있었다. 당신은 지금 영적 본분을 이행하는 데에 냉담하다고 불평한다. 그렇다. 하지만 과거에 당신은 전적으로 죽어 있었다. 지금 당신의 은사는 찬란하게 빛을 발하지 않을 수도 있다. 하지만 지금 당신 안에는 하나님을 갈망하고 하나님의 이름을 경외하고 싶은 열망이 있다. 그렇다면, 당신 안에는 살아 있는 영적 피조물이 있고 지금 땅 속에 있는 두더지처럼 흙을 밀어내면서 하늘을 향하여 올라가고 있다.

모든 은혜의 하나님이 자기가 불러낸 자들을 모든 고난과 유혹을 안전하게 통과시켜줄 것이라는 (벧전 5:10에서) 보다 깊은 증거는 "너희를 부르사 자기의 **영원한 영광**에 들어가게 하신이"라는 어구에 담겨있다. 비록 아직은 우리가 하나님의 영원한 영광을 실제로 소유하고 충분히 누리고 있지는 않을지라도 이미 하나님은 우리에게 하나님의 영광에 들어갈 충분하고 취소불가능한 권리를 부였다. 이 "영광"은 우리에 관해 하나님이 맨 처음에 생각하고 구상한 것이다. 우리가 하나님의 영광에 들어가는 그것이 하나님이 우리에 대해 품은 은혜로운 계획의 목적 혹은 결말이다. 주 예수는 "적은 무리여 무서워 말라 너희 아버지께서 그 나라를 너희에게 주시기를 기뻐하시느니라"고 말씀하였다(눅 12:32). 그리고 마지막 날에 "내 아버지께 복 받을 자들이여 나아와 창세로부터 너희를 위하여 예비된 나라를 상속하라"고 외칠 것이다(마 25:34). 여기에서 "너희를 위하여 예비된 나라"는, 하나님이 확고부동한 왕으로서 다스리는 하늘 그 자체를 가리킨다.

지금, 하나님은 이 영광을 자기 백성들을 위한 최초의 목적인 동시에 최종 목적으로 삼기로 마음을 정했다. 그래서 하나님은 우리에게 소명을 주면서 자신의 선택적 은혜를 알려줄 때 우리에게 하나님의 영광에 이를 완전한 권리를 부여한다. 비록 하나님은 우리가 그 영광을 완전하게 소유하는 것을 당분간 보류할지라도 그 완전한 권한을 보류하지는 않았다. 구원 전체를 받도록 지정해 놓았기 때문이다. 이것을 보여주는 아름다운 (그리고 고안된) 모형이 사무엘상 16:18에 있다. 하나님은 사무엘을 아직 어린 다윗에게 보내 형제들 앞에서 기름 부어 왕으로 세웠다. 그렇게 함으로써 하나님은 다윗에게 이스라엘 왕국에 대한 확고한 권리를 부여하였다. 그 기름 부음은 그 나머지 모든 것에 대한 보증이며 담보물이다. 그러나 다윗이 그 나라를 실제로 소유하는 것은 오랜 세월이 지난 뒤였다. 그러는 사이에 다윗은 사울로부터 많은 시련을 겪었다. 그럼에도 불구하고 하나님은 다윗을 기적적으로 보존하고 다윗이 안전하게 그 나라를 소유하도록 만들었다.

특히 주목해야 할 것은 하나님이 우리를 불러 단지 하나님의 영광만이 아니라 **영원한 영광**"에 이르게 하였다는 점이다. "영원한"이라는 말이 형용사로 붙어서 하나님의 영광이 영원하다는 뜻일 뿐만 아니라, 그로 인해 우리의 소명과 상태도 그 영광 자체 속으로 들어가는 동시에 그 영원성 속으로 들어갈 것이라는 뜻이다. 이것은 다음 두 가지를 의미한다.

첫째, 하나님의 부르심을 받은 자는 그 영혼 속에서 영원한, 영적 생명 혹은 영광이 시작되었다. 이생에서 신자 안에 만들어진 그리스도의 형상을 고린도후서 3:18에서 "영광"이라는 이름을 붙인 방식에 주목하라. 신자에게 있는 영적 생명의 이 영광은 파괴될 수 없는 것이다.

> "나를 믿는 자는 죽어도 살겠고 무릇 살아서 나를 믿는 자는 영원히 죽지 아니하리니"(요 11:25, 26).

둘째, 사람이 소명을 받을 때 영광에 대한 영원한 권리를 소유하게 된다는 취지이다. 그 권리는 단지 영광에 이를 현재적 권만이 아니라 항구적인 권리 즉, 영원에까지 미치는 현재적 권리이다. 우리는 "저의 은혜를 힘입어… 영생의 소망을 따라 후사가 되었다"(딛 3:7).

베드로전서 5:10에는 고찰해야 할 어구가 하나 더 있다. "예수 그리스도에 의해서"라는 말이다.[15] 아버지 하나님뿐만 아니라 예수 그리스도가 제공하는 안전보장 즉, 신자를 굳세게 하여 목적지에 도달할 때까지 견뎌낼 수 있게 해줄 것이라고 그 믿음을 확증해준다. 하나님은 **예수 그리스도에 의하여** 우리에게 모든 은혜의 하나님이다. 우리를 향한 하나님의 모든 은혜의 행위는 예수 그리스도 안에서 그리고 예수 그리스도를 통해서다. 하나님은 단지 예수 그리스도 안에 있다고 간주된 우리들만을 선택하였고 그 다음에 사랑하였다. 이처럼 하나님은 그리스도를 중보자로 혹은, 차라리, 은혜의 기초로 삼았기 때문에 우리에게 은혜를 지속할 확실한 근거가 된다. 하나님은 은혜의 모든 목적을 그리스도 안에서 세웠다. 하나님의 모든 약속을 그리스도 안에서 그리고 그리스도를 통하여 확립하고 이행하였다.

성도들을 영광에 이를 때까지 보존하는 일에 아버지 하나님과 그리스도 예수, 두 위격이 참여하였다. 아버지 하나님이 우리와 맺고 있는 이해관계가 우리의 신앙을 얼마나 확고하게 하는지를 앞에서 살펴보았다. 예수 그리스도가 우리와 맺고 있는 이해관계가 제공하는 것 역시 그와 동일하게

---

15) [역자 주] 우리말 성경의 "그리스도 안에서"라는 부분은 원문에는 "ἐν Χριστῷ Ἰησοῦ"로 되어 있고 KJV에는 "by Christ Jesus"로, NIV는 "in Christ"로 옮겼다. 저자는 KJV을 따랐다.

충분하고 강력하다. 우리의 구원을 모든 반발에 맞서 확고부동하게 만들어주는 것은 직접적으로 그리스도에게 근거하며 그리스도에게 위임된 일이다. 예수 그리스도에 관하여 하나님은 "보라 내가 한 돌을 시온에 두어 기초를 삼았노니 곧 시험한 돌이요 귀하고 견고한 기초 돌이라 그것을 믿는 자는 급절하게 되지 아니하리로다"라고 말씀하였다(사 28:16). 혹은 바울이 설명한 대로, "부끄러움을 당치 아니할" 것이다(벧전 2:6). 우리는 "예수 그리스도의 것으로 부르심을 입은 자"이다(롬 1:6). 우리는 "그리스도 예수 우리 주"를 통하여 "영생"을 받았다(롬 6:23). 하나님은 "우리를 너희와 함께 그리스도 안에서 견고케" 하셨다(고후 1:21).

우리의 기운을 신령하게 북돋아주고 끝까지 견디도록 할 목적으로, 그리스도의 인격, 그리스도가 우리와 맺은 관계, 우리를 위한 직분에 대한 적절한 심사숙고를 통해 우리의 믿음에 제공해주는 안도감을 고찰할 여유가 거의 없다. 그러므로 몇 가지만 언급해보자.

첫째, **그리스도의 구속사역.** 그리스도의 구속사역은 우리를 위하여 은혜에 들어가는 첫 번째 소명을 획득할 뿐만 아니라(롬 5:2) 그 은혜 속에 지속적으로 머물게 해줄만큼 무한한 가치를 가졌다. 그리스도는 자신의 공로를 통해 우리의 모든 유혹을 몰아내고 우리를 끝까지 확고하게 해줄 능력을 획득하였다.

> "그리스도께서 하나님 곧 우리 아버지의 뜻을 따라 이 악한 세대에서 우리를 건지시려고 우리 죄를 위하여 자기 몸을 드리셨으니"(갈 1:4).

"그가 우리를 대신하여 자신을 주심은 모든 불법에서 우리를 구속하시고 우리를 깨끗하게 하사 선한 일에 열심하는 친 백성이 되게 하려 하심이니라"(딛 2:14).

하나님은 그리스도의 보배로운 피를 무한한 가치를 가진 것으로 평가하고, 그리스도의 양은 단 한 마리도 멸망당할 수 없다.

둘째, 그리스도의 동정심.

"자기가 시험을 받아 고난을 당하셨은즉 시험 받는 자들을 능히 도우시느니라"(히 2:18).

히브리서 2:17에서는 그리스도를 우리를 불쌍히 여기는 자비로운, 그래서 자기 백성을 도울 마음과 의지를 가진 대제사장이라고 선언한다. 그런데 18절에서는 자기 백성을 도울 능력이 있다는 말을 덧붙인다. 주목해야할 것은, 그리스도가 하나님이기 때문에 개인적 능력이라는 점에서 유능하다는 주장이 아니다. 사람이라는 점에서 더 깊은 후천적인 능력이 존재한다. 그리스도는 연약한 사람으로 만들어졌고 유혹을 받았다. 그리스도가 비천에 천한 시절에 겪은 고통스러운 경험들로 인해 우리가 비참에 처할 때 동정심을 갖는다. 후천적인 이 온유함 때문에 그리스도는 유혹에 빠진 우리를 도울 수 있다.

셋째, 그리스도의 중보사역.

"곧 우리가 원수 되었을 때에 그 아들의 죽으심으로 말미암아 하나님으로 더불어 화목되었은즉 화목된 자로서는 더욱 그의 살으심을 인하여 구원을 얻을 것이니라"(롬 5:10).

"그러므로 자기를 힘입어 하나님께 나아가는 자들을 온전히 구원하실 수 있으니 이는 그가 항상 살아서 저희를 위하여 간구하심이니라"(히 7:25).

만일 당신이 그리스도를 힘입어 하나님께로 나왔다면 그리스도의 중보 사역은 당신의 최대한의 구원을 유효적으로 확보해준다. 그리스도가 당신을 자신의 마음속으로 받아들였기 때문에 자신의 기도 속으로 받아들였다. 그리스도는 일단 우리를 자신의 기도 속으로 받아들인 뒤에는 결코 내버리지 않을 것이다. 우리의 상황이 어떻게 되든 혹은 어떤 지경에 빠지든 우리를 위하여 힘을 발휘할 것이다(요일 2:1). 이것에 관한 명확한 증거는 베드로의 경우이다. 어떤 사람을 성도의 기도로부터 내칠 수 있다. 사울이 사무엘의 기도로부터 내쳐진 것이 한 예이다. 그러나 그리스도가 일단 받아들인 어떤 누구도 그리스도의 기도 밖으로 내쳐지지 않았다. 그리스도의 기도는 당신으로 하여금 결코 하나님이 용서하지 않을 그런 죄악에 빠지지 않도록 막아줄 것이다.

넷째, 우리를 부른 목적인 **그 영광에 대한 그리스도의 이해관계**와 그리스도의 영광에 대한 우리의 이해관계. 그 둘은 하나이다.

"너희를 불러 그의 아들 예수 그리스도 우리 주로 더불어 교제케 하시는 하나님은 미쁘시도다"(고전 1:9).

즉, 우리로 하여금 그리스도가 참여한 바로 그것에 (우리의 분량대로) 참여하는 자가 되도록 하는 것이다.

"만일 우리가 그의 죽으심을 본받아 연합한 자가 되었으면 또한 그의 부활을 본받아 연합한 자가 되리라"(롬 6:5).

"이를 위하여 우리 복음으로 너희를 부르사 우리 주 예수 그리스도의 영광을 얻게 하려 하심이니라"(살후 2:14).

우리를 이끌어 도달케 하는 곳은 그리스도 자신의 영광이다. 그것은 아버지 하나님을 그토록 찬란하게 높인 저 경이로운 사역에 대한 보상이다. 여기에 미치지 않는 어떤 것도 그리스도는 만족하지 않을 것이다.

"아버지여 내게 주신 자도 나 있는 곳에 나와 함께 있어… 나의 영광을 저희로 보게 하시기를 원하옵나이다"(요 17:24).

자, 하나님은 영원 전에 비밀스럽게 한 선택을 현재 상태에서 자신의 백성에게 **초자연적 소명에 의해서** 즉, 바벨론의 풀무불이 세 히브리 청년의 육신에 대해 적대적인 것만큼 하나님의 백성들의 영혼에 대해 적대적인 세상을 이적적으로 통과하도록 함으로써 드러낸다.

8장_ 선택의 지각

선택의 지각

지금까지는 주로 선택의 교리적 측면을 다뤘다. 이제부터는 선택의 경험적 및 실제적 측면을 좀 더 직접적으로 다루겠다. 성경의 전체 교리는 완벽하고 조화로운 단일체다. 그것을 좀 더 명확하게 파악하기 위해서 부분으로 나눠서 판명하게 고찰해볼 수는 있다. 엄밀하게 말하자면, "은혜교리들"에 관하여 논의하는 것은 허용되지 않는다. 은혜교리라는 보배로운 다이아몬드는 비록 여러 측면으로 구성되어 있지만 단 하나의 위대하고 신성한 교리이기 때문이다. 선택, 중생, 칭의, 성화에 관한 교리들이라는 표현을 사용할 성경적 근거가 없다. 실제로는 이 주제들은 하나의 교리를 구성하는 부분에 불과하기 때문이다. 하지만 대체 용어를 찾기가 쉽지 않다. "교리들"이라는 복수표현을 성경에서 사용할 때는 잘못되고 오류가 있는 경우이다, "사람의 명과 가르침"(τὰ ἐντάλματα καὶ διδασκαλίας 골 2:22), "귀신의 가르침"(διδασκαλίαις δαιμονίων 딤전 4:1), "여러 가지 다른 교훈"

(διδαχαῖς ποικίλαις καὶ ξέναις 히 13:9)이 그 예들이고 "여러 가지"라고 한 것
은 그들 자체 안에서도 일치하지 않기 때문이다.[16]

사람들이 만들어낸 잘못되고 갈등을 야기하는 교리들에 반하여, 하나님
의 진리는 일관성이 있는 위대하고 단일한 전체이다. 그래서 "가르침"(딤
전 4:16), "바른 교훈"(딛 2:1)이라는 표현처럼 한결같이 단수로 되어 있다.
그 두드러진 특징을 "경건에 관한 교훈" 즉, **경건을 낳고 조장하는 교리**라
고 묘사한다(딤전 6:3). 이 교리의 모든 부분은 그 모든 취지에 있어서 매
우 실천적이며 경험적이다. 단지 지식인들만을 위한 추상적 개념이 아니
다. 적절하게 파악하면 마음과 삶에 영적 영향력을 미친다. 선택이라는 복
된 진리를 드러내는 것은 육적 사색과 논쟁을 위해서가 아니라 거룩의 아
름다운 결실들을 맺도록 하기 위함이다. 선택은 하나님께 속한 것이지만
그 유익한 결실은 우리 안에 있다. 진실로, 선택교리를 반드시 성령의 능
력에 의하여 영혼에 적용해야 한다. 그런 뒤에야 그 효과들이 나온다. 여
기에서도 우리는 전적으로 하나님의 은혜의 역사에 전적으로 의존한다.

하나님의 예정이라는 진리를 성령이 영혼에 적용하여 맺는 첫 번째 효
과는 참된 **겸손**의 증진이다. 교만과 뻔뻔함은 이제 치명상을 입는다. 자기
만족은 산산 조각나고 이 경험을 하는 당사자는 그 근본기초까지 흔들린

---

16) [역자 주] "διδασκαλία"(골 2:22, 딤전 4:1) "הְׂנֹודֹ"(히 13:9)를 KJV에서는 "doctrine"(교리)라고 번역하고
NIV는 "teaching"이라고 번역하지만 어원적으로는, 따라서 일반적인 정통주의 신학 입장에서는 거의 **동의어**로
사용한다. 우리말 성경은 "교리"라는 번역어를 사용하지 않고 상황에 따라 "교훈", "가르침"으로 옮겼다. 저자는
"doctrine"(교리)라는 용어를 선호한다. 우리말 성경을 인용할 때는 문맥과 저자의 의도에 꼭 필요한 경우에만 "교
리"로 옮겼고 그 외엔 가급적 그대로 옮겼다.

다. 지난 몇 년 동안 기독교 신자임을 자처하면서도 자신이 고백하는 신앙의 진정성과 순수성에 관해 어떤 진지한 의문도 품지 않은 사람일 수도 있다. 자신이 천국의 순례자라는 확고부동한 확신을 가졌을 테지만 선택이라는 진리를 전혀 몰랐다. 그러나 엄청난 변화가 밀어닥쳤다! 하나님이 사람의 자녀들 중에서부터 영원한 선택을 하였다는 사실을 알게 되었기 때문에, 자신이 하늘의 은총을 입었는지 아닌지를 확인하는데 깊은 관심을 갖는다. 문제의 심각성을 깨닫고 자신의 전적 부패성을 고통스럽게 자각하고는 공포와 두려움에 사로잡힌다. 지극히 고통스럽고 불안해한다. 영혼의 이런 활동이 건강하다는 징후라는 사실을 지금껏 몰랐기 때문이다.

선택의 가르침은, 성령의 능력이 수반될 때는 (하나님을 지극히 높이고 사람을 낮추는 교훈보다 더 하나님의 축복을 받게 하는 교훈이 있겠는가!) 마음을 갈아엎는 고통을 낳기 때문에, "시온에서 안일"하기를 원하는 자들은 이 교리를 정말 혐오스러워한다. 공허한 신앙고백을 폭로하고 사단의 졸고 있는 먹잇감을 일깨우기에 가장 좋은 것이다. 그러나 오호라! 기껏해야 육적 확신 밖에 없는 자들은 자신들의 거짓 평화가 깨지는 것을 원치 않는다. 결과적으로 이들은 차별적 선택 은혜의 선포를 가장 요란하게 반대한다. 그러나 개들이 시끄럽게 짖어댄다고 해서 하나님의 자녀들에게서 필수적인 양식을 빼앗아버릴 수는 없다. 이 진리를 마음에 받아들여 맺는 첫 결실이 아무리 불쾌하더라도 그리 오래지 않아 겸손한 자는 자신의 소망이 영원한 반석 위에 세워져 있다는 것을 더욱 깊이 확신하게 만들어준 것을 참으로 감사하게 될 것이다.

하나님의 징계는 고통스러운 것이다. 그럼에도 불구하고 하나님의 징계에 의해 연단을 받는 자들은 나중에 "의의 평강한 열매"를 맺는다(히 12:11). 우리의 자기만족이 심하게 박살나는 것은 슬픈 일이다. 그러나 그 다음 순서가 우리의 거짓된 확신을 성경적 근거를 가진 확신과 맞바꾸는 것이라면 정말이지 열렬히 찬양할 일이다. 하나님의 은혜의 목적이 택한 백성만으로 제한된다는 사실을 발견하는 것은, 하나님은 모든 인류를 똑같이 사랑한다고 상상해온 자에게는 불안하게 만드는 것이다. 내가 창세전에 하나님이 그리스도 안에서 선택한 백성에 속하는지를 진지하게 따져보게 된다는 것은, 만족스러운 답을 찾기가 쉽지 않은 문제를 야기한다. 나의 실제 상태를 착실하게 조사하게 된다는 것 즉, 나 자신을 하나님 앞에서 엄숙하게 검토한다는 것은, 위선자라면 결코 추구하고 싶지 않을 과제이다. 거듭난 자들만이 움츠러들지 않고 오히려 진지한 열정과 하나님께 도움을 구하는 열렬한 기도로 추구할 일이다.

(어떤 사람들이 어리석게 가정하는 것처럼) 자신의 영적 상태와 영원한 운명에 관해 지금 매우 진지한 관심을 기울이는 자는 하나님의 말씀을 의심하는 것이기 때문에 이렇게 경계하는 것이 아니다. 전혀 그렇지 않다. 거듭난 자가 **자신을 의심**하고 자신의 신앙고백을 의심하는 것은 바로 그가 하나님의 말씀을 믿고 있기 때문이다. 주님의 양떼는 "적은 무리"라고 선언하는 성경을 믿기 때문에 자신이 거기에 속하지 않았는지 두려워하는 것이다(눅 12:32). "스스로 깨끗한 자로 여기면서 오히려 그 더러운 것을 씻지 아니 하는 무리가 있느니라"라고 선언한 하나님의 말씀을 믿기 때문에, 자신의 영혼에도 더러운 것이 있어서 이 말씀이 자기에게 해당되는 것

이 아닌가 하고 두려워하는 것이다(잠 30:12). "만물보다 거짓되고 심히 부패한 것은 마음이라"라는 하나님의 말씀을 믿기 때문에, 자신은 치명적인 착각에 빠지지 않도록 자신을 깊이 살펴보는 것이다(렘 17:9). 아, 독자여. 하나님의 말씀을 더욱 확고하게 믿을수록 우리 자신을 의심할 이유는 그만큼 더 많다.

하나님의 초자연적 소명을 받았다는 즉, 사망으로부터 생명으로 옮겨졌다는 확신을 얻는다는 것은, 자신의 영혼을 실제로 존중하는 자들에게는 최상의 관심사이다. 하나님으로부터 정직한 마음을 받은 자들은 위선을 혐오하고, 어떤 것을 당연한 것으로 받아들이기를 거절하고, 자신에 대해 정당한 근거 이상으로 우호적 판정을 내리지 않도록 크게 조심한다. 다른 사람들은 이들의 우려에 조소하고 이들의 두려움을 조롱하기도 한다. 하지만 그런다고 해서 이들은 중단하지 않는다. 이런 문제를 가볍게 서둘러서 넘기기에는 너무나 많은 것이 걸려 있다. 그들은 틀림없이 한쪽이 하나님 앞에서 흔들림이 없을 것임을 잘 알고 있다. 만일 그들이 속았다면 그 사실을 일깨워달라고 하나님께 간구할 것이다. 상처를 입힌 분은 다름 아닌 하나님이다. 그리고 오직 하나님만이 치유할 수 있다. 그들의 육적 만족을 어지럽힌 분도 다름 아닌 하나님이다. 하나님 이외에 어떤 누구도 실질적인 영적 안식을 제공할 수 없다.

사람이 이생에서 자신에 대한 하나님의 영원한 선택을 실제로 확인할 수 있을까? 교황주의자들은, 하나님으로부터의 특별하고 직접적이며 개인적인 계시에 의해서 확증되지 않는다면 어떤 누구도 자신의 선택을 확실하게 알 수 없다고 교의적으로 답한다. 그러나 이는 명백하게 잘못된 오답이다. 그리스도의 제자들이 전도여행에서 돌아와 자신들이 일으켰던 이적들을 그리스도에게 보고하면서 심지어는 마귀들도 자기에게 복종한 것 때문에 의기양양해하자, 그리스도는 제자들에게 "그러나 귀신들이 너희에게 항복하는 것으로 기뻐하지 말고 너희 이름이 **하늘에 기록된 것으로** 기뻐하라"라고 명령하였다(눅 10:20). 사람은 자신의 영원한 선택에 관한 확실한 지식을 획득할 **수도 있다**는 것은 우리 구세주의 이러한 말씀에서 완벽하게 드러나지 않는가? 분명코 우리는 모르는 것들 혹은 불확실한 것들을 즐거워할 수도 없고 즐거워하지도 않는다.

바울은 고린도 교인들에게 "너희가 믿음에 있는가 너희 자신을 시험하고 너희 자신을 확증하라"고 명령하지 않았는가?(고후 13:5) 믿음이 있는 자는 자기에게 믿음이 있다는 것을 알 수도 있고 따라서 자신이 선택받았다는 사실도 알 수도 있다는 것을 당연시 하는 것이 분명하다. 구원적 믿음은 선택의 비가류적 징표이기 때문이다.

"영생을 주시기로 작정된 자는 다 믿더라"(행 13:48).

더 많은 사역자들은 사도의 저서를 모방하여 청중에게 실질적인 자기검증을 촉구하곤 했다. 정말이지. 이렇게 해서 현재의 인기가 더 늘지는 않을 것이다. 그러나 언젠가 청중 가운데 몇몇 사람으로부터 감사하다는 말을 들을 것이다. 또 다른 사도가 "더욱 힘써 너희 부르심과 택하심을 굳게 하라"고 권고하였다(벧후 1:10). 그러나 이생에서는 확신을 획득할 수 없다면 이런 명령이 무슨 효력이 있겠는가? 하나님으로부터의 예외적인 계시 없이는 우리가 선택받았다는 것을 알 수 없다면 힘써 노력해봐야 전적으로 헛수고일 뿐이다.

그런데 자신이 선택받았다는 것을 어떻게 알게 되는가? 말하자면, 하늘로 올라가서 하나님의 계획을 알아낸 뒤에 다시 내려오는 방법은 분명히 아니다. 우리 가운데 어떤 누구도 어린양의 생명책을 들여다보지 못한다. 하나님의 작정은 비밀이다. 그럼에도 불구하고 성도들은 자신은 하나님이 자기 아들의 형상을 닮도록 예정한 무리에 속한다는 사실을 **지금** 알 수 있다. 그러나 **어떻게**? 하나님으로부터의 특별한 계시에 의해서는 아니다. 성경은 어디에서도 이런 약속을 하지 않기 때문이다. 스펄전은 데살로니가전서 1:4-6을 설교하면서 "꿈에서든 깨어서든? 백일몽 속에서- 목격한 환상 때문에 자신이 택자라고 상상하는 이들이 있다. 그러나 일고의 가치도 없다. 마지막 심판날에, 자비를 베풀 인물을 필요로 하는 도둑에게 유죄판결이 도무지 도움이 되지 않는 것만큼이나 도움이 되지 않을 것이다"라고 말하였다.

우리가 선택받은 백성인지를 확인하기 위해서는, 우리 자신의 마음속으로 내려가야 한다. 그리고 거기에서 말하자면 야곱의 사닥다리를 타고 하나님의 영원한 뜻까지 올라가야 한다. 성경에서 묘사해준 징표들과 증언들을 우리의 내면에서 찾아야 한다. 그 징표와 증언들로부터 우리의 구원에 관한 하나님의 계획을 찾아야 한다. 이런 주장을 하면서, 몇몇 진영에서 제기할지도 모르는 냉소적인 언급을 무시하는 것은 아니다. 자신의 구원에 관해 전혀 의문을 제기하지 않는 부류의 기독교인들이 있다. 이들은 신생의 증거를 우리의 내면에서 찾는 것은 빙산에서 열기를 찾거나 생명의 증거를 찾기 위해 무덤을 들여다보는 것과 같다고 말하기를 좋아한다. 그러나 성령 하나님이 사람에게 들어와 거할 수는 있지만 성령이 임재하는 명확한 증거는 전혀 존재하지 않는다는 발상은 신성모독에 가깝다.

신자가 자신의 구원에 관한 하나님의 영원한 계획을 확실하게 알 수 있는 시금석은 성령의 증거와 자기 영의 증거, 이렇게 둘이다(롬 8:16). 이렇게 해서 성령은 신자의 양심에 말씀으로부터 증거한다. 그러나 오히려 복음의 약속을 연역추론에 의하여 누구든지 그리스도를 믿는 자마다 영생에 이르도록 선택되었다 고 적용하여 증거를 얻는다. 명제는 분명히 하나님의 말씀에 명확하게 표명되어 있고 복음 사역자들에 의해 명확하게 제시된다. 성령은 사역자들이 말씀을 전할 때 유효적 능력으로 함께 한다. 그래서 하나님의 택하신 자들은 마음이 열려 진리를 받아들이고 눈이 빛을 받아 그 복됨을 지각하고 의지는 다른 모든 의지물을 거부하고 그리스도 안에 있는 하나님의 자비 앞에 자신을 내려놓는다.

그러나 성령의 증거와 사단이 기만적으로 모방한 거짓 증거를 내가 어떻게 구별할까?라는 문제가 발생한다. 하나님의 은총에 관하여 성령이 주는 틀림없는 확신이 존재하는 것처럼 사람을 죄 가운데서 우쭐거리며 만족스러워 하게 만드는 사단의 기만이 있기 때문이다. 게다가 모든 사람에게는 종종 신앙으로 착각하는 본성적인 뻔뻔스러움이 있다. 그래서 실제로는 세상에는 참된 믿음보다 거짓 믿음이 훨씬 더 많다. 오늘날 기독교 안에도 조잡한 열광주의의 "다른 불"에 넋을 잃고는 자신들의 육적 영과 정서가 흥분하는 것을 성령세례를 받은 확실한 증거요 따라서 하늘에 속하였음이 분명하다고 가정하는 사람들이 허다하는 사실은 정말 비극이다. 반대쪽 극단에도 정말 많은 사람들이 몰려 있다. 이들은 모든 종교적 정서를 경멸하고 불신하며 "나는 요한복음 5:24에 의거한다"를 굳게 붙들고는 자신의 구원을 의심한 적이 없다고 자랑한다.

성령의 참된 증거를 **그 효과 및 열매에 의하여**, 본성의 뻔뻔스러움과 사단의 기만으로부터 구별하면 된다.

첫째, **기도하는 마음**. 성령은 하나님이 택하신 자들에게 **기도하는 마음**을 부어준다.

> "하물며 하나님께서 그 밤낮 부르짖는 택하신 자들의 원한을 풀어 주지 아니하시겠느냐…"(눅 18:7).

주 예수께서 이 말씀을 한 직후에 택자들이 하는 기도의 본질을 어떻게 설명하였는지에 주목하라. 형식주의자들과 위선자들도 기도한다. 하지만 하나님의 백성들이 죄를 의식하고 죄책을 짊어지고 고뇌에 차서 부르짖는 기도와는 엄청나게 다르다. 주님은 바리새인의 기도와 세리의 기도를 생생하게 대조시켜 그 차이를 보여주었다. 우리의 전적 무가치성, 지옥에 던져져야 마땅함, 우리의 파멸과 파탄, 우리의 처참한 빈곤, 하나님의 주권적 아량에 대한 절대적인 의존성을 절감한 뒤에야, 우리는 "주야로" 하나님께 "부르짖기"를, 즉, 경험적 기도, 끈질긴 기도, "말할 수 없는 탄식"의

기도(롬 8:26), 따라서 열매가 있는 기도를 시작한다.

여기에서 잠시 하나님의 백성이 드린 기도를 살펴보자.

> "여호와여 주의 백성에게 베푸시는 은혜로 나를 기억하시며 주의 구원으
> 로 나를 권고하사"(시 106:4)

자, 독자여! 당신은 주께서 자기 백성을 기억하는 은총을 열심히 구하고
있든지 혹은 그렇게 하지 않고 있다. 우리는 죄악과 불결을 감지하여 침체
에 빠진 경우에만 하나님께 "주의 구원으로 나를 권고하사"라고 기도할 수
있다. 우리는 틀림없이 여기에서 멈춘다. 그러나 이 시편 기자는 멈추지
않고 "나로 주의 **택하신 자**의 형통함을 보고 주의 나라의 기업으로 즐거워
하게 하시며 주의 기업과 함께 자랑하게 하소서"라고 기도하기에 이른다
(5절). 하나님의 택자들은 다른 어떤 누구도 구하고 찾지 않는 것을 위하여
기도하고 구한다. 택자들은 하나님이 택하신 자들에게 베푸는 선을 보기
를 갈망한다. 하나님의 구원으로 구원받기를 구한다. 하나님의 영원한 언
약과 영원한 성취의 질서에 머물기를 구한다.

둘째, 하나님의 주권에 대한 복종. 성령의 증거가 맺는 두 번째 결과는
우리를 하나님의 주권에 복종하게 하는 것이다. 하나님의 택자들은 다른
어떤 누구도 구하지 않는 것을 달라고 기도할 뿐만 아니라 다른 모든 사람
들과 다른 방법으로 구한다. 택자들은 전능자에게 대등한 자가 아니라 거
렁뱅이로 접근한다. 전능자에게 요구가 아니라 "요청"한다. 전능자의 지고
한 뜻 앞에 완전히 굴복하여 간청한다. 택자의 겸손한 간청은 엉터리 신자

의 오만과 독선과 정말 엄청나게 다르다. 택자들은 주님께 요구할 권리가 전혀 없다는 것, 주님으로부터 자비롭게 취급받을 자격이 전혀 없다는 것을 알고 있다. 그래서 "내가 긍휼히 여길 자를 긍휼히 여기고 불쌍히 여길 자를 불쌍히 여기리라"는 하나님의 명백한 주장에 전혀 반대하지 않는다 (롬 9:15). 성령이 그 마음에 거하는 사람은 회개의 자리에 앉아서 경건한 엘리처럼 "이는 여호와시니 선하신 소견대로 하실 것이니라"라고 말한다 (삼상 3:18).

마태복음 20:3에 "장터에 놀고 섰는" 사람들이 있다는 말이 있다. 우리는 이 표현을 사단을 적극적으로 섬기지는 않더라도 아직 하나님을 섬기지도 않는 사람들이라고 이해한다. 다른 말로 하자면, 종교적이기를 갈망하는 태도를 가졌다는 뜻이다. 주님은 내 포도원으로 가서 일하라고 매우 좋은 말을 해주었다. 그러나 잠시 후에 포도원 주인은 자신의 **주권**을 드러냈고 그들은 몹시 불쾌하게 여겼다. 주인이 마지막에 온 사람과 맨 먼저 온 사람에게 똑같은 임금을 지불하자 투덜거렸다. 그러자 주인은 "내 것을 가지고 내 뜻대로 할 것이 아니냐"라고 대답하였다(15절). 바로 그것이 그들을 화나게 만들었다. 그들은 주인의 주권에 굴복하고 싶지 않았다. 그럼에도 불구하고 주인은 자신의 주권을 발휘하였다. 주인은 "내가 선하므로 네가 악하게 보느냐?"라고 반문하였다. 그리고 교만과 불신앙의 마음으로 하나님의 차별적 은혜에 반발하는 자들에게 여전히 그렇게 묻는다. 하나님의 택자들은 그렇게 하지 않는다. 택자들은 하나님의 보좌 앞에 엎드리고, 자신을 전적으로 하나님의 손에 맡긴다.

셋째, **아들의 영**. 성령은 택자들에게 아들의 영을 나눠주었다. 그래서 택자들에게는 하늘 아버지에게 충실한 자녀의 정서를 가지고 있다. 아버지의 위엄을 경외하고 그로 인해 모든 악한 길을 자각한다. 양자의 영은 택자들에게 하나님을 향한 사랑을 품게 하고 따라서 아버지 하나님의 미소 짓는 얼굴을 의식적으로 즐기기를 갈구하고 다른 어떤 특권보다도 아버지 하나님과의 교제를 높이 평가한다. 아들의 영은 하나님을 향한 확신을 낳는다. 그래서 택자들은 하나님의 약속을 의지하여 탄원하고 하나님의 자비를 신뢰하고 하나님의 선하심을 의탁한다. 아버지 하나님의 지고한 권위를 존중하고 하나님의 말씀에 전율한다. 아들의 영은 하나님께 대한 복종을 낳는다. 그래서 택자들은 만사에 하나님께 순종하기를 갈망하고 하나님의 명령과 계명에 따라 행하려고 진정으로 노력한다. 실제로는, 아직 택자들은 **마땅한** 모습에서 정말 멀리 떨어져 있다. 택자들이 **원하는** 모습을, 그 진정어린 갈망이 실현할 수 있을 것이다. 그럼에도 불구하고 지금 택자들은 자신의 모든 길에서 하나님을 기쁘게 하기를 뜨겁게 원한다.

> "성령이 친히 우리 영으로 더불어 우리가 하나님의 자녀인 것을 증거하시나니"(롬 8:16).

"증인"의 직무는 무죄든 유죄든 입증하기 위한 증언을 하거나 증거를 제공하는 것이다. 이 점을 "이런 이들은 그 양심이 증거가 되어 그 생각들이 서로 혹은 송사하며 혹은 변명하여 그 마음에 새긴 율법의 행위를 나타내느니라"라는 말씀을 통해서 확인할 수 있을 것이다(롬 2:15). 비록 이방인은 (유대인들과는 달리) 하나님으로부터 기록된 계시를 받지 않았더라도 하나님의 피조물로서 하나님이 받을만하고 하나님께 복종하였고 장차 하나님에 의해 심판을 받을 것이다. 그들에게는 하나님이 자연계시를 주고 그 마음에 율법의 일을 기록해주어 즉, 이성 혹은 자연의 빛을 주어 변명의 여지가 없도록 만들었기 때문에 그들도 책임을 져야 한다(롬 1:19, 20). 이방인의 도덕적 본능은 옳은 것과 그릇 것의 차이를 가르쳐주고 장래의 심판날에 관해 경고해준다. 이방인의 양심도 하나님이 통치자요 심판자임을 "증언" 즉, 증거를 제공한다.

이제 성도는 거듭난 양심을 지녔고 그 양심은 자신이 거듭난 사람이며 결과적으로 하나님의 택자 가운데 한 사람이라고 증거한다.

> "우리가 모든 일에 선하게 행하려 하므로 우리에게 선한 양심이 있는 줄을 확신하노니"(히 13:18).

거듭난 자의 마음은 하나님을 지향하고 하나님께 순종하기를 원하였다. 신자는 하나님을 영화롭게 하고 동료 신자들에게 정직하기를 진정으로 갈망할 뿐만 아니라 그렇게 하려고 정성을 다해 노력한다.

> "이것을 인하여 나도 하나님과 사람을 대하여 항상 양심에 거리낌이 없기를 힘쓰노라"(행 24:16).

우리를 위하여 그리고 우리에게 우호적으로 증언하는 것은 선한 양심의 직무이다. 신자는 선한 양심에 호소할 수도 있다. 바울은 거듭해서 그렇게 하였다. 예를 들면 로마서 9:1에서 "내가 그리스도 안에서 참말을 하고 거짓말을 아니하노라… 내 양심이 성령 안에서 나로 더불어 증거하노니"라고 선언한다. 이것은 그 문제에 관해서 바울의 양심이 바울의 진실성을 증거하였다는 뜻이다. 성경이 성경을 어떻게 해석하는지 다시 살펴보자. 로마서 2:15과 9:1은 "우리 영으로 증거한다" 즉, 입증하다, 사안의 진실성을 확립하다는 말을 정의한다.

로마서 8:16은 (성령이 지지해주는) 우리의 영은 우리가 하나님의 자녀라는 증거를 제공해준다고 선언한다. 사도가 계속해서, 만일 자녀라면 상속자(17절)이고 "하나님의 택하신 자"라고 확인해준다. 이제, 우리 영의 이중언은 우리 마음과 양심의 증거이며 그리스도의 피에 의해 정화되고 거룩하게 되었다. 그것은 두 가지 방법 즉, 내적 징표 그 자체와 외적 증거에 의하여 입증한다. 오늘날에는 거의 이해하지 못하는 것이기 때문에 상세히 설명하겠다. 내적 징표들은 거듭날 때 우리의 영에 심겨진 특별한 은사들이다. 이것들에 의해 사람은 자신이 하나님의 자녀로 받아들여졌고 따라서 구원으로 예정된 자라는 명확한 확신을 가질 수 있다. 내적 징표들은 먼저 우리의 죄악을, 그 다음에는 그리스도 인에 있는 하나님의 자비를 고려한다. 자비를 위하여 우리는 전자를 우리의 과거와 현재와 미래의 죄악들과 연결하여 고찰해보자.

과거의 죄악과 관련하여 우리의 "영" 혹은 마음에 있는 징표는 "하나님의 뜻대로 하는 근심"이다(고후 7:10). 이것은 실제로는 하나님의 다른 많은 선물 및 은사들을 낳는 엄마격의 은사이다. 이 "경건한 근심"을 정반대 것과 비교하면 그 본질을 더 잘 파악할 것이다. 세속적인 근심은 죄로부터 나오며, 그 죄로 인한 하나님의 진노에 대한 두려움이며 양심의 **공포**에 다름 아니다. 반면에 경건한 근심은 비록 실제로는 우리의 죄악이 일으키는 것이지만 하나님의 선하심과 은혜를 지각함으로써 야기되는 **슬픔**에서 나온다. 세속적인 근심은 단지 처벌이라는 측면에서만 무서워하는 것이다. 반면에 경건한 근심은 죄 그 자체로서의 죄를 슬퍼하는 것이며 그리스도가 나를 대신하여 처벌을 받았기 때문에 나 자신에게는 처벌이 없을 것이라는 깨달음에 의해 더 슬퍼하는 것이다. 이 "하나님의 뜻대로 하는" 즉, 경건한 근심을 분간하면서 아무도 자신을 기만하지 않도록 성령은 고린도후서 7:11에서 경건한 근심임을 확인할 수 있는 일곱 특징을 제시하였다.

그 첫 번째 것은 구절의 첫 부분에 있는 "보라 하나님의 뜻대로 하게 한 이 근심이 너희로 얼마나 간절하게 하며"이다. "간절"($\sigma\pi o \upsilon \delta \eta$)이라는 말은 먼저 "서두르다"를 그 다음엔 "근면"을 가리킨다. 나태와 냉담의 반대말이다. 단지 잘못을 애통해할 뿐만 아니라 잘못을 바로 잡기 위하여 의지를 품고 일한다는 것이다.

두 번째 것은 "얼마나 변명하게 하며"라는 말이다. 헬라어 단어는 "아폴로지아"($\dot{\alpha}\pi o\lambda o\gamma \acute{\iota}\alpha$)는 "사죄하다" 즉, "용서를 구한다"라는 뜻이다. 죄를 스스로 가볍게 본다는 것과 상반된다.

세 번째 것은 "얼마나 분하게 하며"이다. 뉘우치는 자는 자신이 행한 이런 범법에 결코 무관심하지 않고 반대로 몹시 분개한다.

네 번째 것은 "얼마나 두렵게 하며"이다. 동일한 죄를 반복하지 않도록 두려워하는 것이다. 더 깊이 타락하지 않도록 걱정하는 것이다.

다섯 번째 것은 "얼마나 사모하게 하며"이다. 죄를 반복하지 않도록 하나님의 도움과 힘을 열렬히 갈구하는 것이다.

여섯 번째 것은 " 얼마나 열심있게 하며"이다. 죄악의 정반대 것인 거룩한 본분을 실행하고자 하는 열정을 의미한다.

일곱 번째 것은 "얼마나 벌하게 하였는가"이다. 자신의 지체를 매일 죽임으로써 자신을 징벌하는 것이다.

이 일곱 가지 열매가 자기 안에 있을 때는 의심의 여지없이 "경건한 근심"이 존재한다.

현재의 죄악과 관련하여 우리의 영에 있는 징표는 새로운 본성이 옛 본성에 대해 혹은 거룩의 원리가 악의 원리에 대해 일으키는 저항이다(갈 5:17). 이 저항은 중생자에게는 고유한 속성이다. 거듭난 자는 사람의 자녀인 동시에 하나님의 자녀라는 이중적인 특성을 가진 피조물이기 때문이다. 이 저항은 선하든 악하든 모든 사람이 하나님을 거역할 때마다 발견하는 양심의 견제보다 훨씬 더 큰 것이다. 지성과 정서와 의지가 **자기 자신**과 벌이는 싸움이다. 그래서 지정의가 새롭게 되고 거룩해졌으면 그 사람을 선한 길로 데려가고 반면에 여전히 부패해 있으면 그 정반대 길로 데려간다. 신자는 자기 내면에서 오랫동안 진행되어 온 이 고통스러운 전쟁을 발견한다. 그리고 그것은 자신이 그리스도 안에 있는 새로운 피조물이라는 사실을 입증해준다. 만일 신자가 자신의 과거를 검토하고 회상한다면 중생하기 전에는 이런 것을 경험한 적이 없다는 것을 알게 될 것이다.

모든 자연적인 것들은 영적 실체를 어렴풋하게나마 나타낸다. 단지 우리에게는 그것들을 바라볼 눈과 적절하게 해석할 오성을 가졌을 뿐이다. 에피알테스(ephialtes)라는 이름의 질병은 피해자들을 비몽사몽으로 만들어 마치 무거운 역기가 가슴 위에서 짓누르고 있는 것처럼 느끼게 만든다. 그래서 손발을 휘저으며 온 힘을 다해 그 무거운 역사를 밀쳐내려고 하지만 그럴 수 없다. 이것이 진짜 신자에게 일어나는 일이다. 내면에 있는 무엇인가가 자신을 끌어내리고, 믿음과 소망의 날개를 꺾고, 저 위에 있는 것들을 사랑하지 못하게 가로막는다고 의식한다. 그것은 신자를 압박한다. 그래서 그것을 붙잡고 씨름하지만 헛일이다. 그것은 다름 아닌 "육" 즉, 자신의 선천적인 부패, 내면에 거하는 죄이다. 이것에 대항하여 새로운 본성의 모든 은사가 투쟁을 벌인다. 견딜 수 없는 부담이 안식을 훼방하고, 자신이 원하는 것들을 하지 못하게 가로막는다.

미래의 죄악과 관련하여 우리 영에 있는 징표는 죄짓지 않으려고 마음을 다하는 것이다. 이것이 하나님의 자녀들이 가진 징표라는 사실은 "하나님께로서 난 자마다 범죄치 아니하는 줄을 우리가 아노라 하나님께로서 나신 자가 저를 지키시매 악한 자가 저를 만지지도 못하느니라"라는 말씀에서 나타난다(요일 5:18). "범죄치 아니하는"이라는 동사가 직설법 현재

시제로 "욱스 하마르타네이"(οὐχ ἁμαρτάνει)로 되어 있다는 점에 주목하라. 규칙적인 습관, 지속적인 행동방침임을 가리킨다. 습관적으로 죄를 짓지 못하도록 "자신을 지킨다." 이 세심함은 우리의 외적 행위를 명령하는 데 뿐만 아니라 마음이 품는 생각에까지 미친다. 바울이 고린도전서 9:27에서 "내가 내 몸을 쳐 복종하게 함은"이라고 말할 때 바로 이것을 가리켰다. 바울이 언급한 "몸"은 자신의 육적 몸이 아니라 내면에 있는 죄의 몸이었다. 우리는 자신의 악한 생각과 불법적인 상상을 의식하면 할수록 자신의 동기를 더 잘 판단할 것이고, 우리의 외적 행위가 하나님을 그만큼 덜 불쾌하게 만들 것이다.

이제, 기독교 신자의 영에 있는 징표들 즉, 그가 하나님의 택하신 자임을 입증해주는 징표들을 **하나님의 자비**라는 면에서 고찰해보자. 첫 번째 징표는 자신의 불법들로 인한 죄책과 오염에 심하게 짓눌리고 깊은 혼란을 겪을 때, 그리고 하나님이 그것들을 크게 불쾌하게 여긴다는 것을 양심으로 느낄 때의 것이다. 이것은 자신이 겪을 수 있는 육신의 질병이나 일시적 재난을 훨씬 능가한다. 죄는 지금 가장 커다란 짐이다. 세속적인 즐거움을 누리거나 세상적인 친구들과 어울리지 못하게 만든다. 이제 그리스도의 필요성을 절실히 느끼고 목마른 사슴이 신선한 시냇물을 갈급히 찾듯이 그리스도를 찾는다. 구속자의 공로를 통하여 하나님과 화목하기를 견딜 수 없이 사모하기 전에 먼저 육적 야망과 세속적 소망이 전적으로 무의미해진다. 이제 "내게 그리스도를 주십시오 그렇지 않으면 나는 죽습니다"라고 고뇌하며 부르짖는다.

이제 이처럼 죄에 시달리며 양심의 고통을 겪고 성령으로부터 유죄가 확증된 영혼에게 그리스도는 몹시 크고 보배로운 약속들을 주었다. 하나님의 생명을 얻은 택자에게만 속하는 약속들이다.

> "누구든지 목마르거든 내게로 와서 마시라 나를 믿는 자는 성경에 이름과 같이 그 배에서 생수의 강이 흘러나리라 하시니"(요 7:37, 38).

이것은 양심에서 타오르는 지옥 불을 느끼는 자의 깊은 필요에 정확하게 부합하지 않는가? 지금 그는 의에 주리고 목마르다. 자신의 것은 하나도 없다는 것을 알기 때문이다. 그는 평화에 목마르다. 그에게는 밤낮이 없기 때문이다. 자신은 문둥병에 걸린 중죄인이라고 여기기 때문에 죄 용서와 씻김에 목마르다. **그렇다면 내게로 오라. 내가 네 모든 필요를 채워 주겠다**라고 그리스도가 말한다.

> "내가 생명수 샘물로 목 마른 자에게 값 없이 주리니"(계 21:6).

이처럼 그리스도에게로 나오면 무슨 일이 생기는지 주목하라.

> "내가 주는 물을 먹는 자는 영원히 목마르지 아니하리니"(요 4:14).

두 번째 징표는 성령이 마음에 심어준 **새로운 정서**이다. 이 새로운 정서로 인해 그리스도의 피와 의를 크게 존중하고 고귀하게 여기고 이 세상의 가장 보배로운 것들을 단지 하찮은 오물로 간주한다. 이 정서를 바울이 입증하였다(빌 3:7, 8). 정말이지. 거의 모든 신앙고백자들은 자신은 그리스도의 인격과 사역을 이 세상의 다른 모든 것들보다 훨씬 고귀하게 평가한다고 기꺼이 **말한다**. 하지만 이렇게 말하는 거의 대다수의 사람들은 에서의 사고방식을 가지고 있고 팥죽 한 그릇을 더 좋아한다. 기독교인이라는 이름을 달고 다니는 사람들이 약속의 땅에 있는 하나님의 축복들보다 애굽의 고기 가마를 훨씬 더 좋아한다. 거의, 거의 예외가 없다. 행위, 삶이 증명한다. 사람의 보물이 있는 곳에 그 마음도 있다.

중생과 선택이라는 이 특수한 징표와 관련해서 자신을 속일 사람이 없도록 하기 위해, 하나님은 우리에게 진짜인지를 확인해주는 두 가지 검증표식을 우리에게 제공하였다. **첫째**, 다른 모든 것들보다 그리스도를 진정으로 귀중하게 여기며 기뻐한다면 **그리스도의 지체들을** 거짓 없이 사랑한다.

> "우리가 형제를 사랑함으로 사망에서 옮겨 생명으로 들어간 줄을 알거니와…"(요일 3:14).

형제 즉, 그리스도의 신비적 몸을 구성하는 자들을, 그리스도의 지체라는 그 이유 때문에 거짓 없이 사랑하는 것이다. 하나님께 소중한 사람들은 틀림없이 하나님의 백성에게도 소중하다. 그들의 인종, 사회적 지위, 개인적인 기질이 아무리 다르더라도 하나로 묶어주는 영적 유대가 존재한다. 만일 그리스도가 내 마음에 거하고 있다면 그리스도의 거룩한 형상을 간직하고 있는 자들을 반드시 사랑하려들 것이다. 이들에게 등을 돌리게 만드는 적대감을 내가 허용하는 만큼 내가 선택받았다는 증거는 흐릿해질 것이다.

그리스도를 진정으로 고귀하게 여긴다는 것을 보여주는 두 번째 검증표식은 **그리스도와의 만남**에 대한 사랑과 갈망이다. 그것은 죽음에 의해서 아니면, 그리스도의 재림에 의해서 이뤄진다. 본성은 물리적 사멸을 피할지라도, 신자가 자기 안에 거하는 죄로 인해 하나님의 거룩한 자 바로 앞에 서게 되는 것을 불안해하더라도, 새로운 본성이 활약하여 그 영혼이 이러한 장애물을 극복하게 해준다. 새롭게 된 마음은 자신이 사랑하는 자와 현재 나누고 있는 불안정하고 불완전한 교제에 안주하지 못한다. 그리스도와의 충분하고 완전한 교제를 갈망한다. 바울의 경우가 이 사실을 명확하게 입증해준다.

> "내가 그 두 사이에 끼였으니 떠나서 그리스도와 함께 있을 욕망을 가진 이것이 더욱 좋으나"(빌 1:23).

이것은 바울에게만 독특한 것이 아니라 은혜의 택함을 받은 자 모두에게 공통적이라는 사실은 바울의 진술을 통해 확인된다.

> "이제 후로는 나를 위하여 의의 면류관이 예비되었으므로 주 곧 의로우신 재판장이 그 날에 내게 주실 것이니 내게만 아니라 주의 나타나심을 사모하는 모든 자에게니라"(딤후 4:8).

이제, 우리가 자녀로 입양된 **외적** 징표에 관해 논하자. 복음적 순종이 그 징표이다. 복음적 순종에 의해 신자는 자신의 삶을 통해 하나님의 명령에 순종하려고 진정으로 노력한다.

> "우리가 그의 계명을 지키면 이로써 우리가 저를 아는 줄로 알 것이요"(요일 2:3).

하나님은 불순종을 율법을 혹독하게 적용해서 심판하지 않는다. 그렇게 하면 율법은 은혜의 징표가 아니라 저주의 수단이 될 것이기 때문이다. 오히려 하나님은 새 언약에 따른 순종을 높이 평가하고 존중한다. 하나님이 자신을 경외하는 자들에 관하여, "사람이 자기를 섬기는 아들을 아낌같이 내가 그들을 아끼리니"라고 선언한다(말 3:17). 하나님은 이뤄진 일들을 그 결과 혹은 절대적 행위에 의해서가 아니라 행위자의 정서에 의하여 판단한다. 하나님은 일차적으로 행위자의 마음을 본다. 하지만 어떤 누구도 이 점에서 속지 않도록, 다음 사항들을 기도하며 숙고하라.

하나님이 자녀들에게 요구하고, 그리스도로 인하여 자녀들로부터 받아들이는 외적 순종은 단지 몇몇의 계명만이 아니라 예외 없이 모든 계명에 관련한 순종이다. 헤롯은 세례 요한의 메시지를 즐겁게 들었고 많은 것을 행하였다(막 6:20). 그러나 형제인 빌립의 아내와 관련해서 제 7 계명에 순종하기를 거부하였다. 유다는 세상을 버리고 그리스도를 택하였고 복음을 전파하였다. 하지만 탐욕을 죽이는데 실패하였고 멸망의 길로 갔다. 다윗은 정반대로 외쳤다.

"내가 주의 **모든** 계명에 주의할 때에는 부끄럽지 아니하리이다"(시 119:6).

하나의 죄를 참되게 회개하는 사람은 모든 죄를 회개한다. 하나의 죄를 알면서도 지으면서 회개하지 않고 사는 자는 결코 어떤 죄에 대해서도 사실상 회개하지 않는다.

다시 말하자면, 우리의 외적 순종이 하나님이 받아들일만한 것이 되기 위해서는 반드시 회심 이후의 신자의 삶 그 전체에까지 미쳐야 한다. 하나님은 우리를 몇 개의 유별난 행동에 의해서가 아니라 삶의 전반적인 기조에 의해서 판단할 것이다. 어떤 사람의 인생행로라는 것은 그 사람 자신과 같다. 여전히 내주하고 있는 죄 때문에, 이런저런 특정한 행위에서는 실패할지라도 죄 속에 머물지 않고 자신의 범과를 새롭게 회개하는 한 하나님 앞에서 그의 상태는 손상을 입지 않는다. 마지막으로, 이 외적 순종은 전 인격에서 나올 필요가 있다. 그의 내면에 있는 모든 것은 하나님 찬양을 나타내야 한다. 거듭날 때 그 영혼의 모든 기관이 새롭게 되었다. 그 후로는 영혼의 모든 기관은 그 전에 죄를 섬겼던 것처럼 하나님을 섬기는데 사용되어야 한다.

다시 말하자면, 신자는 자신의 영이 증거하는 것이 정확하게 **무엇인지**를 아주 명확하게 하는 것이 지극히 중요하다. 육적 본성을 개선하는 것이 아니라, 죄가 내면에서 덜 활동적이 되는 것이 아니라, 자신이 하나님의 자녀라는 사실에 관한 것이다. 그것은 그 마음이 하나님을 향하여 나아가며, 하나님과의 교제와 하나님을 기쁘게 하려는 진지한 노력을 하는 것에서 분명해진다. 사랑이 넘치고 본분에 충실한 자녀는 자기 아버지와 맺고 있는 고유한 관계성에 관한 증거를 자기 가슴에 담고 있는 것처럼, 신자에게 있는 아들로서의 성향과 열망은 하나님이 자신의 하늘 아버지라는 사실을 입증해준다. 정말이지. 정말이지. 여전히 신자 안에 있는 많은 부분이 지속적으로 하나님께 반기를 든다. 그럼에도 불구하고 그의 본성에 속하지 않는 다른 무엇인가가 존재한다.

이 점에 관해 반론이 제기될 수 있다. 신자가 자신이 여전히 부패한 상태에 있기 때문에 하나님이 자신을 받아줄 것인지를 의심한다는 것 혹은 자신의 내면에서 거룩을 거의 혹은 전혀 지각하지 못하기 때문에 자신이 구원받았는지를 의심한다는 것은 죄라고 말하는 사람들이 있다. 그들은 하나님은 독생자를 믿는 모든 사람을 구원하겠다는 자신의 사랑과 준비성을 우리에게 확신시켜주었기 때문에 이런 식의 의문은 하나님의 진리와 신실성을 의심하는 것이라고 말한다. 우리의 마음을 면밀히 살피는 것은 우리의 의무라는 것을 부인하고, 그렇게 해서는 결코 어떤 확신도 얻지 못할 것이라고 주장한다. 오직 그리스도만을 바라보아야 하고 그의 있는 그대로의 말씀만 의존해야 한다고 주장한다. 그러나 이것은 심각한 잘못이다. 말씀 자체가 하나님의 자녀의 징표로 제공해주는 증거를 찾을 때 말씀에 의존한다. 사도들도 그렇게 말했다.

> "우리가… 우리 양심의 증거하는 바니 이것이 우리의 자랑이라"(고후 1:12).

> "자녀들아 우리가 말과 혀로만 사랑하지 말고 오직 행함과 진실함으로 하자 이로써 우리가 진리에 속한 줄을 알고 또 우리 마음을 주 앞에서 굳세게 하리로다"(요일 3:18, 19).

신자가 하나님의 자녀라는 증거를 가지고 있음에도 불구하고 자신의 진정성을 확신하거나 견고한 위로를 찾는다는 것은 결코 쉽지 않은 문제다. 마음은 오락가락하고 기분도 변덕스럽다. 바로 여기에서 하나님의 성령은 우리의 연약함을 돕는다. 성령은 자신의 증거를 거듭난 양심의 증거에 더한다. 그렇게 해서 때때로 신자가 자신의 구원을 확신하고 "내 양심이 성령 안에서 나로 더불어 증거하노니"라고 말할 수 있게 한다(롬 9:1).

"우리가 선택받았다는 깨달음에 도달할 수 있도록 하나님이 정한 유일한 방법은 그것이 우리 자신의 영혼에 맺는 열매들에 의해서다"라고 존 오웬이 말했다. 우리는 사려 깊은 오웬의 말에 전적으로 동의한다. 우리 입장에서 볼 때, 우리는 영원한 소망을 우리가 받았던 어떤 꿈이나 환상에 혹은 우리가 들었던 어떤 음성에 좌우되도록 모험하려들지 않을 것이다. 비록 천상적 존재가 우리 앞에 나타나서 어린양의 생명책에 우리 이름이 기록되어 있다고 선언할지라도, 우리는 그 말을 조금도 신뢰하지 않을 것이다. "광명의 천사로 가장"한 마귀가 우리를 속이러 온 것인지 우리는 알 도리가 없기 때문이다(고후 11:14). 우리가 선택받았는지를 우리에게 확인해주는 수단은 하나님의 무오한 말씀이다. 말씀에서 우리는 우리의 신앙을 올려놓을 확실한 토대를 마련한다.

복음이 어떤 것을 믿으라고 우리에게 부과하는 책무는 그것들 자체의 **질서**와 우리 순종의 질서에 관한 것이다. 그리스도가 죄인을 위하여 죽었다고 복음이 선언할 때 그리스도는 특별히 나를 위하여 죽었다는 사실을 믿으라고 즉각적으로 나에게 요구하지 않는다. 그렇게 한다면 그것은 복음의 신적 질서를 뒤집게 될 것이다. 하나님의 은혜의 복음이 가진 위대하고 단순한 메시지는 멸망에 빠진 자들을 위해 구원의 길을 획득하기 위하여 그리스도가 세상에 왔다는 것, 그리스도가 불경건한 자들을 위하여 죽었다는 것, 그리스도가 하나님의 정의가 요구하는 모든 것을 완벽하게 만족시켰기에 하나님은 의롭게도 하나님의 아들 예수 그리스도를 참으로 믿는 모든 죄인을 의롭다고 할 수 있다는 것이다(롬 3:26). 결과적으로 나는 나 자신이 그런 부류에 속한 한 사람이라는 사실을 발견한 이후에 즉, 나 자신이 죄인이요 불경건한 자요 멸망에 빠진 자라는 것을 알게 된 이후에, 나는 복음의 기쁜 소식을 믿어야 할 충분한 근거를 갖는다. 따라서 복음은 내게 믿음과 순종을 요구하고 믿고 순종해야 할 책무를 갖는다.

내가 복음을 믿고 순종할 때까지는 그리스도가 특별히 나를 위하여 죽었다는 사실을 믿어야할 책무가 내게는 전혀 없다. 그렇게 된 이후에야 나는 그런 확신을 누릴 근거가 있다. 마찬가지로, 내가 복음을 처음 들을 때 선택교리를 믿으라는 요구를 받는다. 복음이 선택교리를 명확하게 선언하기 때문이다. 나 개인의 선택에 관해서는, 성경적으로는 내가 그렇게 믿을 수 없다. 선택교리를 하나님이 **그 결과에 의해서** 계시해주는 것 이외의 다른 어떤 식으로 믿을 책임도 없다. 어떤 사람이 선택의 결과들이 자기 안에서 맺어질 수 없는 조건에 있을 때까지는 정당하게 자신의 선택을 불신하거나 거부하지 못할 것이다. 거룩하지 못한 상태에 있는 동안에는 자신이 선택받았다는 증거를 받을 수 있는 삶이 없다. 거룩해질 가능성이 있는 동안에는 선택받지 않았다는 증거도 받을 수 없다. 따라서 하나님은 자신이 사람들을 선택하였는지 아닌지에 관해 정통하라고 누군가에게 직접적으로 요구하지 않는다. 하나님이 우리에게 일차적으로 요구하는 것은 믿음과 순종과 거룩이다.

좀 더 나아가기 전에 지적해야 할 것은, 대개 택자들은 그리스도를 섬기는 일꾼들이 많이 수고한 곳에 있을 것이라는 점이다. 바울이 그런 식으로 말했다.

> "그러므로 내가 택하신 자를 위하여 모든 것을 참음은 저희로도 그리스도
> 예수 안에 있는 구원을 영원한 영광과 함께 얻게 하려 함이로라"(딤후 2:10).

이 말씀은, 바울은 자신의 복음전도의 수고를 통해서 하나님의 백성들에게 구원의 메시지를 전하여 하나님의 목적을 실행하는 일을 하고 있었다는 원칙에 대한 예증이다. 바로 그 목적을 위하여 바울은 하나님의 섭리에 의하여 돌봄을 받았고 주님의 영에 의해 인도함을 받았다. 바울이 하나님의 인도함을 받은 방법을 간단히 살펴보자. 바울은 이방인의 땅에 복음을 전하기 위한 두 번째 선교여행에서 브루기아와 갈리디아 땅을 지나갔고, 아시아에서 말씀을 전하기 원하였다. 그러나 성령이 가로막았다(행 16:6). 성령이 그렇게 한 이유는 무엇이었을까? 아시아에는 하나님이 택한 자들이 하나도 없었단 말인가? 그것이 아니라면, 택자가 있었다면, 택자들이 영적 구원을 받을 때가 아직 도래하지 않았을 것이다.

그때 바울은 비두니아로 가려고 애썼지만 다시 성령이 허락하지 않았다(행 16:7). 비록 이 사건은 오늘날의 우리에게 거의 혹은 전혀 놀라움을 주지 않겠지만 실제로는 매우 충격적인 사건이다. 그 다음 구절에 따르면, 바울 일행은 무시아를 지나쳐 드로아로 갔다. 거기에서 주님이 바울에게 나타나 마게도냐로 가라고 계시하였다. 이 환상을 통해서 바울은 자신이 마게도냐로 건너가서 복음을 전하도록 소명을 받았다고 확신하게 되었다. 그래서 바울은 즉시 마게도냐로 건너가 복음을 전하였다. 결과적으로 데

살로니가에 있는 하나님의 택자들이 구원을 받았다. 나중에 바울은 고린도 땅으로 갔다. 고린도에서 많은 반대에 직면하였고 성과도 별로 없었다. 바울이 고린도를 떠날 즈음에 주님이 나타나 바울의 마음을 굳세게 해주고 "이 성중에 내 백성이 많음이라"라는 확신을 주었다(행 18:10). 결국, 바울은 고린도에서 18개월을 머물렀고 고린도 교회를 세웠다.

주님이 자신의 종들을 이끌어 그 종들의 입술로부터 나오는 복음을 자신의 택자들이 듣도록 만든다는 대원칙은 성경의 수많은 사례를 통해 실증된다. 빌립이 성령에 이끌려 가서 에디오피아 내시에게 구원의 말씀을 전하게 하고, 베드로가 고넬료와 그의 식솔들에게 말씀을 전하게 한 그 놀라운 방법 역시 적절한 사례이다. 아마도 또 하나의 그러면서도 훨씬 놀라운 사례는 사도들이 빌립보 간수에게 생명의 말씀을 전할 수 있게 된 방법이다. 그 간수는 직업의 특성상 공적 설교를 들을 수 없었을 것이다. 이러한 사례들은 우리 구세주가 하나님 아버지가 자기에 주신 이방인들에 관하여 하신 말씀을 지극히 복되게 실증해준다.

> "또 이 우리에 들지 아니한 다른 양들이 내게 있어 내가 인도하여야 할 터이니 저희도 내 음성을 듣고…"(요 10:16).

즉, 종들의 목소리에 귀를 기울여라, 그리고 성령의 능력에 의하여 살아나라.

주 예수는 자기 백성이 없는 곳에 자신의 종을 보낸 적이 없다. 만일 아버지가 자기에게 준 백성이 있다면 그 백성을 이끌어 우리 안으로 이끌어

넣을 것이다. 주 예수는 자기 백성이 없는 곳으로 자신의 종을 보내지 않을 것이다. 그러나 자기 백성이 있는 곳에는 자기 종들을 보내 그 백성을 자기에게로 불러낼 것이다. 옛날에 바울이 그랬던 것처럼, 주의 종들은 택자들이 그리스도 예수 안에 있는 구원을 얻도록 하기 위해 택자들을 위하여 모든 것을 견딜 것이다. 장차 올 마지막 날이 되어야, 주의 종들이 택자들을 위하여 -붙들어주는 주의 은혜에 의해- 얼마나 많은 고난을 감수하였는지 충분히 드러날 것이다. 그 날에, 그리스도의 신실한 일꾼들이 많이 수고한 곳에서 택자들을 찾을 수 있을 것이다. 자, 독자여, 만일 당신이 이런 곳에서 사는 특권을 누린다면 당신이 사는 그곳에서 하나님의 은총을 입은 백성을 기대해도 좋다. 황금 같은 기회의 순간은 지금 당신의 것이다. 그리스도께서 보낸 종들의 부름에 응답하고 굴복하는 것이 지금 당신이 짊어져야 할 책임이다.

좀 더 상세히 다뤄보자. 하나님은 자신의 섭리가 자기 백성들의 상황에 맞는 곳에 자신의 종들을 보낸다. 그 뿐 아니라, 자신의 말씀에 자신의 능력을 덧입히고 종들의 수고가 결실을 맺도록 만든다.

> "하나님의 사랑하심을 받은 형제들아 너희를 택하심을 아노라 이는 우리
> 복음이 말로만 너희에게 이른 것이 아니라 오직 능력과 성령과 큰 확신
> 으로 된 것이니 우리가 너희 가운데서 너희를 위하여 어떠한 사람이 된
> 것은 너희 아는 바와 같으니라"(살전 1:4, 5).

지극히 적절한 구절이다. 게다가 이 구절의 각 부분은 우리에게 최대한 주의를 집중할 것을 요구한다. 이 구절은, 바울이 데살로니가 성도들이 하

나님의 택하신 백성인지를 어떻게 확신하게 되었는지, 데살로니가 성도들 역시 추론에 의해 자신들이 택함 받았다는 사실을 어떻게 알고 즐거워할 수 있었는지를 우리에게 알려준다. 그 세부사항들은 우리에게 교훈을 주기 위해 기록되었다. 만일 주님이 우리로 하여금 그 자세한 사항을 영적으로 깨닫도록 해주기를 기뻐하신다면 우리는 안전하고 확실한 근거를 가질 것이다. 그러나 이렇게 하기 위해서는, 충분한 기도와 함께 이 구절을 한 마디씩 깊이 묵상해야 한다.

"하나님의 사랑하심을 받은 형제들아 너희를 택하심을 아노라." 바울은 하나님이 저들을 택하셨다는 사실을 어떻게 알았는가? 바울의 이런 확신은 하늘로부터 내려온 직접적인 계시에 의해 획득한 것도, 초자연적 환상이나 천사의 전언에 의한 것도, 주님 자신이 직접 알려주신 것도 **아니다.** 바울이 그런 확신에 도달한 것은 바울이 **그들** 가운데서 그리고 **그들**로부터 확인한 것에 의해서였다. 그들이 하나님의 사랑을 받은 형제라고 바울이 지각한 것은 그들이 택함을 받음으로써 맺은 **가시적 열매**에 의해서였다. 다른 말로 하면, 바울은 데살로니가 교인들이 회심할 때 맺었던 은혜의 결실들은 하나님의 영원한 자비로운 목적에서부터 시작된 것이라고 확인하였다. 신자들의 마음에 흐르는 은혜의 실개천은 하나님의 영원한 사랑이라는 바다에서 흘러내려왔다. 여기에서 바울은 우리를 예정하여 영광에 이르도록 한 것을 확인하기 위해서 우리가 반드시 따라야 할 경로, 우리가 추구해야 할 방법을 우리에게 보여주었다.

"이는 우리 복음이 말로만 너희에게 이른 것이 아니라 오직 능력과 성령

과 큰 확신으로 된 것이니." 복음을 전하는 모습을 보인다고 해서 모두 실제로 복음을 전하는 것이 아니다. 겉모습만 보고 실제로도 그렇다고 인정한다면, 기독교 안에서 오직 자신들만이 참된 가르침을 전하고 다른 모든 분파는 그렇지 않다고 주장하는 각종 기독교종파의 수만큼 다양한 복음이 존재한다고 인정하는 셈일 것이다. 따라서 가장 중요한 유일한 문제는 우리 각자가 그리스도의 복음의 진정한 실체를 아는 것이다. 그리고 복음의 실체를 반드시 성령의 인도하심을 받아 성경으로부터 배워야 한다. 현대 세계에는 가짜 복음이 무수히 널려있다. 그 기만성은 "성소의 저울"로 재야만 찾아낼 수 있다. 똑같이 필요하고 중요한 것은, 영혼이 복음에 의하여 항구적으로 유익을 얻으려면 복음을 어떻게 받아들여야 하는지를 확인하는 것이다. 바울에 따르면, 복음을 이중적으로 받아들여야 한다.

"**이는 우리 복음이 말로만 너희에게 이른 것이 아니라.**" 복음이 우리에게 단지 말로만 온다는 것은 하나님이 복음을 자체의 능력에 맡겨둔다는 것 혹은 그 논증 및 설득의 힘을 인간의 지성에 의존한다는 것이다. 많은 장소에서 복음을 청취하였고 그중 많은 사람들이 기독교 신앙을 가졌다고 고백함에도 불구하고 우상숭배와 불법을 떠나지 않는다. 복음이 단지 말로만 우리에게 올 때는 단지 지성 및 오성에만 도달한다. 양심과 마음에는 실제적으로 각인되지 않는다. 결과적으로, 단지 말로만 다가온 복음은 거짓되고 주제넘은 믿음만을, 마귀들이 가진 "믿고 떠는" 믿음보다도 열등한 그런 믿음을 낳을 뿐이다(약 2:19). 복음을 참되며 구원을 얻게 하는 믿음으로 받아들이는 것은 복음이 "오직 능력과 성령으로" 올 때뿐이다.

하나님의 말씀을 올바르게 받아들이지 않음으로써 빠지게 되는 극단은 두 가지가 있다. 한 극단은 사람은 하나님의 은총을 받을 만큼 충분한 의로운 일을 행할 의지와 능력을 소유하고 있다고 전제한다. 그래서 사람은 열심을 내지만 좋은 뜻을 품지 않는다(갈 4:17). 금식하고 기도하고 헌금하고 교회에 출석한다. 그러다가 실패하거나 부족한 그 지점에서 그리스도의 공로에 의지하여 자신의 부족분을 채운다. 이것은 "율법적 의"라는 누더기에 "그리스도의 속죄"라는 새로운 옷 조각을 기워 넣은 것에 불과하다. 이렇게 해서 죄책을 짊어진 양심을 달랠 수 있기를 바라며, 연중 종교행위를 계속하지만 복음의 생명력을 체험적으로 아는 지식에는 결코 도달하지 못한다. 따라서 그 모든 종교행위는 죽은 행실에 불과하다.

또 다른 극단은 앞에서 언급한 극단의 원리를 뒤집은 것이지만 똑같이 위험하다. 전자처럼 인간의 연약성에 매달리지 않는다. 모든 자연인은 죄인이라는 사실을 의식한다. 예수 그리스도에 의한 값없는 구원에 관한 교훈을 듣고 지성으로 받아들인다. 양심으로 받아들이지 않기 때문에 피상적이며 뻔뻔스러운 믿음을 낳는다. 단박에 천국에 들어갈 확신을 가졌다고 가정해버린다. 그러나 솔로몬은 "처음에 속히 잡은 산업은 마침내 복이 되지 아니하느니라"라고 말한다(잠 20:21). 이들은 말주변이 뛰어나고 율법으로부터 자유하다고 크게 자랑한다. 그러나 여전히 죄에 속박되어 있다. 그들은 끊임없이 배우지만 결코 진리를 아는 데에 이르지는 못한다. 의문과 염려를 가진 사람들을 비웃지만 그들 자신이 모든 염려의 원인이다.

이 두 극단에 속한 자들과 뚜렷이 대비되는 자들은 복음을 단지 말로만

이 아니라 능력과 성령으로 받는 자들이다. "능력과 성령으로"라는 이 길이 저 두 극단 사이의 난 길이며 거듭나지 않은 모든 사람들에게 감춰진 길이다.

> "육에 속한 사람은 하나님의 성령의 일을 받지 아니하나니 저희에게는 미련하게 보임이요 또 깨닫지도 못하나니 이런 일은 영적으로라야 분변함이니라"(고전 2:14).

하나님이 "믿음의 역사를 능력으로" 시작하고(살후 1:11) 그 영혼을 그 합당한 길로 이끌어주실 때에는 사람은 처음에는 그 길을 보지도 이해하지도 못한다. 그 길은 모든 믿는 자의 아버지와 함께 있었던 것처럼 지금은 하나님의 모든 자녀들과 함께 한다. 아브라함이 유효적 소명을 받았을 때 아브라함은 자신이 어디로 가는지 몰랐지만 나아갔다(히 11:8). 성령으로 태어난 자들은 자신이 "알지 못하는 길로," "알지 못하는 첩경으로" 이끌려 나아간다(사 42:16). 그들은 자기 앞에 있는 어둠이 빛으로 바뀌고 굽은 것들이 곧게 될 때까지는 성령의 길을 이해하지 못한다. 그러나 그런 일이 일어난 뒤에는 대로가 펼쳐진다(사 62:10).

그렇다면 전적으로 중요한 문제는 **복음이 나에게 말로만 이르렀는가 아니면 구원을 일으키는 능력으로 왔는가?**이다. 만일 전자라면 복음을 양심의 고뇌, 고통 혹은 비탄 없이 받은 것이다. 양심의 고뇌, 고통, 혹은 비탄은 하나님의 능력이 죄인의 영혼 속에서 역사하는 일반적인 징표들이다. 하나님의 말씀은 우리에게 "능력으로" 임하게 되면, "좌우에 날선 검"처럼 다가온다(히 4:12). 그래서 검이 육신을 파고들 때와 동일한 효과를 마음에 입힌다. 만일 찔린 상처가 깊다면 그 통증은 매우 격렬할 것이다. 마찬가지로 하나님의 말씀이 "혼과 영과 및 관절과 골수를 찔러 쪼개기까지 하며 또 마음의 생각과 뜻을 감찰"할 때 진짜 고뇌와 깊은 비탄을 일으킨다. 욥은 "전능자의 살이 내 몸에 박히매 나의 영이 그 독을 마셨나니 하나님의 두려움이 나를 엄습하여 치는구나"라고 말하였다(욥 6:4). 다윗도 마찬가지로 "주의 살이 나를 찌르고 주의 손이 나를 심히 누르시나이다"라고 외쳤다(시 38:2). 바울도 그런 경험을 겪었다. 성령이 율법을 바울의 마음에 적용해주기 전에는 바울은 하나님의 관점에서는 죽어 있었지만 자신의 관점에서는 살아 있었다. 그러나 하나님의 계명이 하나님의 능력으로 바울에게 파고들자 바울은 죄가 되살아나고 자신은 죽었다는 것을 알게 되었다(롬 7:9). 바울은 다른 모든 바리새인들과 마찬가지로 율법은 외적인 문자가 전부였고 그에 관한한 자신은 책망 받을 것이 전혀 없다고 가정하였던 것이 사실이다. 바울은 고상한 요구조건들과 엄격한 영성을 알게 되었고 율법은 마음의 생각과 의도에까지 미친다는 것도 발견하였을 때 그전까지는 보지 못하였던 자기 안에 있는 부패의 무서운 깊이도 깨닫게 되었다. 바울은 율법은 영적인데 반해 자신은 육적이며 죄에 갇혀 있다는 것을 발견하였다. 바울은 자신의 마음이 마가복음 7:21-22에서 그리스도가 묘사한 바로 그 상태에 있다는 것을 발견하였다. 정말 그렇다는 사실을 발견한 사람은 극히 적다. 바울은 바로 그것이 자기 안에 있는 것을 보았고 느꼈기 때문에 그리스도가 마가복음에서 선포한 대로 믿을 수밖에 없었다.

신앙의 첫 번째 행위는 어떤 사람으로 하여금 자신이 성경이 선포하는 바로 그 상태에 즉, 하나님과 원수상태에(롬 8:7), 진노의 자녀 상태에(엡

2:3), 율법을 어겨 저주받은 상태에(갈 3:10), 마귀에게 포로된 상태에(딤후 2:26) 있다고 믿도록 만든다. 죄악의 무거운 짐이 양심을 짓누른다(시 38:4). 거친 바다처럼 요동치는 불법의 샘은 진흙탕을 토해낸다(사 57:20). 그리하여 육신의 모든 수고를 수포로 만들고 무서운 속박에 빠뜨린다.

> "대저 우리는 다 부정한 자 같아서 우리의 의는 다 더러운 옷 같으며 우리는 다 쇠패함이 잎사귀 같으므로 우리의 죄악이 바람같이 우리를 몰아가나이다"(사 64:6).

믿음의 눈을 뜬 자는 자신의 손발이 죄악의 사슬에 묶여 있는 것을 발견하고, 자신을 불쌍히 여겨달라고, 큰 자비를 베풀어달라고 하나님께 열심히 울부짖는다. 이제 정해진 기도형태를 전혀 필요로 하지 않는다. "하나님이여! 불쌍한 이 죄인에게 자비를 베푸소서"라고 밤낮 울부짖는다.

주께서는 울부짖는 죄인을 **어떻게** 자유롭게 해주시는가? 복음이 "능력과 성령으로" 다가감으로써 자유롭게 해준다. 하나님은 자기 아들의 고난과 죽음이라는 새로운 빛을 비춰준다. 하나님의 아들에 의하여 하나님의 정의는 충족되었고 하나님의 율법은 높아졌고 하나님의 진노는 가라앉았고 하나님과 죄인들 사이에는 화해의 길이 열렸기 때문이다. 성령의 직무는 마음에 믿음을 일으키는 것이며, 속죄를 일으키는 그리스도의 피와 의로움을 양심에 적용해주는 것이다. 그리스도로 인하여 죄와 죽음의 짐이 제거되었고 하나님의 사랑이 알려졌고, 사람의 영혼에는 평화가 주어졌고 마음에는 즐거움이 나눠졌기 때문이다. 따라서 상처를 입힌 바로 그 수단이 그 상처를 낫게 만든다. 그래서 데살로니가전서 1:5에서 사도는 "이는 우리 복음이 말로만 너희에게 이른 것이 아니라 오직 능력과 성령과 **큰 확신으로** 된 것이니"라고 말한다. 큰 확신, 그렇다. 하나님의 진실성과 권위에 대하여, 우리의 형편에 완벽하게 들어맞는 적절성에 대하여, 그 형언할 수 없는 복됨에 대하여 커다란 확신을 갖게 된다.

> "저도 기억합니다. 진리가 내 마음에 파고들었던 때를, 희열로 가슴 벅찼던 그 때를. 진리가 내 짐을 치워버렸기 때문입니다. 진리는 내게 그리스도의 구원의 능력을 보여주었습니다. 그 전에도 진리를 알았지만 이제는 진리를 **가슴으로 느꼈습니다.** 나는 그전과 동일하게 예수께로 나아갔습니다. 나는 그의 옷자락에 손을 댔습니다. 나는 온전해졌습니다. 이제는 그전에 수십 번이나 들었던 그의 말씀이 허구가 아니라, 하나의 실체였다는 사실을 발견하였습니다. 악기에서 울려나오는 가락과 같은 그의 말씀을 그전에도 들었습니다만 이제는 그가 오른손을 내 마음속에 집어넣었습니다. 예수는 나를 먼저 하나님의 심판대로 데려갔습니다. 그 심판대에 서서 나는 천둥소리를 들었습니다. 그 다음에는 나를 은혜의 보좌 앞으로 데려갔습니다. 그 보좌 위에는 피가 뿌려져 있었습니다. 내 죄가 씻겨 졌기 때문에 나는 의기양양해서 집으로 갔습니다"(스펄전).

> "하나님의 사랑하심을 받은 형제들아 너희를 택하심을 아노라"(살전 1:4).

바울은 데살로니가 교인들이 하나님의 택함을 받은 자들임을 어떻게 알았는가? 그 다음에 이어지는 구절들을 살펴보면 바울은 데살로니가 교인들이 맺은 **가시적 열매들에 의하여** 그 사실을 알고 확신할 수 있었다. 데살로니가 교인들이 회심함으로써 맺은 은혜의 결실들이 그 삶에서 나타나는 것을 분간해냈고, 그 결실들은 데살로니가 교인들에 대한 하나님의 영원한 자비로운 목적에서 기원하였다는 것을 알 수 있었다. 하나님이 데살로니가 교회의 신자들을 "처음부터… 택하사… 구원을 얻게 하셨음"을 바울이 알아낸 방법은 오늘날 모든 신자가 자신이 하나님의 택함을 받았는지를 확인할 수 있게 해주는 방법이다.

> "이는 우리 복음이 말로만 너희에게 이른 것이 아니라 오직 능력과 성령과 큰 확신으로 된 것이니…"(살전 1:5).

모든 것은 우리가 어떻게 (참된) 복음을 받는가에 좌우된다. 즉, 참된 복음은 단지 지성에 의해서만 파악되는 것인지, 아니면 참된 복음은 양심과 마음에 도달하며 도달된 그 복음을 구원적 믿음으로 받아들이는 것인지이다. 하나님의 말씀이 "능력으로" 임할 때는 양쪽에 날선 검처럼 와서 자르고 상처 입히고 고통과 깊은 비탄을 야기한다. 말씀이 우리에게 능력으로 다가오는 것은 설교자의 학식이나 유창한 화술 때문이 아니다. 혹은 설교자가 구사하는 정서 때문도 아니다. 청중들이 깊게 감동하고 눈물을 흘렸다는 사실 자체는 복음이 능력으로 임하여 하나님께 속한 결실을 맺는다는 증거가 결코 아니다. 피조물의 정서는 연극에 의해서도 움직이기도 하고 수천 명의 관객이 연극을 보면서 울기도 한다. 이 같은 피상적 감상주의는 전혀 지속적이며 영적인 결실을 맺지 않고 순식간에 사라질 뿐이다. 시금석은 우리의 심령이 상하고 하나님 앞에 엎드리느냐에 있다.

동일한 생각을 그 다음 구절에서 "또 너희는 **많은 환난** 가운데서 성령의 기쁨으로 도를 받아…"라고 반복한다(살전 1:6). 마치 이 방법이 우리가 우리 자신을 검증해야 하는 특정한 세부방식인 것처럼 말이다. 오늘날의 싸

구려 "복음주의"(?)의 무가치성을 폭로하는 말씀아닌가? 그리스도께서 돌밭같은 마음을 가진 청중을 "말씀을 듣고 즉시 **기쁨으로** 받되 그 속에 뿌리가 없어… 핍박이 일어나는 때에는 곧 넘어지는 자"라고 묘사한 것을 엄숙하게 기억해보자(마 13:20-21). 여기에서 묘사된 자들은 오순절에 회심한 자들과 정말 다르다. 오순절에 회심한 자들에 관한 최초의 언급은 "저희가 이 말을 듣고 마음에 찔려… 우리가 어찌할꼬 하거늘"이다(행 2:37). 해산의 진통이 있은 뒤에 새생명이 태어나고 그 뒤에 기쁨이 온다(요 16:21). 그러므로 *"하나님의 말씀이 나를 꾸짖었고 정죄하였는가?" "말씀이 나의 자기만족과 자기의를 벗겨버렸는가?" "말씀이 나의 소망을 박살냈고 스스로 정죄하는 중죄인처럼 은혜의 보좌 앞에 엎드리게 만들었는가?"*라는 질문들을 반드시 깊이 생각하고 하나님 앞에 답변을 내놓아야 한다.

"이 자리에 사람들이 와서 설교를 듣습니다. 그리고 밖으로 나가면서 옆 사람에게 마치 그 설교가 그 사람을 향했던 것 마냥 '어때, 마음에 들었어?'라고 묻습니다. '오, 아주 좋았어'라고 말하는 사람도 있고 '아니, 전혀'라고 대꾸하는 사람도 있습니다. 하나님의 종들이 만일 실제로 하나님의 종들이라면 **사람들이** 자신을 어떻게 생각하는지를 신경 쓰리라고 생각합니까? 아닙니다. 정말 아닙니다. 그러나 만일 여러분이 '저는 그 설교가 즐거웠습니다'라고 대답한다면 진짜 하나님의 종들은 '그렇다면 틀림없이 우리는 신실하게 설교하지 않았나보군요. 정말 신실하게 설교하였다면 당신은 화가 났을 테니까요. 우리는 분명히 무엇인가를 애매하게 넘어갔음에 틀림없습니다. 모든 것을 분명하게 설교하였다면 하나님의 말씀은 좌우에 날선 검처럼 당신의 양심을 찔렀을 것입니다. 정말 그랬더라면 당신은 저 설교가 마음에 안 든다고 말했을 것입니다.'라고 말할 것입니다. 여러분, 여러분도 그런 식으로 설교를 듣습니까? 만일 교회

에 다니는 것 그리고 예배드리러 오는 것이 극장에 가는 것과 같다면, 세
상사에 관한 연설을 듣는 것과 매한가지로 여긴다면, 여러분에게는 하나
님의 택함을 받았다는 증거가 없는 것입니다. 하나님의 말씀은 여러분의
영혼에 능력으로 임하지 않았습니다" (스펄전).

데살로니가전서 1:5-6로부터 위에 인용한 두 부분 사이에는 다른 두 가
지 세부사항이 있다. 첫째 것은 "큰 확신으로"라는 것이다. 말씀이 사람의
영혼에 회심케 하는 능력으로 파고들면 그 진정성 및 권위에 관한 일체의
의심은 없어진다. 그 말씀이 **하나님으로부터** 왔다고 확신시켜줄 어떤 인
간적인 논증도 필요로 하지 않는다. 이성주의자들과 고등비평가들의 모든
회의주의는 만일 성령이 말씀을 그들의 심령에 유효적으로 적용시켜 주기
를 기뻐한다면 마치 떠오르는 태양 앞의 안개처럼 사라질 것이다. 그리스
도를 절박하게 필요로 한다는 자신들의 상태를 느끼게 되었고 자신의 절
망적인 상태에 그리스도가 완벽하게 적절함을 지각한 자들은 복음이 그리
스도의 인격과 사역에 관하여 주장하는 것에 대해 큰 확신을 갖는다. 그
이전의 자신에 대해 사실이었던 모든 것은 왕과 선지자와 제사장이라는
삼중직을 가진 그리스도의 절대적 신성, 동정녀 탄생, 대속적 죽음, 지극
히 높은 위엄에 관하여 조금도 의심하지 않는다. 전적으로 중요한 이 모든
것은 그리스도로 인하여 영원토록 확정되었다. 그래서 그리스도는 거만한
자들의 감수성에 충격을 가할 적극성과 주장으로 자신을 선포할 것이다.

다시 말하자면, "너희는… 도를 받아 우리와 주를 본받은 자가 되었으
니"라고 말한다. 여기에 선택의 징표가 하나 더 있다. 주님에 의해 선택을
받은 자들은 **주님 닮기를 갈망한다**는 것이다. "너희는… 우리…를 본받는

자가 되었으니"라는 말은 "나는 바울에게, 나는 실라에게, 나는 디모데에게 속한다"라고 그들이 말했다는 뜻이 아니라 그들은 그 전도자들을 주님이 그들에게 남겨준 탁월한 모범으로 삼았다는 뜻이다. 바로 그것이 독자들이 시금석으로 삼아야 하는 것이다. 우리는 그리스도를 닮았는가? 아니면 우리는 그리스도를 닮기를 정직하게 원하는가? 그렇다면 그것은 우리가 택함을 받았다는 확실한 증거이다. 우리는 하나님의 모든 말씀에 의지하여 사는가?(마 4:4). 그리스도가 그렇게 하였다. 우리는 모든 것을 기도로 하나님께 호소하는가? 그리스도가 그렇게 하였다. 우리를 저주하는 자들에게 복을 주라고 하나님께 기도하는가? 우리는 죄가 없고 완전하지 않다. 우리는 종종 멀리 벗어나지만 정말로 그리스도를 따르는가? 만일 그렇다면 우리가 그리스도를 따른다고 인정하는 것은 교만한 자랑거리가 아니다. 우리의 많은 결점을 슬퍼하고 우리의 죄악에 대해 애통해 한다면 그것으로부터 위로를 받는 것은 자기의가 아니다.

"성령의 기쁨으로 도를 받아." 이 어구에서 "성령의"라는 한정사에 주목하라. 육적 환희가 아니라 영적 기쁨을 가리킨다. 이 어구가 목록을 마무리 짓는다는 것에도 주목하라. 마지막까지 가장 좋은 포도주를 간직해두는 것이 주님의 방식이기 때문이다. 입술로만 신앙을 고백하는 자들 가운데 이 깊은 영적 기쁨을 체험적으로 아는 자는 정말 적다. 거의 대다수의 종교는 자신들이 기뻐하지 않는 형태에 노예적으로 출석하는 것으로 구성된다. 비록 속으로는 예배에 참석하고 싶지 않더라도 참석하지 않으면 존경받지 못한다는 단순한 그 이유 때문에 예배에 출석하는 자들이 정말 많다. 기독교의 경우에는 그렇지 않다. 기독교 신자가 올바른 지성을 갖추고 있으면 주님을 예배하고 사랑하는 주님의 음성을 들으러 간다. 주님으로부터 사랑의 징표를 새로 받기를 구하고, 주님의 임재의 광채를 받기를 원한다. 그리스도가 함께 해주는 은혜를 입으면 야곱처럼 "이는 하나님의 전이요" 즉, 천국을 미리 맛보는 것이라고 외친다.

이제, 우리 주제의 이 매혹적인 측면에 관한 결론을 맺기 전에, 반드시 깊이 묵상해야 할 구절이 하나 있다.

> "그러므로 형제들아 더욱 힘써 너희 부르심과 택하심을 굳게 하라…"
> (벧후 1:10).

성경유오론자들은 이 말씀을 가지고 맹렬히 씨름해왔다. 진리의 원수들은 이 말씀을 왜곡하여 주장하기를, 이 말씀은 구원에 관한 하나님의 작정은 죄인 자신의 노력에 관한 예비적이고 조건적인 것에 불과하다고 떠든다. 이들이 부인하는 것은 영생으로의 예정은 절대적이며 철회불가능하다는 진리이다. 그와 더불어 구원으로의 예정은 인간 자신의 개인적인 노력에 부차적인 것이라고 주장한다. 다른 말로 하자면, 사람을 향한 하나님의 소망이 실현될는지 아니 될는지를 반드시 그 당사자인 사람이 결정해야한다는 것이다. 이 개념은 성경의 가르침에 전적으로 이질적인 것이다. 그뿐만 아니라 하나님의 영원한 목적의 비준 및 실현이 피조물에게서 나오는 것에 좌우된다고 말하는 것은 명백한 신성모독이다. 이런 주장이 사실이라면 우리가 선택받은 것은 불확실한 것일 뿐만 아니라 우리의 운명은 전적으로 절망적일 뿐이다.

"그러므로 형제들아 더욱 힘써 너희 부르심과 택하심을 굳게 하라"라는 이 말씀은 적지않은 하나님의 백성들에게 실제적인 문제를 제시해왔다. 하나님의 부르심과 택하심을 확실하게 만들기 위해 피조물 쪽에서 어떻게 노력할 수 있는지에 관해 몹시 당혹스러워했다. 비록 그 어려움이 해결되었더라도 그 노력이 어떤 형태를 취해야 하는지에 관해서도 상당히 곤혹스러웠다. 아, 나의 친구들이여! 하나님은 종종 우리의 믿음을 시험하고 우리의 마음을 겸비케 하고 우리의 무릎을 꿇게 하는 방식으로 성경에서 자신을 표현하였다. 다음 네 가지 사실에 주의를 집중하면 그 당혹감은 거의 해결될 것이다.

첫째, 이 말씀의 수신자는 특정한 사람들이라는 점.
둘째, "부르심과 택하심"이라는 비정상적인 순서라는 점.
셋째, 이 말씀에서 요구하는 "근면"(힘써)은 무엇인가라는 점.
넷째, 우리의 부르심과 택하심을 굳게 하라는 말이 무슨 뜻인가라는 점.

첫째, 수신자. 이 글의 수신자가 누구냐는 이 단순하지만 본질적인 원칙에 적절한 주의를 기울이면 엄청나게 많은 그릇된 해석을 피하게 될 것이다. 대부분의 잘못된 해석은 성경을 잘못 적용한 탓이다. 아이들의 떡을 개에게 던져줄 때, 전자의 입장에서는 부당하게 빼앗긴 것이고 후자의 입장에서는 소화시킬 수 없는 것을 받은 것이다. 신자에게 활용하라고 준 것을 불신자에게 적용시키는 것은 변명의 여지가 없는 잘못이다. 하지만 우리 앞에 있는 본문에 대해 이런 잘못을 범하였다. 하나님의 이 명령을 받들 수신자가 누구인지를 확인하는 데에는 전혀 어려움이 없다. 본 서신의 첫 머리에서 사도 베드로는 "동일하게 보배로운 믿음을 우리와 같이 받은 자들에게 편지하노라"라고 수신자를 밝힌다. 즉, 수신자는 **신자들**이었다. 10절 자체에서도 "형제들아"라고 부르고 타일렀다.

그렇다면 이 훈계는 죽어 있는 죄인들이 아니라 살아 있는 신자들에게 준 것이다. 거듭나지 않은 자들이 자신들의 부르심과 택하심을 확실한 것으로 만들기 위하여 무엇인가를 할 수 있다고 가르치는 것은 엄청난 무지일 뿐만 아니라 하나님의 말씀을 거짓말이라고 주장하는 것이다. 하나님의 종들이 거룩한 메시지를 전달할 때 그 첫 번째 책무는 교회와 세상을 가르는 경계선을 매우 명확하게 긋는 것이다. 이 문제에서의 실패 때문에 사단의 수많은 자식들이 하나님의 백성이라고 함부로 주장한다. 본문에 주의를 집중하면 거의 항상, 본문의 수신자가 누구인지를 즉, 일반적인 사람의 자녀들에게인지 아니면 특별히 하나님의 자녀들에게인지 분명히 알게 된다. 이것을 청중에게 명확하게 만들어주는 가장 간단하면서도 가장 효과적인 방법은 전자와 후자의 **특성들**(신분을 확인하기 위한 징표들)을 세심하게 묘사하는 것이다. 베드로는 본 서신의 첫 네 구절에서 바로 이 방침을 어떻게 따랐는지를 주의해서 살펴보라.

둘째, 본문에서는 "너희 부르심과 택하심"이라고 비정상적인 순서로 언급되어 있다. 얼핏 보면 이 순서는 어려운 문제인 것처럼 보이지만 좀 더 깊이 연구해보면 이 교훈을 이해하는 데 있어서 중요한 열쇠를 제공해준다. 사려 깊은 독자를 어리둥절하게 만드는 것은 어째서 "부르심"이 "택하심"보다 앞에 오느냐는 것이다. 앞의 여러 장에서 충분히 살펴본 것처럼 유효적 소명은 선택의 결과이기 때문이며, 유효적 소명은 선택을 나타내는 것이기 때문이다. 로마서 8:28에 따르면 신자는 하나님의 "뜻대로 부르심을 입은 자들"이다. 즉, 소명은 하나님의 목적을 추구하는 것이다. 로마서 8:30에서도 "미리 정하신 그들을 또한 부르시고"라고 말한다.

> "하나님이 우리를 구원하사 거룩하신 부르심으로 부르심은 우리의 행위대로 하심이 아니요 오직 자기 뜻과⋯은혜대로 하심이라"(딤후 1:9).

그렇다면 우리가 고찰하고 있는 베드로후서 1:10에서는 이 두 가지의 순서가 왜 뒤바뀌었는가?

세심하게 주의를 기울여야 하는 점은, 로마서 8:28, 30, 디모데후서 1:9은 하나님의 행위를 다루고 있는 반면에 베드로후서 1:10은 부르심과 택하심을 **우리의** 근면한 노력과 연결하여 언급하고 있다. 성경의 많은 부분에 대한 자세하고 올바른 이해는 오직 이런 특징들을 적절하게 고찰함으로써만 도달할 수 있다. 로마서 8장에서 바울은 교리를 해설하고 있고 베드로후서 1장에서 베드르는 일종의 훈계를 늘어놓고 있다. 이것이 주목할만한 차이점이다. 로마서 8장의 경우처럼 하나님의 방법을 해설할 때에는 그 본성적 혹은 논리적 질서대로 해야 한다. 그러나 그리스도인의 경험을 다룰 때에는 그 진리를 파악하는 질서를 따른다. 베드로후서 1:10의 경우가 그렇다. 즉, 먼저 유효적 소명을 받았다는 사실을 분명히 하고 그 다음에 택함을 받은 증거를 내놓는 것이다. 우리를 향한 하나님이 생각한 순서는 택하심이 먼저였고 그 다음에 부르심이었다. 그러나 사람이 경험하는 순서에 있어서는 부르심을 먼저 파악하고 그 다음에 택하심을 깨닫는다.

셋째, 이 말씀에서 요구하는 "근면"(힘써)은 무엇인가? 무수히 많은 사람들이 자신은 하나님으로부터 유효적 소명을 받았다고 생각하지만 단지 생각만 그렇다. 베드로후서 1:10에서 명령하는 의무에 기도하며 힘껏 헌신하지는 않고 단지 자신을 좋게 생각할 뿐이다. 어쩌면 많은 사람이 자신에 대해 매우 진지하게 가설을 세우지만 거짓된 마음에 이끌려 심각한 잘못을 범한다. 예정교리를 신조서에 채택하는 것만으로는 결코 충분치 않다. 누군가 그 점을 생동감 있게 표현하였다.

> 하나님의 선택이 진리이긴 하지만
> 나는 작은 위로를 받을 뿐이다.
> 하나님이 나를 선택하였다는 사실을
> 하나님이 입을 열어 내게 말씀해주실 때까지는.

하나님이 말씀을 통해 우리에게 명백하게 규정한 요구조건을 충족시킬 때까지는, 우리는 하나님이 이렇게 하실 것이라고 기대할 권리도 보증도 없다.

베드로후서 1:10이 훈계하는 첫 번째 것은 하나님의 "부르심"을 확실하게 하라는 것이다. 우리가 하나님의 거듭난 자녀라는 사실을 입증해주는 증거를 쌓아놓고 강화함으로써 그렇게 해야 한다. 그리고 성도로서의 품성과 행실을 계발해야 한다. 어떻게 하면 될까? 하나님이 공급하신 은혜의 방편을 사용하면 된다. 먼저, 매일 성경을 읽고 묵상하라. 하나님의 돌봄과 은혜를 구하는 은밀하고 뜨거운 기도를 하라. 하나님의 섭리가 허용하는 한 하나님의 백성들과 성도의 교제를 나누라. 각자의 마음을 신실하게 살펴서 거룩하지 못한 모든 것을 몰아내라. 자아를 엄격히 부정하고 십자가에 못 박아 죽이라.

자, 먼저 5-7절에서 어떻게 훈계하는지를 보자.

> "이러므로 너희가 더욱 힘써 너희 믿음에 덕을, 덕에 지식을, 지식에 절제를, 절제에 인내를, 인내에 경건을, 경건에 형제 우애를, 형제 우애에 사랑을 공급하라."

이제 10절을 보면, 동일한 의무를 다른 말로 표현한다. 현저한 평행구조를 보여준다. 그 반복에 주의하면 핵심요소가 드러난다. 5-7절에 훈계가 주어지고 8절에서는 그 훈계를 잘 이행하면 얻게 되는 결실을 보여준다. 10절에서는 5-7절과 유사한 훈계를 반복하고 11절에는 10절에 뒤따르는 결과를 보여준다. 따라서 10절을 이 문맥에 비춰 해석해야 한다. 이 문맥의 흐름에서, "여기에서의 근면(힘써)은 무엇을 요구하는가?" "그 근면은 무엇으로 구성되는가?"라는 질문을 고려해야 한다. 5-7절에 따르면, 언급된 은사들을 주의 깊게 계발함으로써 우리의 소명과 예정을 확인할 수 있을 것이다.

넷째, 우리의 부르심과 택하심을 굳게 하라는 말이 무슨 뜻인가? 먼저 주의해야할 것은, "확보하라"는 뜻이 아니라는 점이다. 부르심과 택하심은 하나님의 불변적인 의지에 의해 모든 성도에게 이미 확실하게 주어졌다.

"하나님의 은사와 부르심에는 후회하심이 없느니라"(롬 11:29).

성도의 부르심과 택하심이 확실치 않은 것은 하나님 쪽에서가 아니라 **사람 쪽에서**이다. 그리고 미래에 속한 것을 염두에 두고 있는 것도 아니다. 본문에서 언급한 부르심과 택하심은 현재의 성도들이 향유하고 있는 것이며, 우리의 형제들에게 확신케 하는 것이다. 5-7절의 훈계에 주목함으로써 우리 각자는 자신의 부르심과 택하심을 입증하고 교회에 증거해야 한다. 어떤 사람이 내게 다가와서 자신은 하나님의 예정을 믿고 자신은 하나님으로부터 부르심을 받은 것이 분명하다고 말할 수는 있다. 그러나 나는 그 사람의 성품과 행실에서 5-7절에서 언급된 영적 은사들을 확인하지 못한다면 나는 그 사람에게 (마치 바울이 갈라디아 교인들에게 말했던 것처럼) "당신에 대해서는 확신이 안 섭니다. 좀 의심스럽습니다"라고 말해야 한다. 그렇다면 본문의 의미는 바로 이것이다. **당신의 소명과 예정을 당신 자신의 양심에 확고부동한 것으로 세우라. 그리고 하나님의 자녀답게 삶으로써 당신이 한 고백의 정당성을 다른 사람들에게 입증하라.**

마지막으로, 본문은 훈계에 부응할 때 두 가지 결과가 뒤따른다고 지적한다. 하나는, "이것을 행한즉 언제든지 실족지 아니하리라"라는 것이다 (10절). 5-7절에서 언급된 영적 은사를 착실하게 힘껏 계발하는 (즉, 자기 자신과 형제들을 향하여 자신의 소명과 예정을 확실한 것으로 만드는) 자들은 하나님과의 교제로부터 떨어져나가지 않을 것이고, 진리를 떠나 거짓 교리와 오류에 빠지지 않을 것이고, 심각한 죄를 범하지 않을 것이고, 자신의 기독교 신앙을 욕되게 하지 않을 것이고, 믿음의 정절을 버리고 뒤로 물러나 영적인 맛을 잃게 되는 일도 없을 것이고, 하나님의 징계를 받게 되지 않을 것이고, 모든 확신을 상실할 정도로 낙담하게 되지도 않을 것이고, 영적으로 무익한 상태에 빠지지도 않을 것이다. 또 다른 결과는, **"이같이 하면** 우리 주 곧 구주 예수 그리스도의 영원한 나라에 들어감을 넉넉히 너희에게 주시리라"라는 말씀에서 찾아볼 수 있다(11절). 지금 여기에서 경험적으로 이뤄지고, 장래에도 충분하고 명예롭게 이뤄질 것이다. 이것은 영적 "근면" 즉, 힘써 도모하여 얻는 결과 및 보상이다. 11절에서 "주시리라"(ministered)라는 단어와 5절에 있는 "더하라"(add)라는 단어는 헬라어 원문에서는 동일한 단어(ἐπιχορηγέω)이다.

이제 요약하자. 진짜 신자는 자신이 하나님의 택함을 받은 자라는 것을 어떻게 확인하면 될까? 자신이 진짜 기독교인이라는 바로 그 사실이 입증해준다. 그리스도를 믿게 된다는 그것이 하나님이 영생으로 예정해놓은 것의 확실한 결과물이기 때문이다(행 13:48). 그러나 좀 더 상세하게 따져보자. 나는 내가 택함받았다는 사실을 어떻게 알게 될까? **첫째**, 하나님의 능력으로 내 영혼에게 다가와서 나의 자기만족을 박살내고 나의 자기의를 부정한 하나님의 말씀에 의하여 안다. **둘째**, 내가 재앙적이며 죄책을 짊어지고 파멸한 상태에 있음을 확신시켜준 성령에 의하여 안다. **셋째**, 나의 절망적인 상태를 바로 잡아줄 그리스도의 적절성과 충분성을 나에게 계시해주었기 때문에 안다. 그리고 그리스도를 나의 유일한 소망으로 붙잡고 의존하도록 만드는 하나님이 선물로 주신 믿음에 의하여 안다. **넷째**, 내 안에 있는 새로운 본성의 징표들 즉, 하나님을 향한 사랑, 영적인 것들을 향한 갈망, 거룩을 향한 목마름, 그리스도를 닮으려는 노력에 의해서 안다. **다섯째,** 새로운 본성이 옛 본성에 대하여 일으키는 저항 즉, 나로 하여금 죄를 혐오하게 만들고 죄를 좋아하는 나 자신을 싫어하게 만드는 것에 의하여 안다. **여섯째,** 하나님 말씀이 정죄하는 모든 것을 열심히 피하고, 하나님 말씀을 범하는 모든 죄를 진정으로 뉘우치고 겸손히 고백함으로써 안다. 이 문제에서 실패하면 매우 신속하고 확실하게 먹구름이 몰려와 우리의 확신을 뒤덮고 성령의 증거를 사라지게 만든다. **일곱째,** 기독교적 은사들을 힘써 계발하고 모든 합법적인 수단을 사용하여 이 목적을 이룸으로써 안다. 따라서 선택을 아는 지식은 누적적이다.

9장_ 선택의 복됨

선택의 복됨

첫째, 선택교리는 **하나님의 성품을 찬양**한다. 선택교리는 하나님의 은혜를 높인다. 선택은 구원은 하나님의 값없는 선물이며 하나님이 기뻐하는 자에게 거저 베푸시는 것임을 드러낸다. 틀림없이 그렇게 된다. 선택을 받는 자들 자체는 선택을 받지 않는 자들과 조금도 다를 것이 없고 더 나을 것도 없기 때문이다. 선택은 어떤 사람들을 지옥에 가도록 허용한다. 모든 사람이 멸망당해야 마땅함을 보여준다. 그러나 은혜가 마치 그물처럼 드리워져 파멸한 인류로부터 한 무리를 건져 올린다. 영원토록 하나님의 주권적 자비를 기념한다. 선택은 하나님의 전능성을 나타낸다. 선택은 하나님이 완전한 능력을 갖고 계시며 온 땅을 다스리는 통치자임을 알리고, 어떤 누구도 하나님의 뜻에 성공적으로 저항할 수 없고 하나님의 비밀스러운 목적을 좌절시킬 수 없다고 선포한다. 선택은 하나님이 사람이 마음에 품은 반대를 깨뜨리고, 육적 생각의 적의를 가라앉히고, 하나님이 택한 자들을 그 저항할 수 없는 능력으로 그리스도에게 이끌어준다는 것을 드러낸다. 선택은 "우리가 사랑함은 그가 먼저 우리를 사랑하셨음이라"고 고백하고(요일 4:19), "주의 권능의 날에 주의 백성이 거룩한 옷을 입고 즐거이 헌신"하게 만들 것이기 때문에 믿는다고 고백한다(시 110:3).

선택교리는 모든 영광을 하나님께로 돌린다. 선택교리는 어떤 자랑거리도 피조물에게 허용하지 않는다. 선택교리는 거듭나지 않은 자는 올바른 생각을 내놓을 능력도 올바른 정서를 일으킬 능력도 올바른 의지를 발생시킬 능력도 없음을 나타낸다. 선택교리는 우리가 의지를 품고 그 의지대로 행동하기 위해서는 반드시 하나님이 우리 안에서 역사해야 한다고 주장한다. 선택교리는 회개와 믿음은 하나님의 선물이며 죄인은 구원의 대가를 지불하는데 아무런 기여를 하지 못한다고 선언한다. "우리가 아닙니다. 우리가 아닙니다. 우리를 사랑하여 자기 피로 우리 죄악을 씻어낸 주님께 영광을 돌려야 합니다"라고 말할 뿐이다. 우리가 사반세기 동안 물러서지 않고 한결같이 그렇게 주장해왔다.

> "주님은 주권적 은혜에 따라 죄인들을 구별한다. '내가 다시는 이스라엘 족속을 긍휼히 여겨서 사하지 않을 것임이니라 그러나 내가 유다 족속을 긍휼히 여겨 저희 하나님 여호와로 구원하겠고' 라고 선언한다(호 1:6, 7). 유다 족속도 죄를 범하지 않았던가? 여호와가 유다 족속도 내버렸던 것은 아닌가? 정말이지, 여호와는 정의롭게 그렇게 하였을 것이다. 그러나 여호와는 자비를 즐거워하신다. 저희는 죄를 많이 저질렀다. 죄에 합당한 처벌을 가해 의를 바로 세웠다. 저들은 그리스도를 믿지 않고 자신들의 죄 가운데 죽는다. 그러나 하나님은 그 위대한 마음에 따라 많은 사람에게 자비를 베푸신다. 받을 자격이 없이 받은 은혜 이외의 다른 어떤 근거

에 의해서는 도무지 구원받을 수 없었을 자들이다. 하나님은 자신의 왕권을 주장하면서 '나는 은혜 줄 자에게 은혜를 주고 긍휼히 여길 자에게 긍휼을 베푸느니라'라고 선언한다(출 33:19, 롬 9:15). 자비를 베풀 대권은 하나님의 주권성에 속한다. 즉, 그 대권을 발휘할 권한은 하나님의 것이다. 하나님은 자신이 원하는 곳에 자비를 베푼다. 어떤 피조물도 하나님께 권리를 주장하지 못하기 때문에, 그렇게 할 권리는 오직 하나님의 것이다"(스펄전, "하나님의 구원" 호 1:7).

이렇듯, 영원한 진리에서 선택이라는 이 축복된 측면은 결코 가볍게 거부할 수 있는 것이 아니다. 그렇다. 지극히 엄숙하고 진지한 문제이다. 하나님의 말씀을 우리에게 줄 때는, 우리가 마음에 드는 부분만 골라잡고 즉, 취사선택하고 우리의 이성과 기분에 맞지 않으면 경멸하라는 의도가 아니다. 하나님은 말씀을 하나의 전체로 주셨고, 그 말씀에 의하여 우리 각자를 판단해야 한다. 선택교리를 거부하는 것은 대단한 불경건이다. 하나님의 예정을 부인하는 것은 예정의 하나님을 부인하는 것이다. 하나님의 지엄한 주권에 굴복하기를 거절하는 것이다. 부패한 설교자가 거룩한 창조주에게 반대하는 것이다. 주제넘은 교만이 자신의 운명은 자신이 결정한다고 주장하는 것이다. 선택교리를 부인하는 것은 "내가 하늘에 올라 하나님의 뭇별 위에 나의 보좌를 높이리라… 지극히 높은 자와 비기리라"라고 큰소리친 루시퍼의 정신이다.

둘째, 선택교리의 복됨은 이 교리가 **구원의 계획에 있어서 지극히 중요한 교리**라는 점에서 나타난다. 이 사실을 먼저 하나님 편에서 고찰해보자. 만일 구원문제에서 삼위일체 하나님의 하나님다운 행위들을 인식하고 높이고 인정해야 한다면 이 선택교리에 대한 성경의 묘사는 필수불가결하다. 구원은 하나님의 어느 한 위격에서만 나오지 않고 영원한 세 위격 전체로부터 동등하게 나온다. 여호와는 삼위일체의 각 위격이 똑같이 찬양을 받고 영광을 받도록 처리하였다. 아버지 하나님은 실제로 그리고 참으로 주 예수만큼이나 성도의 구원자이시다. 성령 하나님도 마찬가지다. 디도서 3:4-6에서 아버지 하나님과 예수 그리스도를 어떻게 표현하였는지를 잘 살펴보라. 5절과 6절에서는 예수 그리스도의 구속사역을 묘사하고 6절 끝에서 "우리 구주 예수 그리스도"라고 적시한다. 반면에 4절에서는 아버지 하나님의 사역을 설명하면서 "우리 구주 하나님"이라고 한다. 그러나 만일 선택교리를 제거하면 이 점을 간과하게 되고 시야에서 놓치게 된다. **예정**은 아버지 하나님께, **속죄사역**은 아들 하나님에게, **중생사역**은 성령 하나님께 속한다. 우리의 구원을, 아버지 하나님이 시작하고 아들 하나님이 유효화시키고 성령이 완성한다. 아버지 하나님의 예정을 부인하는 것은 구원의 근본토대를 제거하는 것이다.

이제 선택교리를 사람 편에서 고찰해보자. 죄인의 소망은 하나님의 선택이라는 기초 위에 서 있다. 본성적으로 모든 사람은 진노의 자녀이다. 실제적으로 모든 사람은 잘못된 길로 나아갔다. 인류 전체가 하나님께 범죄하였다. 예외 없이 모든 사람이 하나님의 진노의 대상이다. 그래서 사람을 그 자신 그대로 내버려두면 예외 없이 파멸당할 것이다. 모든 사람은 "진흙 한 덩이"에서 나왔고, 계속해서 본성의 손길에 맡겨두면 예외 없이 "천히 쓸 그릇"이 될 것이다(롬 9:21). 어떤 누구든 구원을 받았다는 것은 하나님의 은혜에 속하는 문제이다(롬 11:4-7). 이사야 선지자에 따르면(사 42:1), 죄인의 구속자인 예수 그리스도 자신도 택함을 받았다. 그리고 구원받을 모든 사람은 예수 그리스도 안에서, 창세전에, 아버지로부터 선택을 받고, 아버지로부터 아들에게 주어진다. 하나님이 자신의 독생자에게 준 자들의 구원을, 예수 그리스도가 사람의 본성을 취하여 자신의 생명을 속 전으로 내어주어 성취한다.

성경책을 주고 사역자들을 보내고 복음을 선포하고 성령이 임재하는 것은 택자들을 불러내기 위한 것이다. 사람이 하나님에 관하여 가르침을 받고 아버지에 의해 이끌리고 성령에 의해 거듭나고 보배로운 믿음을 나눠 받고 양자의 영과 기도의 영과 성결의 영을 받는 것은 예정을 성취하기 위한 것이다. 사람이 복음에 순종하는 존재가 되고 성령에 의해 거룩하게 씻김을 받아 하나님 앞에서 거룩하고 흠 없는 존재가 되는 것은 하나님의 택함이 맺는 결과이다. 만일 하나님의 택하심이 없었더라면 하나님의 구원도 없었을 것이다. 이것은 결코 우리끼리 멋대로 떠벌이는 주장이 아니다. 성경의 가르침이다.

> "만일 만군의 주께서 우리에게 씨를 남겨 두시지 아니하셨더면 우리가
> 소돔과 같이 되고 고모라와 같았으리로다"(롬 9:29, 사 1:9).

파멸에 처한 죄인은 자신을 구원하지 못한다. 하나님께는 그런 죄인들을 구원할 책임이 조금도 없었다. 만일 하나님이 **구원해주기**를 기뻐한다면, 하나님이 원하는 자를 구원한다. 선택은 죄인의 소망을 밑받침해주는 기초일 뿐만 아니라 성도가 천성을 향해 나아가는 모든 발걸음에 함께 한다. 선택은 성도에게 구원의 기쁜 소식을 가져다준다. 선택은 성도의 마음을 활짝 열어 구원자를 영접하게 한다. 믿음의 모든 행위에, 모든 거룩한

의무에, 모든 효과적 기도에 선택이 있다. 선택이 성도를 불러낸다. 선택이 그리스도 안에서 성도를 살려낸다. 그 영혼을 아름답게 만든다. 의와 생명과 영광의 면류관을 씌워준다. 선택 안에는 "너희 속에 착한 일을 시작하신 이가 그리스도 예수의 날까지 이루실" 것이라는 보배로운 확신이 담겨 있다(빌 1:6). 하나님으로 하여금 자신의 백성을 선택하도록 만든 원인은 결코 사람에게 있지 않았다. 하나님은 백성들 안에 있는 것이나 백성들로부터 나오는 것을 허용하는 방식을 취하지 않으며 백성들로부터 나오는 것 때문에 자신의 선택을 취소하지도 않는다. 로마서 8:30이 명확하게 지적하는 것처럼 예정은 영화롭게 되는 것과 관련되어 있으며 따라서 택자가 양자 사이에서 겪는 모든 필요를 채워주겠다는 보장이다.

셋째, 선택교리의 복됨은 그 본질적인 기본요소들에 나타난다. 그 기본요소들 가운데 서너 가지를 발췌해서 다뤄보자. 첫째, 하나님의 택함을 받는다는 것은 최상의 영예이다. 어떤 선택이든 선택하는 주체는 선택받는 객체에게 가치를 부여한다. 왕의 선택을 받아 관리가 된다는 것, 혹은 나라의 부름을 받는다는 것은 그 당사자에게 대단한 명예를 부여한다. 영적인 문제에서도 마찬가지다. 바울은 디도를 여러 교회의 택함을 받았다고 특별히 천거한다(고후 8:18-19). 그러나 유일하게 위대하고 전능한 하나님이 우리처럼 비참하고 경멸할만하고 무가치하고 추악한 피조물을 선택한다는 것은 상상을 불허한다(고전 1:26-29). 어떻게 이런 일이 일어날 수 있는지를, 얼마나 경이로운 일인지를 생각해보라. 주 예수에 대해 "보라 나의 택한 종"이라고 정말 존귀하게 강조한 방식에 주목하라(마 12:18). 주 예수 그리스도의 몸된 지체들에 대해서도 "자기의 택하신 백성을 위하여"

라고 강조한 것에도 주목하라(막 13:20). 다시 말하자면, 이것은 선택의 결과로 빚어지는 탁월성이다. 저들은 **택함 받은 자들**이다. 하나님의 택함을 받은 자들에게는 하나님의 택하심으로부터 지고한 가치와 명예와 탁월성이 뒤따를 수밖에 없지 않은가? 하나님의 택함을 받은 자들은 틀림없이 가장 멋진 존재가 될 것이다. 하나님의 행위가 그들을 그런 존재로 만든다. 베드로전서 2:6의 "내가 택한 보배롭고……모퉁이 돌"이라는 표현에서 그 순서에 주목하라. 즉, 택함을 받았기 때문에 보배롭다. 하나님의 성도들에게서 가장 두드러진 것을 보자. 성도들의 가장 고귀한 지위와 명예는 무엇인가? 성경은 다음과 같이 말한다.

"내가 뺀 내 종 다윗이…"(왕상 11:34).

"또 그 종 모세와 그 택하신 아론을 보내시니"(시 105:26)

"주께서 가라사대 가라 이 사람은… 택한 나의 그릇이라"(행 9:15).

"오직 너희는 택하신 족속이요… 그의 소유된 백성이니… 불러내어… 들어가게 하신"(벧전 2:9).

즉, 성도들이 가진 가장 고귀한 명예는 택함을 받았다는 것에 있다. "그의 소유된 백성"이라는 표현은 "열국 중에서 내 소유가 되겠고"에서 나왔고(출 19:5), 하나님께 사랑받았다는 의미이다.

"내가 너를 보배롭고 존귀하게 여기고 너를 사랑하였은즉"(사 43:4).

다시 말하자면, 다음과 같은 고상한 특권으로 **충만**하다는 사실에 주목하라.

> "주께서 택하시고 가까이 오게 하사 주의 뜰에 거하게 하신 사람은 복이 있나이다"(시 65:4).

그렇다. 택함을 받은 자라는 것은 "영영토록 지극한 복을 받게 하시며 주의 앞에서 기쁘고 즐겁게 하신 자"가 되었다는 뜻이다(시 21:6). 히브리적 개념으로는, "축복을 받도록 정해진" 즉, 오로지 축복을 위하여 구별되거나 정해진 자라는 의미이다. 신약성경에서의 개념을 살펴보자.

> "찬송하리로다 하나님 곧 우리 주 예수 그리스도의 아버지께서 그리스도 안에서 하늘에 속한 모든 신령한 복으로 우리에게 복 주시되 곧 창세 전에 그리스도 안에서 우리를 택하사…"(엡 1:3-4).

그렇다면 선택은 모든 복락이 흘러나오는 화수분(貨水盆)이다. 택자들은 하나님께로 가장 가까이 다가가서 하나님과 연합하도록 하고 하나님과 최상의 교제를 나누도록 선택받은 자들이다. 하나님이 우리를 선택한 시점도 고찰해보라. 바울은 그 시점을 "처음부터" 즉, 창세 전이라고 말한다(살후 2:13). 하나님은 하나님으로서 줄곧 우리를 사랑하셨다. 그리고 하나님이신 동안에는 계속해서 우리를 사랑하실 것이다. 하나님은 영원 전부터 존재하고 영원히 계속해서 하나님으로 존재한다(시 90:2). 우리를 향한 하나님의 사랑은 "내가 너를 영원한 사랑으로 사랑하였다"라고 선언하실 정도로 오래된 사랑이다. 하나님의 사랑은 하나님 자신을 닮은 것으로서

원인이 없고 변함이 없고 끝이 없다. 택함을 받는 것이 얼마나 복된 것인지는 택자들의 수효가 상대적으로 적다는 점에서 다시 나타난다. 특권을 향유하는 사람들이 한줌 밖에 안 된다는 것은 노아와 그 가족이 대홍수로부터 보존된 경우에서처럼 더한층 높이 찬양할 만한 것으로 만든다.

> "방주에서 물로 말미암아 구원을 얻은 자가 몇명 뿐이니 겨우 여덟 명이라"(벧전 3:20).

"겨우 여덟 명"이라는 숫자는 완전히 멸망당한 온 세상의 경건치 않은 자들과 정말 대조적이다. 바로 그 사실 및 대조를 그리스도는 누가복음 12장에서 강조하였다. 30절에서 "이 모든 것" 즉, "세속적인 것들"은 세상 백성들이 구하는 것"이라고 하면서 이런 것들을 세상 사람들에게 준다고 말씀하신다. 반면에 32절에서는 30절과 대조적으로 "적은 무리여 무서워 말라 너희 아버지께서 **그 나라**를 너희에게 주시기를 기뻐하시느니라"라고 말씀한다. 그리스도는 이 대조를 통해서, 적은 무리에게는 더 큰 은혜를 베풀어 영적이며 영원한 은총을 주고 나머지 모든 사람들에게는 단지 물질적이며 일시적인 것들만을 몫으로 주신다는 것을 보여줄 취지였다.

이 엄연한 사실이 우리의 마음에 어떤 영향을 미칠까? 사랑하는 독자여! 눈을 들어 세상을 둘러봐라. 당신이 원하는 곳을 살펴봐라. 무엇이 보이는가? 현 세대에 관해서는 다른 모든 족속들과 마찬가지로 하나님은 그들을 '자기 소견대로' 행하도록 내버려두었다고 말할 수밖에 없지 않은가? 슬프게도 이 시대에 속한 사람들에 관하여서는 "온 세상은 악한 자 안에 처한 것"이라는 요한일서 5:19의 결론에 동의할 수밖에 없지 않은가? 하나님께 속한 적은 수의 사람들은 온 세상의 인류라는 거대한 농장에 비하면 정말이지 드물게 흩뿌려졌고 한줌의 이삭 밖에 안 된다. 정말 망각하지 말아야 할 엄연한 진실은, 지금 우리 눈앞에 나타나는 것은 영원 속에서 예정된 것의 실현에 불과하다는 점이다. 온 우주의 보좌 위에 계신 하나님을 실망케 하거나 좌절하게 할 것은 존재하지 않는다. 여호와는 자신의 길을 "회리바람과 광풍에" 둔다(나 1:3).

이 놀라운 대조가 우리 마음에 얼마나 깊게 영향을 미칠지를 다시 말해 보자. 토마스 굳윈(Thomas Goodwin)은 다음과 같이 말하였다.

> "수많은 사람들, 다른 사람들 전체가 멸망을 당할 때 소수의 사람들이 택함을 받고 구원을 받는다. 이 사실은 우리가 받은 구원의 자비와 은혜를 정말 크게 부각시킨다. 멸망당하는 다른 사람들에게는 주지 않는 많은 외적 수단을 소수의 택자들에게는 구원하기 위하여 섭리 가운데 주시기 때문이다. 이 사실은 생명을 보존 받는 자들에게는 얼마나 큰 영향을 미치는가? 그 구원이 놀랍고 큰 것일수록 그 영향은 훨씬 더 큰 것이다."

이 사실은, 온 세상을 휩쓴 대홍수로부터 단지 노아의 가족 몇 사람만이 살아남은 경우와 같은 구약성경 시대의 모형과 그림자들로부터 나타난다. 천사의 손에 붙잡혀 소돔 성 밖으로 끌려나온 롯의 경우도 마찬가지이다. 그렇다면 그 이유는 무엇인가? 창세기 19:16은 "여호와께서 그에게 인자를 더하심이었더라"라고 그 까닭을 밝힌다(창 19:16). 19절에서 롯이 자신이 받은 구원에 관련하여 "종이 주께 은혜를 얻었고 주께서 큰 인자를 내게 베푸사 내 생명을 구원하시오나"라고 깊이 감동하고 평가한 것에 주목하라.

그러나 좀 더 깊이 고찰해야 할 것은, 우리는 택함을 받지 못한 사람들과 동일한 파탄과 진노의 상태로부터 구원을 받았다는 점이다. 노아는 "의인이요 당세에 완전한 자"였다(창 6:9). 롯은 "의로운" 자였고 악한 사람들 가운데 살면서 "날마다 저 불법한 행실을 보고 들음으로 그 의로운 심령을 상하였다"(벧후 2:7-8). 노아와 롯은 당대인들이 하나님으로 하여금 홍수와 불을 보내 심판하게 만든 저 무서운 죄악을 범하지 않았다. 그러나 하나님이 **우리를** 구원으로 예정할 때 우리는 하나님 앞에서 모든 인류와 동일하게 부패와 죄책의 상태에 있었다. 오직 주권적인 하나님의 주권적인 작정이 뜻을 세워줌으로써만이 우리 존재를 죄악과 진노의 상태에서 은혜와 의의 상태로 바꿔놓았다. 그렇다면 본질적으로 전혀 차이가 없는 자들(롬 3:22) 사이에 이런 차이를 만들어낸 하나님의 자비는 얼마나 굉장한 것인가? 오, 정말 놀라운 사랑, 정말 진심어린 순종, 정말 놀라운 찬양을 드려야 마땅하다!

넷째, 선택교리의 복됨은, 이 교리를 참되게 파악하면 **거룩이 심대하게 증진된다**는 점에서 나타난다. 택함을 받은 자들은 하나님의 뜻에 따라 거룩한 부르심으로 예정되었다(딤후 1:9). 그 목적을 성취함으로써 택자들은 실제적이며 유효적으로 거룩에 도달한다. 하나님은 택자들을 거룩치 못한 세상으로부터 구별한다. 하나님은 택자들의 마음판에 자신의 법도를 기록하고 자신의 인을 찍는다. 택자들을 하나님의 본성에 참여하도록 만들고 창조주의 형상으로 새로운 피조물이 되도록 한다. 택자들은 하나님의 거처가 되고 그 육신은 성령의 전이 되며 하나님이 이끌어준다. 영광스러운 변화가 택자들에게서 일어나고 그 성품과 행실이 바뀐다. 어린양의 피로 옷을 씻어 하얗게 만든다. 옛 것은 지나가고 모든 것이 새로워진다. 뒤에 것은 잊고 앞에 있는 것을 향하여 매진한다. 택자들은 하나님을 향한 왕이며 제사장이다. 장차 영광의 면류관을 쓸 것이다.

무시하게도 선택교리는 방종하게 만들 뿐이며 죄에 대한 부주의와 편안한 마음가짐을 만들 뿐이라고 말하는 자들이 있다. 이런 식의 혐의는 선택교리를 만든 하나님을 신성모독적으로 생각한 것이다. 우리가 앞에서 길게 고찰해본 것처럼 이 진리는 하나님의 말씀에서도 현격한 지위를 차지한다. 하나님의 말씀은 **거룩**하고 하나님의 말씀 전체가 **의**로 교육하기에 유익하다(딤후 3:16). 모든 사도가 하나같이 선택교리를 믿고 가르쳤다. 모든 사도가 경건을 북돋았고 방종한 생활을 조장하지 않았다. 정말이지, 다른 모든 성경의 가르침처럼 이 교리도 악한 자들에 의해 **왜곡**되고 악용되었다. 그러나 이 선택교리에 맞서 싸울 때 이 교리는 인간의 부패가 무서울 정도로 광범위하게 퍼졌다는 것을 입증하는데 기여한다. 거듭나지 않은 자들도 선택교리를 지적으로 옹호하고 치명적인 무기력에 빠지는 경우가 있다. 그러나 선택교리를 **진심으로** 받아들였을 때는 결코 이런 결과를 낳지 않는다.

믿음과 순종과 거룩은 선택이 낳는 불가분리적 결과들이며 열매라고 성경이 명명백백하게 가르친다(행 13:48, 엡 1:4, 살전 1:4-7). 그리고 앞의 여러 장에서 충분하게 설명하였다. 결코 틀림없는 사실이다. 선택은 언제나 중생과 성화를 포함한다. 거듭나고 거룩해진 영혼이 자신의 영적 갱신은 오직 하나님의 주권적 예정에만 빚진 것이라는 사실을 발견할 때, 어떻게 참으로 깊은 감사의 마음을 갖지 않을 수 있겠는가? 열매를 풍성히 맺는 순종의 거룩한 길 이외에 다른 어떤 방법으로 감사를 표할 수 있겠는가? 자기에게 베푼 하나님의 영원한 사랑을 깨닫게 되면 반드시 하나님을 향한 응답적 사랑이 깨어난다. 하나님의 사랑에 대한 깨달음이 존재하는 곳에는 모든 것에서 하나님을 기쁘게 하려는 진지한 노력이 존재한다. 하나님의 특별한 사랑에 대한 영적 지각은 진정한 경건을 추구하도록 만드는 가장 강력한 추진 동기이다.

만일 거룩을 구성하는 주된 요소를 상세하게 다룬다면 이 장은 기약 없이 길어질 것이다. 하나님이 우리에게 마음을 쏟도록 만들 것이 우리 안에는 전혀 없다는 사실과, 하나님은 우리를 파멸하였고 지옥에 던져야 마땅한 피조물임을 미리 알았다는 사실을 적절하게 고찰한다면 우리의 영혼은, 다른 어떤 것도 해내지 못할 정도로 **겸손히 낮아진다.** 우리에게 관련된 모든 것은 전적으로 하나님의 처분에 달려있다는 영적 깨달음은 우리로 하여금, 다른 어떤 것도 해내지 못할 정도로 하나님의 주권적 의지에 **굴복하게** 만든다. 영원 전부터 하나님은 우리에게 마음을 정해두었고 우리를 선택하여 하나님의 특별한 보물로 삼았다는 믿음의 지각은 우리로 하여금 **세상을 경멸하게** 만든다. 동료 신자들이 하나님의 택함과 사랑을 받은 자들이라는 지식은 그들을 향해 사랑과 친절의 마음을 품도록 만든다. 하나님의 영원한 뜻은 불변적이며 모든 필요를 틀림없이 채워준다는 확신은 어떤 시련을 겪더라도 확고한 **위로**를 제공한다.

10장_ 선택에 대한 반대

선택에 대한 반대

선택교리를 성경적으로 제시할 때마다 격렬한 반대와 호된 비난에 직면한다. 기독교가 등장한 이후의 전 시대에 걸쳐, 예외 없이 모든 족속과 계층에서 반대하였다. 하나님의 지엄한 대권을 설명해보라. 하나님의 은혜의 주권을 선포해보라. 사람은 단지 거룩한 조물주의 손에 붙잡힌 한낱 진흙덩어리일 뿐이며 하나님보시기에 좋은 대로 진노의 그릇을 만들든 자비의 그릇을 만들든 한다고 말해보라. 그러면 즉각적으로 성난 항의의 외침이 터져 나온다. 설교자가 타락한 피조물은 조물주에게 어떤 권리주장도 할 수 없고 조물주 앞에 단지 중죄인일 뿐이며 영원한 심판을 받을 수밖에 없다고 주장하게 해보라. 아담의 모든 후손은 전적으로 부패하여 그 생각은 하나님을 적대시하고 고질적인 불순종의 상태에 있고, 그 마음도 부패하여 영적인 것들에 대한 갈망은 조금도 없고, 그 의지도 전적으로 악의 지배를 받기에 주님을 향해 돌이킬 능력이 없다고 선언하게 해보라. 그러면 그 설교자를 이단자라고 규정할 것이다.

그러나 선택교리는 하나님의 자녀에게는 놀랄 것도 기겁을 할 것도 아니다. 하나님의 자녀가 성경을 잘 알게 될수록 모든 세대마다 하나님의 신실한 종들은 진리를 선언하다가 미움을 받고 박해를 받았다는 사실을 알게 된다. 오물더미에 햇빛이 비추면 고약한 악취가 난다. 늪에 고인 썩은 물에 햇빛이 비추면 병원균이 증식한다. 그렇다고 태양을 비난해야 하는가? 분명히 아니다. 성령의 검이 교만의 밑뿌리까지 찔러대고 사람이 부패하고 불결한 존재임을 드러내고 무기력한 피조물로 몰아넣고 파산한 알거지처럼 흙더미에 파묻어 넣고 주권적인 하나님의 기뻐하신 뜻에 전적으로 의존하는 존재라고 선언할 때, 격렬한 반대가 터져 나오고, 이처럼 육신을 죽이는 교훈을 침묵시키려는 결연한 노력을 한다.

선택교리를 거부하는 자들이 대체로 사용하는 방법은 **거짓된 설명**을 내놓는 것이다. 예정교리는 장엄하고 영광스러워서 조금이라도 반론을 제기하려면 반드시 왜곡해야 한다. 예정교리를 혐오하는 자들은 그 교리를 실제 그대로 바라보지도 언급하지도 못한다. 반대자들은 선택을 마치 자신들을 그리스도의 형상을 닮지 못하게 하는 교리인 것처럼, 그렇다, 마치 하나님의 택함을 받은 자들은 계속해서 온갖 사악한 짓을 저지르면서도 천국에 갈 수 있지만 택함을 받지 못한 자들은 제아무리 덕을 많이 쌓아도 제아무리 열심히 의를 갈망하고 추구해도 기필코 멸망할 수밖에 없다는 주장인 것처럼 취급한다. 이처럼 거짓된 추론을 내놓고 기괴한 풍자를 하고 파렴치한 기법을 동원하여 편견을 만들어낸다.

하나님의 원수들은 이처럼 사악한 노력을 기울여 이 축복된 교리를 왜곡하고 파괴한다. 오물을 끼얹고 더러운 것들로 뒤덮으려고 한다. 몰아내고 혐오해야 할 것처럼 분노의 눈빛으로 쏘아본다. 이처럼 부정한 괴물을 만들어 "선택"이라는 이름을 붙인다. 그리고는 온 세상 앞에 "악"이라고 내동댕이친다. 이렇게 해서 하나님의 진리 가운데 가장 보배로운 부분에 대해 수많은 사람들을 속여 넘겼다. 이렇게 해서 하나님의 백성들 가운데 심하게 당황하고 괴로움을 겪은 사람들이 있어왔다. 그리스도의 결연한 반대자들은 그리스도와 그 사도들이 가르친 교리에 욕설을 퍼부었다. 그러나 그리스도의 친구요 제자들이라고 고백하는 자들이 선택교리를 거부하는 데 동참하는 것은 옛 뱀 즉, 마귀의 교활함을 증명하는데 기여할 뿐이다. 마귀는 정상적인 성도를 설득하여 그리스도를 반대하는 악행에 동참하도록 할 때 가장 즐거워한다. 그렇다면 독자는 이러한 반대에 직면하여 흔들려서는 안 된다.

이런 반대자들의 거의 대다수는 자신이 반대하는 선택교리를 실질적으로는 거의 혹은 전혀 이해하지 못한다. 선택교리에 관한 성경의 가르침에 대해 대체로 무지하고 이 주제를 진지하게 연구할 능력이 없다. 반대론자들이 아무리 선택교리에 주의를 집중하더라도 편견의 장막이 시야를 가로막기 때문에 대개 소용이 없다. 그러나 이들은 충분한 노력을 기울여 오직 선택교리만이 거룩 즉, 마음과 삶의 거룩으로 이끌어준다는 사실을 발견하더라도 선택교리를 제거하기 위해 오히려 갑절의 노력을 한다. 기독교 신자라는 사람들이 선택교리를 비방하는 일에 동참할 때 우리는 그들이 선택교리를 적절하게 이해하지 못한 탓이라고 애정어린 결론을 내린다.

비방자들은 일방적인 관점에서 선택교리를 바라본다. 왜곡된 렌즈를 통해서 관찰한다. 잘못된 각도에서 접근하며 생각한다. 반대자들은 선택이 영원한 사랑에 근원을 두었다는 사실을, 선택이 없었다면 기필코 멸망할 수밖에 없는 일단의 사람들을 영원한 구원으로 골라내는 것임을, 택함을 받은 이들을 자원하고 순종적이며 거룩한 백성으로 만들어주는 것임을 깨닫지 못한다.

이제 선택교리에 제기되는 반대론을 전체적으로 살펴보자. 불신앙적 행위는 언제나 무수히 많다. 하나님의 자녀는 좀 더 유익한 일에 전념할 필요가 있다. 저 원수가 가장 견고무비하다고 여기는 반대론들을 간략하게나마 살펴보자. 우리의 반론은 반대론자들의 오류를 검증하고 확증하기 위한 목적이 아니다. 저들의 오류에 걸려 넘어지지는 않았더라도 흔들렸을 우리의 동료 신자들을 도우려는 목적 때문이다. 우리의 목적이 오류를 반박하는데 있다기보다는 독자들을 진리로 굳건하게 하는 데 있다. 하지만 이 목적을 수행하기 위해서는 때때로, 사단의 궤계를 폭로하고, 사단의 교활한 거짓말이 얼마나 비열한지를 보여주고, 사단의 거짓말이 신자에게 가했을 불법적인 영향을 신자의 생각으로부터 제거하려고 애쓸 필요가 있다.

이 달갑지 않은 노력을 시작하기 전에 먼저 지적해야 할 것은, 반대론자들의 중상모략을 반박할 능력이 우리에게 부족한 것이 반대론자들의 주장이 확고부동하다는 증거가 결코 아니라는 점이다. 버틀러(Butler)가 오래전에 자신의 대작인 유비(Analogy)에서 "진리가 확립되면 반대론은 아무것도 아니다. 전자(즉, 진리)는 우리의 지식에 근거하고 후자는 우리의 무지에 근거한다"라고 지적하였다. 일단 "2 + 2 = 4"가 옳다면 숫자를 가지고 제아무리 트집을 잡거나 술책을 부려도 소용이 없다. 파레이(Paley)라는 논리학의 대가는 "우리가 알고 있는 것을, 우리가 모르는 것에 의하여 혼란을 일으키도록 허용해서는 안 된다"라고 말하였다. 일단 어떤 것이 성경이 명확하게 가르치는 것임을 확인하였다면 우리 자신의 편견이나 다른 사람들의 적대감이 그것에 대한 우리의 확신 혹은 옹호를 흔들어대도록 허용해서는 결코 안 된다. "하나님이 이렇게 말씀하셨다"에 만족하여 의존하기로 하였다면 거기에 반하여 제기된 반대주장의 궤변을 폭로할 능력이 우리에게 없더라도 전혀 문제가 안 된다. 하나님이 참되다는 사실을 확신하라. 비록 그 사실이 우리로 하여금 모든 사람을 거짓말쟁이로 간주하게 만들더라도 말이다.

선택교리를 가장 격렬하게 반대하는 원수들은 **교황주의자들**이다. 지극히 당연하다. 선택이라는 진리는 인간의 공로라는 교의와는 결단코 조화를 이루지 못한다. 선택과 인간의 공로는 정면 충돌을 일으킨다. 자신을 사랑하고 자신의 공로에 의하여 구원을 추구하는 모든 사람은 주권적 은혜를 혐오하고 경멸적으로 취급하려고 노력한다. 반대로, 성령에 의하여 유효적으로 자신을 낮추었고 자신은 하나님의 차별적 긍휼에 전적으로 의존할 수밖에 없다는 깨달음에 도달한 자들은 결코 피조물에게 주권을 부여하는 체계를 갈망하지도 허용하지도 않는다. 로마는 칼빈주의라는 그 이름 자체도 혐오스러워한다는 역사적 증거가 풍부하다. 고(故) 맨닝(Manning) 추기경은 "모든 분파에서 로마 가톨릭으로의 개종자를 얻을 수 있을 것이다. 그러나 **칼빈주의에서만큼은 예외이다**"라고 말하였다. 맨

닝의 말이 옳다. 퇴락한 이 시대가 충분한 증거를 내놓는다. 거듭난 칼빈주의자는 저 음녀의 궤계에 치명적으로 기만을 당하지 않지만 매년 수많은 "개신교"(?) 알미니우스주의자들이 저 음녀의 품으로 뛰어든다.

칼빈주의가 개신교 주요 교파들로부터 점점 더 외면을 당하였고, 하나님의 주권과 하나님의 선택적 사랑이 설교단에서 점점 더 밀려났고, 그만큼 더 로마가 인기를 얻어 결국 오늘날 영국과 미국에서 가장 큰 단일 교단이 되었다는 것은 논박의 여지가 없는 사실이다. 가장 서글픈 현실은 개신교 설교단의 거의 대다수가 로마의 입장을 강화시켜주는 가르침을 전한다는 것이다. 부패한 인간에게 선을 의지할 자유가 있다는 주장은 틀림없이 로마 가톨릭 지도자들을 기쁨으로 충만하게 만들 것이다. 로마는 트렌트공의회에서 모든 종교개혁가들을 저주하였다. 지금 선택교리에 이의를 제기하는 "복음주의적 개신교도들"(?)은 사백년 전에 로마의 박사들이 사용한 것과 동일한 반대론을 활용한다는 점에서 교황주의 누룩이 얼마나 넓게 퍼졌는가를 확인할 수 있다.

이제 선택교리에 대한 다섯 가지의 주요 반론을 살펴보자.

첫째, 선택교리는 **전적으로 불합리하다**. 로마는 자신의 목적에 부합할 때는 인간의 이성에 호소하는 척하고 그렇지 않을 때는 그 추종자들에게 지성의 눈을 감도록 요구하고 속여서 떠넘기고 싶은 것을 맹목적으로 받아들이도록 만든다. 하지만 오직 로마만이 이런 속임수를 쓰는 것은 결코 아니다. 개신교도를 자처하는 수많은 사람들도 똑같은 짓을 한다. 종교가 없다고 주장하는 자들이 선택교리를 접할 때 보여주는 첫 번째 반응은 "이런 개념은 도무지 설득력이 없다. 만일 하나님이 존재하더라도, 만일 하나님이 우리의 현재적 삶에 조금이라도 관련을 맺는다면, 그 하나님은 우리 모두에게 동등한 기회를 제공하고 우리의 선행과 악행을 저울질하고 우리에게 자비를 베풀 것이라고 믿는다. 하나님이 자신의 피조물 가운데 좋아하는 무리를 골라잡고, 사람이 태어나기도 전에 운명을 정해두었다는 주장은 나를 분노하게 만든다"라는 외침이다.

이런 반론에 대한 우리의 첫 번째 답변은 이 반론은 논점을 크게 벗어났다는 것이다. 처음에 결정해야 할 유일한 것은, **성경이 무엇이라고 말하는가?**이다. 만일 성경이 선택교리를 명확하게 가르친다면 선택교리는 하나님의 자녀에게 있어서 완전하게 정리된 문제이다. 선택교리를 이해하든 못하든, 하나님의 자녀는 하나님은 거짓말을 할 수 없으며 하나님 말씀은 처음부터 진리임을 알고 있다(시 119:160). 만일 반대론자가 이 점을 인정하기를 원치 않는다면 양자가 함께 할 수 있는 공통분모가 없다. 아무리 토론해봤자 아무 소용없다. 기독교인은 어떤 경우라도 성경이라는 확고부동한 바위 위에서 뒤로 물러나 인간의 이성이라는 패역한 근거로 내려가서는 결코 안 된다. 오직 그 반석에 입각할 때에만 사단의 맹렬한 공격을 성공적으로 견뎌낼 수 있다. 마태복음 4장을 다시 읽어보라. 그리스도는 저 유혹자의 시험을 어떻게 극복하였는지 살펴보라.

하나님의 거룩한 말씀은 인간의 이성이라는 장애물에 막힌 채 받아들여달라고 간절히 원하는 그런 것으로 우리에게 다가오지 않는다. 그와 반대로 성경은 인간의 이성이 성경의 신성한 권위에 굴복하고 그 무오한 내용을 주저 없이 받아들이라고 요구한다. 만일 사람들이 성경의 권위를 경멸하고 그 가르침을 거부한다면 영원히 파멸당할 것이라고 강조적으로 그리고 반복해서 경고한다. 바로 그 말씀에 의하여 다가올 그 날에 우리 각자는 저울질을 당하고 측량당하고 심판을 당할 것이다. 그러므로 사람의 지혜에 마땅한 본분은 저 성경의 영감된 선언에 굴복하고 감사히 받아들이는 것이다. 독자여! 인간의 이성이 행하는 최상의 행위는 하나님의 지혜에 무조건적으로 굴복하고, 하나님이 우리에게 베푼 계시를 어린아이처럼 단순하게 받아들이는 것이다. 이와는 다른 어떤 태도도 전적으로 불합리하다. 즉, 교만이라는 정신병이다. 옛적부터 우리에게로 내려와 교훈을 주다니 정말 감사할 노릇이다.

위에 제시된 반론에 대한 우리의 두 번째 답변은, 하늘이 준 기록된 계시에서 우리는 땅에 얽매인 지성을 초월하는 것을 충분히 많다고 생각해야 한다는 것이다. 우리가 이미 알고 있던 것만을 하나님이 우리에게 계시해준들 무슨 소용이 있었는가? 우리 이성의 활동무대로 삼도록 우리에게 성경을 준 것도 아니다. 성경이 요구하는 것은 **믿음과 순종**이다. 그리고 믿음은 맹목적이며 비지성적인 것이 아니라 창조주에 대한 확신 즉, 하나님은 지극히 지혜로워서 오류를 일으킬 수 없고 지극히 의로워서 불의할 수 없으며 따라서 하나님의 거룩한 뜻에 신뢰하고 복종할만한 무한한 가치가 있는 분이라는 확신이다. 그러나 하나님의 말씀은 믿음을 지향하기 때문에 말씀 속에는 사람의 본성에 거슬리는 것이 많고, 지극히 신비로운 것이 많고, 우리를 놀라게 하는 것이 많다. 반드시 믿음을 시험해야 한다.

즉, 우리의 믿음이 진짜인지를 검증해야 한다. 하나님은 믿음을 존귀하게 하기를 기뻐하신다. 하나님의 말씀은 비록 호기심을 충족시킬 목적으로 기록한 것은 아니지만, 비록 많은 질문에 대해 충분한 답변을 해주지는 않지만, 믿음을 더 많이 발휘할수록 그만큼 더 충분한 빛을 비춰준다.

하나님 자신이 심오하게 신비적이다.

> "이런 것은 그 행사의 시작점이요 우리가 그에게 대하여 들은 것도 심히 세미한 소리뿐이니라 그 큰 능력의 우뢰야 누가 능히 측량하랴"(욥 26:14).

> "깊도다 하나님의 지혜와 지식의 부요함이여, 그의 판단은 측량치 못할 것이며 그의 길은 찾지 못할 것이로다"(롬 11:33).

그러므로 우리를 기이하게 여기도록 만들 것이 즉, 이해하기 힘든 것이 성경에 많을 것이라고 기대해야 한다(벧후 3:16). 전능자의 명령 한 마디에 우주가 무로부터 창조되는 것은 유한한 지성의 파악능력을 초월한다. 하나님이 사람이 되는 것도 인간의 이성을 초월한다.

> "크도다 경건의 비밀이여… 그는 육신으로 나타난바 되시고"(딤전 3:16).

그리스도는 남자와 접하지 않은 처녀에게 잉태되고 태어난다는 것을 인간의 이성은 설명하지 못한다. 우리의 육신이 먼지가 된지 수천 년이 지난 뒤에 부활한다는 것도 설명이 불가능하다. 그렇다면 인간의 이성이 측량할 수 없다는 이유 때문에 하나님의 택하심이라는 진리를 거절하는 것은 정말 엄청나게 불합리한 일이 아닌가?

둘째, 선택교리는 **크게 불의하다**. 최고 유일한 주권자를 거슬린 반역자들은 주저하지 않고 그 주권자가 자신의 권리를 행사하고 자신의 피조물의 운명을 결정하기를 기뻐한다는 그 이유 때문에 불의하다는 혐의를 제기한다. 반역자들은, 모든 사람은 동일한 근거에 입각하여 취급받아야 한다고 즉, 구원받을 기회를 동등하게 제공받아야 한다고 주장한다. 만일 하나님이 어느 한 사람에게 자비를 베풀고 다른 사람에게는 자비를 베풀지 않는다면 지독하게 불공정한 편파성이라고 주장한다. 이런 식으로 이의를 제기하는 자에게는 성경 말씀으로 대답하겠다.

> "이 사람아 네가 뉘기에 감히 하나님을 힐문하느뇨 지음을 받은 물건이 지은 자에게 어찌 나를 이같이 만들었느냐 말하겠느뇨 토기장이가 진흙 한 덩이로 하나는 귀히 쓸 그릇을, 하나는 천히 쓸 그릇을 만드는 권이 없느냐"(롬 9:20-21).

이것으로 충분하다.

그런데 주님의 백성 가운데 이 난제에 혼란을 겪는 자들이 있다. 그렇다면 먼저, 우리는 그런 형제들에게 하나님은 "사랑"이기도 하지만 "빛"이라는 사실을 상기시켜주고자 한다(요일 1:5). 하나님은 무한하게 은혜로우실 뿐만 아니라 형언할 수 없이 거룩하시다. 하나님은 거룩하시기 때문에 모든 악을 혐오한다. 자신의 모든 피조물을 도덕적으로 통치하시기 때문에 죄를 미워하심을 영원토록 나타내신다. 하나님은 은혜롭기 때문에 받을 자격이 없는 자들에게 은총 베풀기를 기뻐하시고, 자신이 "긍휼의 아버지"라는 사실을 영원토록 나타내기를 기뻐하신다. 선택을 통해서 이 두 계획을 분명히 성취한다. 불택자들의 유기와 정죄를 통해서 하나님은 그들의 불법에 합당한 보응을 주심으로써 자신의 거룩과 정의를 충분히 증거한다. 택하신 백성들의 예정과 구원을 통해서 하나님은 넘치도록 풍성한 은혜를 명확하게 펼쳐 보여주신다.

하나님이 온 인류의 멸망을 의도했다고 가정해봐라. 그렇다면 어떤가? 그랬다면 하나님이 불의하였을까? 분명코 아니다. 죄인들이 반항적으로 어긴 율법의 형벌을 부과하는 것에는 도무지 불의가 존재할 수 없을 것이다. 그렇다면 무엇이 하나님의 **자비**에 어울렸을까? 분노한 하나님이 오직 냉엄한 정의만을 베풀었더라면 타락한 아담의 모든 자손은 피할 도리 없이 지옥에 던져졌을 것이다. 이제, 정반대로 가정해보자. 하나님이 자비의 수문을 활짝 열어 제치고 온 인류를 천국으로 데려갔더라면 어땠을까? 죄의 삯은 사망 즉, 영원한 죽음이다. 그러나 모든 사람이 죄를 범하고 아무도 죽지 않는다면 하나님의 정의는 단지 공허한 이름에 불과한 것이 아니라는 어떤 증거가 있을까? 만일 하나님이 죄인을 남김없이 구원해주었더라면, 그것은 반드시 죄를 가볍게 보라고 가르치는 것은 아닐까?

모든 사람에게 죄책이 있기 때문에, 하나님의 자비의 손은 꽁꽁 묶여 있어야 하는가? 그렇지 않다면, 자비를 베풀어도 된다면, 그렇다면 하나님은 자신의 정의를 전체적으로 포기해야 하는가? 만일 하나님이 자비를 부여받을 권리를 전혀 주장할 수 없는 일부의 사람들에게 자비를 베풀기를 기뻔한다면, 형벌을 받아 마땅한 다른 사람들에게 형벌을 부과함으로써 자신이 정의로운 심판자임을 나타내서는 안 되는가? 만일 창조주가 한 사람에게는 탕감하여 자유롭게 해주되 다른 사람에게는 자신의 요구를 강제 집행한다면 무슨 잘못을 범하는 것인가? 내가 어떤 거지에게 자선을 베풀지만 그 옆에 있던 다른 거지에게는 자선을 베풀지 않는다고 해서, 그 때문에 나는 불의한 사람인가? 그렇다면 위대한 하나님은 자신이 원하는 곳에 은사를 나눠줄 자유가 없는가? 위에서 제기된 반대론이 효력을 갖기 위해서는 먼저, 모든 피조물은 영원한 복락을 누릴 **자격**이 있다는 것과 비록 피조물이 죄에 빠지고 조물주에게 반역을 일으킬지라도 그 피조물을 구원할 도덕적 **책임**이 하나님에게 있다는 것을 반드시 입증해야 한다. 이 반대론은 반드시 이런 허무맹랑한 소리로 전락한다.

> 만일 영원한 복락이 예외 없이 모든 사람에게 주어져야 한다면 분명히 세속적인 복락도 당연히 주어져야 마땅한 것이다. 만일 모든 사람이 더 큰 것을 향유할 권리를 가지고 있다면 더 적은 것에 대한 권리는 의문의 여지가 있을 수 없다. 불의를 처벌함에 있어서 전능자가 모든 개인을 다음 생에서 복된 존재로 만들어주는 것밖에는 어쩔 도리가 없다면, 마찬가지로 이생에서도 모든 개인을 복된 존재로 만들어주지 않을 수 없다. 그러나 모든 사람이 행복한가? 세상을 둘러보라. 가능하다면 그렇다고 말하라. 그러므로 창조주가 불의한가? 사단 이외에 어떤 누구도 하나님이 불의하다고 말하지 않을 것이다. 사단의 메아리 이외의 어떤 것도 그렇다고 긍정하지 않을 것이다. 주는 진리의 하나님이시다. 불법은 전혀 없다. 정의롭고 옳은 하나님이시다… 만물의 정해진 질서가 신비로운가? 불가해하게도 그렇다. 신적 통치의 신비로움은 주권자의 부정의가 아니라 인간이 가진 이해력의 얄팍함과 인간의 짧은 시야를 입증해주는 증거이다. 그렇다면 성경이 가르치는 예정과 섭리 교리를 포용하고 존중함으로써

하나님의 무한한 지혜로움과 정의로움과 선하심을 신뢰하자. 지금 하나
님의 지혜가 깊고 하나님의 발자국을 모른다하더라도 말이다("시대의 반
석"의 저자, 아우구스트 토프레이디).

마지막으로 지적하려는 것은, 하나님은 겸손히 자비를 구하는 자에게
결코 자비를 베풀기를 거절하지 않는다는 점이다. 사악한 길을 버리고 하
나님께 용서를 구하라고 죄인들에게 촉구한다. 죄인들 앞에 복음의 향연
을 펼쳐놓는다. 만일 죄인들이 그 잔치에 참여하기를 거부한다면, 그 잔치
를 혐오하고 경멸적으로 등을 돌린다면, 화를 자초하는 것이 아닌가? 하나
님을 미워하는 자들을 천국에 들여보내라고 하나님에게 요구하는 것은 어
떤 "정의"인가? 독자여! 만일 하나님이 당신 안에서 은혜의 기적을 일으켰
다면 그리고 당신의 마음속에 하나님을 향한 사랑을 만들어냈다면, 열렬
히 감사하라. 당신의 옆에 있는 죄인에게 동일한 이적을 일으키지 않은 까
닭이 무엇이냐고 따짐으로써 당신의 평화와 기쁨을 뒤엎지 말라.

셋째, 선택교리는 복음제시를 무의한 것으로 만든다. 하나님의 예정이
라는 진리를 받아들이지 않는 자들은, 하나님은 자신의 피조물 가운데 한
쪽을 영원히 선택하고 다른 쪽을 간과한다는 개념은 복음적 설교를 익살
극으로 전락시킨다고 말하기를 좋아한다. 만일 하나님이 인류의 일부를
멸망에 던져 넣기로 예정하였다면 그들에게는 구원을 진정으로 제의하였
을 리가 없다고 주장한다. 먼저 지적해야 할 것은 이 반론은 오직 칼빈주
의에게만이 아니라 아르미니우스주의에게도 동일한 압력으로 제기된다는
점이다. 자유의지론자들은 신적 작정의 절대성을 부정한다. 그렇지만 하

나님의 임재를 긍정한다. 이제 하나님을 중심으로 질문을 제기해보자. 하나님은 사람들이 결코 그렇게 하지 않을 것을 **무오하게 미리 알면서도** 어떻게 그런 사람들에 대한 믿음을 잘 유지한 채 회개하고 복음을 믿으라고 명령할 수 있을까? 앞의 반론이 논박의 여지가 없다고 전제한다면 우리의 질문도 그 자신의 원리에 의해서 답변을 찾을 수 없다는 것을 알게 될 것이다.

이 점에서 어떤 어려움이 있어도 그리고 저자는 그것을 헐뜯을 생각이 전혀 없더라도 한 가지는 분명하다. 즉, 복음이 누구에게 다가오든지간에 하나님은 복음을 듣는 이들에게 복음의 요구조건에 굴복하고 그 기쁜 소식을 받아들이고 그렇게 함으로써 구원을 받으라고 진지하게 명령한다. 이렇게 되는 방법을 지각할 수 있느냐 없느냐는 것은 결코 중요한 문제가 아니다. 하나님 성품의 완전성을 무슨 댓가를 지불하더라도 견지해야 한다. 진리의 두 판명한 선(線) 사이의 일관성 및 조화를 분간할 능력이 우리에게 없다는 단순한 사실은 그 둘 가운데 어느 하나를 거절해도 된다는 보장을 제공하지 않는 것은 분명하다. 주권적 선택교리는 성경에 명확하게 계시되어 있다. 복음을 받아들이는 모든 사람에게 복음을 제시하는 진정성도 마찬가지이다. 전자를 후자만큼 열심히 주장해야 한다.

복음을 제공할 때 **사람의 구원**이 하나님의 유일한 목적 혹은 하나님의 주된 목적이라고 가정함으로써 우리 스스로 어려움을 만들어내는 것은 아닌가? 그러나 복음을 제공함으로써 다른 어떤 목적들을 성취하는가? 많다. 복음에 있어서 하나님의 첫 번째 목적은 하나님 자신의 위대한 이름을 존귀하게 하는 것과 아들 하나님을 영화롭게 하는 것이다. 복음에서 하나님의 성품과 그리스도의 탁월성이 다른 어떤 것들에서보다 더 충분하게 나타난다. 범세계적으로 증거하기 위한 것이라고 할만하다. 분명히 지극히 바람직하게도, 하나님의 형언할 수 없는 속성들이 사람들에게 알렸을 것이다. 그렇다면 단 하나의 죄인도 믿지 않고 따라서 구원받지 않더라도 하나님이 찬양받고 성자의 비길 데 없는 가치가 선포된다.

다시 말하자면, 복음 선포는 택자들을 그리스도에게로 이끄는 수단인 성령의 손에 들린 지정된 도구이다. 하나님은 도구적 기관을 경멸하지 않는다. 오히려 기쁘게 사용한다. 목적을 정한 하나님은 그 목적을 이루기 위한 수단도 정했다. 하나님의 택자들은 열방에 널리 흩어져 있기 때문에 "그의 이름으로 죄 사함을 얻게 하는 회개"를 "모든 족속에게 전파"하라고 명령하였다(눅 24:47). 택자들은 복음을 들음으로써 세상 밖으로 불러냄을 받는다. 하나님의 택자들도 본성적으로는 택함을 받지 못한 다른 사람들과 마찬가지로 진노의 자녀들이다. 택자들도 구세주를 필요로 하는 잃어버린 죄인들이다. 그리스도 없이는 택자들도 결코 구원받지 못한다. 그러므로 자신의 죄를 용서받았다는 지식을 즐거워할 수 있기 전에 먼저 반드시 복음을 들어야 하고 믿어야 한다. 그렇다면 복음은 하나님이 곡식을 까부르는 송풍기이다. 바람을 일으켜 알곡과 껍질을 구분하여 알곡은 거두어 창고에 들인다.

게다가 비택자들은 복음을 통해서 영원한 구원을 얻지는 못하더라도 많은 것을 얻는다. 세계는 택자들을 위하여 존재한다. 하지만 모든 사람이 그 은택을 공유한다. 태양은 선한 사람들뿐만 아니라 악한 사람들에게도 빛을 비춰준다. 만물을 소생케 하는 비는 의인의 땅만이 아니라 악인의 땅에도 내린다. 마찬가지로 하나님은 사랑하는 백성들의 귀뿐만 아니라 비택자들의 귀에도 복음을 들려준다. 어째서? 타락한 사람들의 악을 억제하는 것은 하나님의 강력한 사역의 하나이기 때문이다. 결코 구원받지 않는 수많은 사람들이 개선된다. 그들의 정욕이 억제되고 그 외적 행실이 개선되고 사회는 성도들이 살기에 훨씬 적절해진다. 복음이 없는 민족들과, 복음을 소유한 민족들을 비교해보라. 후자의 경우에 비록 영성이 전혀 없더라도 도덕성이 더 높다.

마지막으로, 복음은 복음을 듣는 모든 사람들의 성품에 대한 실제적 시금석이 된다. 성경은 사람이 타락하고 부패하고 죄를 사랑하는 피조물이라고 선언한다. 성경은 사람의 지성은 하나님께 적의를 품고 있으며 사람은 빛보다 어둠을 사랑하고 여하한 경우에도 하나님께 복종하지 않으려 한다고 주장한다. 도대체 누가 이처럼 굴욕감을 안겨주는 진리를 믿는가? 그러나 비택자들이 복음에 대해 내놓는 응답은 하나님 말씀의 진실성을 입증해준다. 비택자들의 지속적인 회개치 않음, 불신앙, 불순종은 그들의 전적 부패를 증거한다. 하나님은 모세에게 명령하여 바로에게로 가서 이스라엘로 하여금 광야로 들어가서 하나님을 경배하도록 허용할 것을 요구하라고 하였다. 하지만 그 다음 구절에서 하나님은 모세에게 "내가 아노니 강한 손으로 치기 전에는 애굽 왕이 너희의 가기를 허락지 아니하다가"라고 말씀하셨다(출 3:18, 19). 그렇다면 하나님은 어째서 모세를 이런 심부름을 하라고 보내는가? 바로의 강퍅한 마음, 완악한 의지, 그리고 이러한 비참한 존재를 파멸시킴으로써 하나님의 정의를 명확히 드러내기 위함이다.

넷째, 선택교리는 인간의 책임성을 파괴한다. 아르미니우스주의자들의 주장에 따르면, 하나님이 모든 사람의 역사와 운명을 불변적으로 작정하고 확정하였다고 단언하면 인간의 책임성이 파괴될 것이며 이렇게 되면 사람은 기계와 다를 것이 없게 될 것이다. 아르미니우스주의자들은 사람의 의지는 틀림없이 자유롭다. 즉, 선을 향해서든 악을 향해서든 똑같이 자유로우며 만일 그렇지 않다면 사람은 도덕적 행위주체이기를 중단할 것이라고 주장한다. 만일 강제에 의한 것이고 자기 자신의 갈망과 성향에 일치하지 않는 행위인데 그 행위에 대해 책임을 지는 것은 정당할 수 없다는 주장도 한다. 이 전제로부터 도달되는 결론은, 창조주가 아닌 피조물 자신이 영원한 운명을 선택하고 결정한다는 것이다. 피조물의 행위가 자기결정적인 것이라면 하나님은 피조물의 행위를 결정해서는 안 되기 때문이다.

이런 반대론은 실제로는 철학과 형이상학이라는 어두운 영역으로 몰락하는 것이며, 신성한 계시의 영역으로부터 벗어나게 만드는 사단의 허울 좋은 시도이다. 우리는 성경에 의존하여 사는 동안에는 안전하다. 그러나 영적인 문제를 이성에 의존하는 순간 분명히 오류를 범한다. 하나님 보시기에 우리가 이생에서 알아야 하는 모든 것을 하나님이 이미 알려주었다. 기록된 말씀을 뛰어넘어 지혜롭게 되려는 모든 시도는 단지 어리석음과 불경건일 뿐이다. 성경이 햇살처럼 분명하게 가르치는 사실은, 사람은 타락했든 안 했든 책임을 져야 하는 존재이며 반드시 뿌린 대로 거두게 되고 하나님 앞에서 자신의 행실에 대해 해명해야 할 것이고 그에 따라 심판을 받게 될 존재라는 것이다. 어떤 것도 우리의 지성에 각인된 이 엄숙한 사실들을 약화시키도록 허용해서는 결코 안 된다.

바로 이 추론방식을 성경의 문자적 영감을 부인하는 자들도 활용하였다. 이러한 진제는 성경으로부터 인간적인 요소를 전적으로 제거한다고 주장한다. 만일 성경의 사상과 취지뿐만 아니라 언어 그 자체까지 즉, 원본의 모든 단어와 음절까지 하나님의 영감으로 된 것이라고 주장한다면 그 전달도구로 활용된 필기자는 단지 기계에 불과하다고 주장한다. 그러나 우리는 이 추론이 틀렸음을 안다. 마찬가지로 반대론자들은 이성의 관점을 따라, 그리스도는 신성과 인성을 동시에 소유할 수 없다고 주장한다. 만일 그리스도가 하나님이라면 결코 사람일 수 없고, 만일 그리스도가 참으로 사람이라면 결코 하나님일 수 없다는 결론에 도달한다. 독자여! 이런 문제에 관해 이성적으로 추론할 가치는 무엇인가?

성경의 각 책은 사람에 의해 기록되었다. 기록자의 본성적 재능을 자유롭게 구사하여 기록하였다. 기록자의 개성이 그 저술에 명확하게 각인되어 남았다. 그럼에도 불구하고 그 어떤 것도 기록자들로부터 발생하지 않았다. 기록자는 "성령의 감동하심을 입은" 사람들이며(벧후 1:21), 성령에 의해 완벽하게 통제된 사람들이다. 결과적으로 그들이 기록한 것에는 최소한의 실수나 오류조차 없었고 그 모든 기록은 성령이 가르친 말이었다(고전 2:13). 구속자는 "범사에 형제들과 같이 되신 인자"였다(히 2:17). 그러나 구속자의 인성은 신성한 위격과 연합하였기 때문에 구속자가 행한 모든 것은 유일무이하고 무한한 가치를 소유하였다. 사람은 자기 본성의 욕구와 명령에 따라 행동하는 도덕적 행위자이다. 동시에 자신의 창조주에 의해 충분하게 통제되고 한정되는 피조물이다. 신성적 요소들과 인성적 요소들이 연합하는 경우에는 신성적인 요소들이 지배권을 갖지만 인성적인 요소들을 배제하지는 않는다.

성경이 "실족케 하는 일들이 있음을 인하여 세상에 화가 있도다 실족케 하는 일이 없을 수는 없으나"라고 인정한다면(마 18:7), 분명히 반대론자는 *불가피한 것을 도입한 자에게 죄과를 부여해서는 안 된다*고 대꾸할 것이다. 그러나 그 구절에서 그리스도의 가르침은 "실족케 하는 일이 없을 수는 없으나 실족케 하는 그 사람에게는 화가 있도다"라고 아주 다른 결론을 내린다. 게다가 "난리와 난리 소문을 들을 때에 두려워 말라 이런 일이 [반드시] 있어야 하되"라고도 말하였다(막 13:7). 이러한 치명적 응징은 반드시 존재한다. 하지만 그 필연성은 치명적 응징을 초래한 자들의 죄과를 바꿔주지 않는다. "이단"도 반드시 존재한다(고전 11:19). 하지만 이단자 자신은 죄과를 치러야 한다. 그러므로 절대적 필연성과 인간의 책임은 완벽하게 양립한다. 우리가 양자의 일관성을 인식할 수 있는지 없는지는 상관이 없다.

다섯째, 예정론은 **수단의 활용을 대체**하고 노력하게 만드는 모든 자극제를 부정적인 것으로 만든다고 반대한다. 만일 하나님이 어떤 사람을 선택하여 구원에 이르게 한다면 그 사람이 죄악에 전적으로 무관심하고 죄악으로 가득 찬 삶을 지속할지라도 구원받게 될 것이고, 만일 어떤 사람이 선택받지 않았다면 영생을 얻으려는 일체의 노력은 아무 소용이 없을 것이라고 반론을 제기한다. 사람은 영원불변한 작정에 의하여 생명이든 죽음이든 자신의 운명을 하나님이 미리 정해 놓았다는 말을 듣게 된다면 자신이 무슨 행동을 해도 하나님의 예정을 최소한으로나마 변화를 줄 수 없기 때문에 자신은 어떻게 처신해도 아무 상관이 없다는 결론을 즉각적으로 내리게 된다는 반론도 제기한다. 따라서 반대론자들의 주장에 따르면, 힘껏 노력하게 만드는 일체의 동기는 결과적으로 무효화 된다 즉, 선택교리는 도덕성과 영성에 매진하라는 모든 권면을 파괴한다.

정말이지. 이것은 예정론에 대한 가장 무의미한 반론이다. 이것은 도무지 예정이라는 **성경적** 교리에 대한 반론이 아니라 무지로 가득 찬 두뇌에 부화되거나 진리를 헐뜯기 위해 악의적으로 꾸며낸 전적으로 예정론과는 다른 개념에 대한 반론이다. 이 반론을 적용할 수 있는 유일한 예정론은 일체의 수단을 고려하지 않은 채 목적만을 절대적으로 미리 확정한 그런 예정론일 것이다. 애매한 구석을 완전히 벗겨놓고 보면 이 반대론은 하나님은 어떤 도구도 사용하지 않고 자신의 목적을 이룬다고 전제한다. 이 반대론을 적나라하게 드러내면 그 초라한 몰골이 즉각적으로 나타난다. 하나님은 자신이 구원에 이르도록 예정한 자들을 "성령의 거룩하게 하심과 진리를 믿음으로 구원을 얻"도록 선택하였다(살후 2:13). 분명한 사실은, 하나님은 자신이 택한 자들이 다른 어떤 방법이 아닌 오직 성화라는 방법을 통하여 영광에 이르도록 작정하였다는 점이다. 하나님은 택자들을 이성적이며 책임 있는 피조물로 취급하며, 적절한 수단과 동기를 활용하여 그들의 마음을 하나님 자신에게 향하도록 한다. 선택받았다면 성화와 상관없이 천국에 들어갈 것이라는 주장은, 아브라함이 어려서 죽었더라도 열국의 아비가 되었을 것이며 히스기야가 음식을 먹지 않았거나 잠을 자지 않았더라도 15년을 더 살았을 것이라고 말하는 것과 같다. 여호수아가 여리고 성을 함락시키기도 전에 하나님은 그 사실을 미리 계시하였다(수 6:2), 확신은 절대적이었다. 그렇다면 여호수아는 어떤 행동도 필요치 않고 팔짱끼고 앉아있기만 해도 된다고 결론 내렸던가? 아니다. 여호수아는 하나님의 명령에 순종하여 대오를 편성하여 여리고 성을 돌았다. 그렇게 해서 계시를 성취하였다.

이제, 진리에 항거하는 자들이 사용한 주요 성경구절들을 간략하게 살펴보자.

> "내가 부를지라도 너희가 듣기 싫어하였고 내가 손을 펼지라도 돌아보는 자가 없었고 도리어 나의 모든 교훈을 멸시하며 나의 책망을 받지 아니하였은즉"(잠 1:24, 25).

> "내가 종일 손을 펴서 자기 생각을 좇아 불선한 길을 행하는 패역한 백성들을 불렀나니"(사 65:2).

> "암탉이 그 새끼를 날개 아래 모음 같이 내가 네 자녀를 모으려 한 일이 몇 번이냐 그러나 너희가 원치 아니하였도다"(마 23:37).

아르미니우스주의자들은 이 성경구절들은 사람은 하나님의 뜻에 저항할 수 있고 좌절시킬 수 있다는 사실을 명확하게 보여줌으로써 칼빈주의와 모순을 일으킨다고 주장한다. 그러나 지극히 명확한 사실은, 실망하고 좌절한 하나님은 성경의 하나님이 아니라는 사실이다. 이 성경구절들로부터 도출한, 신적 작정들도 성취되지 못한다는 결론은 전적으로 오류이다. 이 성경구절들은 하나님의 영원한 뜻과 전혀 무관한 것들이다. 그와 반대로 하나님이 인간의 책임성을 강제하고 그 성품을 시험하고 그 마음의 사악함을 분명하게 드러내는 하나님의 외적 매개체들에 관한 것이다.

"하나님이 세상을 이처럼 사랑하사 독생자를 주셨으니"(요 3:16).

이 구절로부터 나오는 주장은, 만일 하나님이 세상을 사랑한다면 하나님은 전 인류의 구원을 갈망하며 이 목적을 위하여 전 인류를 위한 구원자를 제공하였다는 것이다. 여기에서는 이 구절의 실제 취지를 확인하는 대신에 문자 그 자체에 매달려 잘못 해석하였다. 하나님은 아담의 자손 전체에게 구원을 제공할 목적으로 성자를 주셨다고 말하는 것은 명백한 어불성설이다. 그리스도가 태어나기도 전에 그 절반은 이미 죽었고, 거의 대다수는 이교도의 어둠 속에서 멸망하였기 때문이다. 하나님이 애굽 사람들, 가나안 족속들, 바벨론 사람들을 사랑하였다는 최소한의 단서가 구약성경 어디에 있는가? 하나님이 온 인류를 사랑하였다는 진술이 신약성경의 다른 어느 곳에 있는가? 요한복음 3:16에 있는 "세상"이라는 말은 (다른 많은 곳에서처럼) 자신들이 구속을 독점하였다고 상상한 이스라엘에 대조하여 **개괄적으로** 사용한 용어이다. 하나님의 사랑은 유대교라는 경계선을 넘어 멀리까지 미치고, 온 세상에 흩어진 택자들을 끌어안는다.

"그러나 너희가 영생을 얻기 위하여 내게 오기를 원하지 아니하는도다"
(요 5:40).

이상한 말이지만, 이 구절은 예정을 조금이나마 중시하기를 원치 않는 자들이 의존하는 구절 가운데 하나이다. 반대론자들은 이 구절은 타락한 사람에게도 선을 원하는 자유의지가 있다고 가르치고 있으며 그리스도는 자신을 경멸하고 거절하는 자들의 구원을 진지하게 의도하였다고 가정한다. 하지만 이 구절에서 주님은 거절하는 자들을 엄숙하게 꾸짖는다고 보는 것이 더 옳지 않은가? 주님은 이들이 주님께로 나올 능력을 갖추고 있다는 의도로 이런 말을 하기는커녕 오히려 이들의 의지가 왜곡되고 완곡하다고 선언한다. 거룩한 자를 향하는 성향이 아니라 오히려 미워하였다.

> "하나님은 모든 사람이 구원을 받으며 진리를 아는 데 이르기를 원하시느니라…그가 모든 사람을 위하여 자기를 속전으로 주셨으니"(딤전 2:4, 6).

이 두 구절을 올바로 이해하기 위해서는 분리해서가 아니라 반드시 그 배경과 연계해서 고찰해야 한다. 그 문맥을 통해 분명하게 드러나는 사실은, 하나님이 구원해주기를 원하고 그리스도가 대속의 죽음을 치른 모든 사람은 민족적 특성을 막론한 모든 사람이다. 디모데는 기독교인이 된 이후에도 계속해서 민족적 편견을 가지고 있던 유대인 개종자들 사이에서 주로 사역하였다. 그러한 편견 때문에 유대인 개종자들은 이방인 통치자들의 권위에 굴복하기를 원치 않았다. 이 편견을 이용하여 바리새인들은 로마황제에게 세금을 바치는 것이 합당하냐는 질문을 통해서 전체 유대인들 앞에서 그리스도에 대한 신뢰를 실추시키려고 하였던 것이다. 바울은 디모데에게 이방인 통치자에게 복종해야 할 뿐만 아니라 그들을 위해서 기도해야 한다고 말한다(딤전 2:1, 2).

디모데전서 2장에서 바울은 디모데가 맞붙어 씨름해야 할 편견의 뿌리를 들춰냈다. 그토록 오랫동안 아브라함의 혈통적 후손들과 그 이외의 모든 인류를 구분지었던 모세 율법은 이제 경계선으로서의 효력을 상실하였다. 하나님은 이방족속들과 이스라엘 모두의 구원을 원하였다. 다음의 세 부사항에 각별히 주의를 기울여라. **첫째**, 5절을 보면, "하나님은 한 분이시요 또 하나님과 [유대인이 아니라] 사람 사이에 중보도 한 분"이다(롬 3:29-30). **둘째**, 6절에 따르면, 중보자 그리스도가 "[비한정적으로] 모든 사람을 위하여 자기를 속전으로 주셨으니 **기약이 이르면 증거할 것이라**" 즉, 그리스도가 십자가에 못 박혀 죽었을 때 모든 사람, 심지어 그리스도의 제자들조차도 그리스도가 이방인들과 유대인들 모두를 위하여 자기를 내어주었다는 사실을 이해하지 못하였다. 그러나 "기약이 이르면" 즉, 적당한 때가 되면 (특히 바울의 사역을 통해서) 그 사실이 명확하게 증거될 것이다. **셋째**, 7절을 보면 바울은 "이를 위하여 내가 전파하는 자와 사도로 세움을 입은… **이방인**의 스승이 되었노라"고 말한다. **넷째**, 8절에서 바울은 "[내가 사도적 권위를 가지고] **각 처에서**… 거룩한 손을 들어 기도하기를 원하노라"고 말한다. 즉, 그리스도를 믿는다고 고백한 자들은 반드시 유대교적 관념과 관습을 단번에 영원토록 버려야 한다. 예루살렘은 더 이상 특별한 성소를 독점하지 않게 되었다.

"하나님의 은혜로 말미암아 모든 사람을 위하여 죽음을 맛보려 하심이라"(히 2:9).

"모든 사람"이라는 표현이 신약성경의 다른 곳에서는 어떻게 사용되는지 확인해보는 수고를 기울여보았는가?

"그 때에 **각 사람**에게 하나님께로부터 칭찬이 있으리라"(고전 4:5).

여기에서 "각 사람" 즉, 모든 사람은 아담의 후손 전체를 의미하는가? "저주를 받은 자들아 나를 떠나… 영영한 불에 들어가라"라는 말씀이 있는데 어떻게 "각 사람"은 문자 그대로 "모든 사람"이 될 수 있는가? "각 남자[모든 남자]의 머리는 그리스도"(고전 11:3)라는 말씀도 그렇게 본다면 어떻게 그리스도가 유다 혹은 네로의 머리가 되었는가? "**각 사람** [모든 사람]에게 성령의 나타남을 주심"(고전 12:7)을 선언하였다면 육에 속하여 그리스도의 영이 없다고 책망받는 사람들이 있는 것은 어찌된 일인가?(유 5:19, 롬 8:9) 이들 성경구절들에 있는 "모든 사람"은 하나님의 가정에 속한 모든 사람을 가리킨다. 히브리서 2:9의 "모든 사람"을 "많은 아들"(10절), "형제"(11절), "자녀"(12-14절)로 정의한 점에 유념하라.

"이와 같이 너희 중에도 거짓 선생들이 있으리라 저희는 멸망케 할 이단을 가만히 끌어들여 자기들을 사신 **주**를 부인하고"(벧후 2:1).

그리스도는 오직 택자들만을 위하여 죽었다는 제한속죄설을 반대하는 자들은 종종 이 구절을 증거본문으로 인용한다. 그러나 이것은 우리의 반대자들이 얼마나 절망적으로 둘러대는 지를 드러내줄 뿐이다. 이 구절은 그리스도와 도무지 관련이 없고 하물며 그리스도의 죽음에 대해서는 더말할 것도 없기 때문이다. "사신 **주**를 부인하고"에서 사용된 헬라어 단어는 일반적으로 주 예수 그리스도를 가리킬 때 사용하는 "퀴리오스"가 결코 아니고 "데스포테스"($\delta\varepsilon\sigma\pi\acute{o}\tau\eta\varsigma$)이다. 이 단어는 누가복음 22:9, 사도행전 4:24, 디모데후서 2:22, 유다 4, 요한계시록 6:10에서만 사용되고 신성을 가리킬 때는 반드시 아버지 하나님을 나타낸다. 그 대부분의 용례에서는 그리스도와는 명백하게 구별된 위격을 가리킨다. 베드로후서 2:1의 "사신"(bought, ἀγοράσαντα)는 신명기 32:6에서 취한 것으로 일시적 구원을 가리킨다. 베드로는 유대인들 즉, 여호와가 값을 치루고 산 백성이라는 자부심이 가득한 사람들에게 편지를 쓰고 있었다. 그러므로 베드로는 유대인들 틈에 있는 거짓 교사들의 불경건을 공박하기 위해 이 표현을 사용하였다.

> "오직 너희를[우리를] 대하여 오래 참으사 **아무도** 멸망치 않고 **다** 회개하기에 이르기를 원하시느니라"(벧후 3:9).

부분적으로 발췌한 것을 그 문맥으로부터 떼어내 해석하면 잘못된 의미가 도출된다. 베드로후서 3:9의 핵심은 "너희를 [우리를] 대하여"라는 말에 있다. 주님은 너희를[우리를] 대하여 오래 참으신다. 그들 가운데 "어느 한 사람"도 멸망치 않기를 원하기 때문이다. 그렇다면 그들은(혹은 너희는) 누구인가? 베드로후서 3:1에서 언급된 "사랑하는 자들"(베드로전서 1:2에서 "하나님 아버지의 미리 아심을 따라 성령의 거룩하게 하심으로 순종함과 예수 그리스도의 피 뿌림을 얻기 위하여 택하심을 입은 자들"이라고 언급된 자들)이다. 아버지는 **택하심을 입은 자들**이 "**다** 회개에 이르기를 원하시"기 때문에 그리스도의 재림을 연기한다(벧후 3:3, 4). 그리스도는 하나님의 백성에 속한 마지막 사람이 구원의 방주에 안전하게 들어갈 때까지는 다시 오지 않을 것이다.

11장_ 선택의 공개적 선언

선택의 공개적 선언

지난 두어 세대에 걸쳐 설교단에서 교리설교가 점점 약화되었다. 결국 오늘날에는 -극히 드문 예외를 제외하면- 교리설교가 설 자리가 없다. 심지어는 회중석에서 "우리에겐 무미건조한 교리가 아니라 생생한 체험이 필요합니다!"라고 소리치기까지 하였다. 다른 말로 표현하자면, *형이상학적 도그마가 아니라 실천적 설교가 필요하다는 주장이다.* 우리에게 신학이 아니라 그리스도를 달라고 말하는 사람도 있다. 서글픈 말이지만, 대부분의 사람들은 이런 몰지각한 주장에 귀를 기울였다. 그런데 체험을 **검증**할 다른 안전한 방법이 존재하지 않는다. 그래서 "몰지각한" 주장이다. 성경적 교리를 떠나서는 실천적인 것들을 세울 기초가 달리 없기 때문이다. 그리스도를 전해주지 않으면 그리스도를 알 도리가 없고(고전 1:23), 교리를 공부하지 않으면 그리스도를 분명하게 전할 수 없다. 선교단의 개탄스러운 실패에 대해서는 여러 가지 이유를 댈 수 있을 것이다. 주된 원인은 게으름, 인기를 얻으려는 욕구, 피상적이며 편중된 "복음주의," 감각적인 것에 대한 애착이다.

게으름. 기도나 선교 혹은 개인적인 사역보다는 칭의교리에 관한 일련의 설교를 준비하는 것이 더 힘든 과업, 훨씬 더 집중적인 연구를 요구하는 과업이다. 일련의 교리설교는 성경에 대한 훨씬 더 광범위한 통달, 훨씬 더 혹독한 지적 훈련, 옛 신학자들의 저술에 대한 훨씬 더 폭넓은 숙독을 요구한다. 그러나 이것은 대부분의 목회자들이 감당할 수 없을 정도로 힘겨운 일이었다. 그래서 가장 힘이 안 드는 방향을 선택하고 손쉬운 과정을 따랐다. 이 허약한 체질 때문에 목회자에게는 특별히 "내가 이를 때까지 읽는 것… 에 착념하라… 네가 네 자신과 가르침을 삼가 이 일을 계속하라"(딤전 4:13, 16)라고 그리고 "네가 진리의 말씀을 옳게 분변하며 부끄러울 것이 없는 **일꾼**으로 인정된 자로 자신을 하나님 앞에 드리기를 힘쓰라"(딤후 2:15)라고 훈계한다.

인기를 얻으려는 욕구. 설교자가 청중을 즐겁게 해주기를 원하는 것은 자연스러운 것이다. 그러나 하나님의 동의를 얻고 그것을 목표로 삼는 것은 영적인 것이다. 어떤 누구도 두 주인을 섬기지 못한다. 바울은 "내가 지금까지 사람의 기쁨을 구하는 것이었더면 그리스도의 종이 아니니라"라고 명백하게 선언하였을 때 사람이 많이 모이는 교회를 만들려고 설교하는 자들을 엄숙하게 정죄한 셈이다. 하지만 대중의 여론을 거슬리는 것과 자연인이 받아들일 수 없는 것을 설교하는 것에는 정말 은혜가 필요하다. 반면에, 사람들의 환심을 사기로 마음먹었기에 청중이 가장 필요로 하는 진리를 의도적으로 다루지 않는 자들은 정말 무서운 운명을 맞이할 것이다.

"내가 너희에게 명하는 말을 너희는 가감하지 말고… 지키라"(신 4:2).

그리고 바울과 더불어 "유익한 것은 무엇이든지… 꺼림이 없이 너희에게 전하여 가르치고… 모든 사람의 피에 대하여 내가 깨끗하니"라고 말할 수 있어야 한다(행 20:20, 26).

피상적이며 편중된 복음주의. 지난 반세기의 많은 설교자들은 마치 자신이 받은 소명의 전부가 영혼 구원인 것처럼 처신하고 모든 것을 구령사업에 집중시켰다. 결과적으로 양을 먹이는 것, 교회에서 성경적 치리를 유지하는 것, 실천적 경건을 일깨워주는 것은 뒷전으로 밀려났다. 목적이 수단을 정당화한다는 구실로 온갖 종류의 세속적인 장치들과 육적인 방법들을 너무 빈번하게 활용하였다. 따라서 교회는 거듭나지 않은 교인들로 가득 찼다. 실제로 이런 교인들이 설교자들의 목표를 좌절시켰다. 먼저 강퍅한 마음을 갈아 엎고 흙을 곱게 부순 뒤에야 복음의 씨앗을 받아들일 수 있게 된다. 만일 참된 복음주의를 위한 기초를 놓아야 한다면 반드시 하나님의 성품, 하나님의 율법이 요구하는 것들, 죄의 본성과 가증스러움에 관한 교리를 가르쳐야 한다. 그리스도를 절망적으로 필요로 하는 자신의 상태를 보고 느낄 때까지는 영혼에게 그리스도를 전해봐야 소용없다.

감각적인 것에 대한 애착. 최근에 이르러서는 추세가 바뀌었다. 피상적인 복음주의조차도 덜 관용적이고, 자신의 죄악들을 들춰 조금이라도 불안하게 만들 만한 것에 반대하는 세대가 나타났다. 물론, 이런 사람들을 교회에서 몰아내면 결코 안 된다. 이들을 만족스럽게 해주고 귀를 즐겁게 해줄 무엇인가를 제공해주어야 한다. 공저 행동무대는 풍부한 자료를 제공하였다. 세계전쟁 그리고 빌헬름 카이저, 스탈린, 무솔리니와 같은 인물들은 대중의 영웅이었고 히틀러와 아비시니아도 그랬다. 설교자들은 예언을 해설해준다는 미명 하에 "시대의 징표"라는 것에 주의를 집중시켰고 "독재자들"이 다니엘과 계시록의 예언들을 성취시키고 있다는 믿음을 퍼뜨렸다. 이런 설교(?)는 결코 양심을 찌르지 않는다. 청중은 이런 쓰레기를 들으면서 종교적이 되었고 따라서 교회는 "교양인의 휴대품"처럼 되었다.

더 나아가기 전에 먼저 지적해야 할 것은, 교리설교에 대한 가장 일반적인 반대론은 대단히 어불성설이다. 먼저, 체험적 설교를 받아들이라는 것이다. 비록 매우 제한적이긴 하지만 자신들이야말로 정통주의의 대변자요 살아 있는 경건을 최상으로 해설한다고 자처하는 어떤 이들은 율법과 은혜 양쪽의 다양한 경험을 겪은 영혼들을 상세하게 살펴볼 것을 요구한다. 반면에 교리적인 설교에 대해서는 껍데기 이외에는 아무것도 제공해주는 것이 없다면서 눈살을 찌푸린다. 하지만 어떤 저자가 "비록 어떤 사람들은 교리문제를 종교의 외피에 불과하고 체험을 종교의 핵심이라고 간주하지만 겉껍질을 통과하지 않고는 핵심에 도달하지 못한다는 것을 기억해야 한다. 핵심이 겉껍질에 가치를 부여하는 반면에 겉껍질은 핵심을 보호해준다. 겉껍질을 부셔라. 그러면 핵심도 손상된다"라고 간결하게 지적하였다. 교리를 제거하라. 그러면 체험을 검증해줄 도구가 없어진다. 결국 신비주의와 환상주의에 빠질 수밖에 없게 된다.

오직 실천적인 설교만을 요구하는 부류가 있다. 이들은 교리설교는 단지 이론적일 뿐이며 비실천적이라고 가정하고 주장한다. 이런 개념은 치명적인 무지를 드러낸다.

"모든 성경은 하나님의 감동으로 된 것으로 교훈과 책망과 바르게 함과
의로 교육하기에 유익하니"(딤후 3:16).

바울의 서신들을 연구해보라. 그리고 그 순서를 얼마나 견실하게 유지하였는지를 확인해보라. 로마서 1-11장은 엄격하게 교리적이고 12-16장은 실천적 교훈이다. 디모데전서 1:9-10을 구체적인 예로 들어보자. 바울은 율법의 폐기를 목적으로 하는 죄악들을 열거한 뒤에 "**바른 교훈[교리]**을 거스리는 자'가 있다면"이라는 말을 덧붙인다. 근본적인 원칙에 있어서의 오류가 실천적인 것들에게 몹시 나쁜 영향을 미친다는 명백한 암시이며, 하나님의 교리를 불신하는 것만큼 하나님의 권위를 부인하게 된다는 뜻이다. 계명을 순종하게 만드는 동기를 부여하는 것이 교리이다.

"신학을 전하지 말고 그리스도를 전하라"라고 외치는 자들에 관련해서 우리가 오랫동안 주장한 것은, 그런 자들은 결코 그리스도를 하나님이 언약한 메시아(시 89:3)라고, 하나님이 기뻐하는 "나의 택한 자"라고(사 42:1) 설교하지 않는다는 점이다. 그런 자들은 자신들이 창작해낸 어떤 "그리스도," 감상적 피조물을 전한다. 우리가 성경의 그리스도를 전한다면 반드시 그리스도를 하나님의 택함을 받은 종(사 42:1, 마 12:18), 창세전에 예정된 어린양(벧전 1:19-20), "이스라엘 중 많은 사람의 패하고 흥함을 위하며 비방을 받는 표적 되기 위하여 세움을 입은 자"(눅 2:34), "부딪히

는 돌과 거치는 반석"(벧전 2:8)이라고 표현해야 한다. 그리스도를 그리스도의 신비적 몸을 구성하는 지체들로부터 분리해서 전하면 안 된다. 하나님이 그리스도 안에서 택하신 자들과 그리스도는 하나이다. 영원불변하게 하나이다. 그렇다면 **수족이 다 잘려나간** 그리스도를 전하지 말라. 하나님의 영원한 계획에 따른 그리스도를 전하라.

교리적 설교가 전반적으로 인기를 상실하였다면 선택교리는 특별히 더 두드러지게 인기를 상실하였다. 예정에 관한 설교를 격분하여 격렬하게 거부한다. 그렇지 않은 경우는 극히 드물다.

> "인간의 지성에는 예정교리에 반대하는 불가피한 편견이 있는 것 같다. 기독교인이라는 사람들은 대부분의 다른 교리에 대해서는 때로는 조심하면서 때로는 흔쾌히 수용하더라도 예정교리에 대해서는 무시와 거부가 다반사이다. 근래의 설교자들은 예정에 관한 설교를 대역죄를 저지르는 것처럼 여기곤 한다"(스펄전).

스펄전의 이 말은 50년 전의 실상을 지적했지만 오늘날의 실상에 대해서도 훨씬 더 적절한 지적이다. 확고한 정통주의 진영에서조차도 예정론을 입에 올리기만 해도 비난의 표적이 된다. 하나님의 주권과 하나님의 차별적 은혜만큼 겉만 번지르르한 종교가들과 자기 의로 충만한 바리새인들의 적대감을 신속하게 드러내게 만드는 것이 없다. 이 진리를 용감하게 옹호하겠다고 나서는 사람들은 정말이지 거의 남아 있지 않다.

단호한 복음주의적 지도자들조차도 예정론에 대한 공포와 미움으로 인해 이 복된 진리에 반대하여 늘어놓은 수많은 신성모독적 언사들은 말로 형언할 수 없이 두렵다. 여기에 그 불경한 언사들을 옮겨놓고 싶지 않다. 예정론은 비록 성경에 계시되어 있더라도 위험천만한 교리이며 분열을 조장하고 따라서 교회에서 설교해서는 안 된다고 주장하는 이들도 있다. 이것은 로마 가톨릭이 하나님의 말씀을 일반 신자들에게 모국어로 읽도록 해서는 안 된다고 주장하는 것과 동일한 반대론이다. 만일 자연인이 환영할만한 것만을 전하기 위하여 진리를 깎아낸다면 과연 무엇이 남겠는가? 십자가에 못 박힌 그리스도를 전하는 것이 유대인들에게는 걸림돌이고 헬라인들에게는 어리석은 것이다(고전 1:23). 그러하고 이 주제에 관해서 설교하지 말아야 하는가? 하나님의 독생자의 인격, 직분, 사역이 오로지 유기된 자들에게 "부딪히는 돌과 거치는 반석"(벧전 2:8)이라는 이유 때문에 하나님의 종들이 그런 주제의 설교를 중단해야 할까?

예정론의 신뢰성을 깎아내리고 싶어서 반론을 제기하는 경우도 많다. 예정론은 매우 신비롭고 하나님께 속하는 비밀이기 때문에 설교해서는 안 된다고 말하는 자들도 있다. 그러나 예정론은 결코 비밀이 아니다. 하나님은 말씀에 분명하게 계시해 놓았기 때문이다. 예정론의 신비로움 때문에 설교해서는 안 된다면 똑같은 이유로 삼위일체의 신성의 통일성에 관해서도 동정녀 탄생에 관해서도 죽은 자의 부활에 관해서도 언급해서는 안 된다. 예정론은 선교정신을 전적으로 파괴하기 때문에 가르치면 안 된다고 주장하는 이들도 있다. 사실상 일체의 복음전파를 가로막고 전적으로 부정한다고 본다. 만일 이들의 말이 맞다면 바울의 복음 전함도 쓸모없었다. 바울의 가르침에는 예정론이 가득 차 있었기 때문이다. 바울의 서신서들을 읽어보

라. 바울은 예정을 지속적으로 선포하였다는 사실을 발견하게 된다. 하지만 하나님의 예정이 바울 자신의 수고를 무익한 것으로 만들기 때문에 예정에 관하여 가르치기를 중단하였다는 기록을 전혀 찾을 수 없다.

바울은 "너희 안에서 행하시는 이는 하나님이시니 자기의 기쁘신 뜻을 위하여 너희로 소원을 두고 행하게 하시나니"라고 가르쳤다(빌 2:13). 그렇다고 해서 바울은 사람들에게 하나님을 기쁘시게 하는 것들을 원하고 노력하고 힘을 다해 수고하라고 가르치기를 중단하지 않았다. 우리가 이 두 초점의 일관성을 발견하지 못한다는 것 때문에 어느 하나를 받아들이지 않기로 하거나 주의를 기울이지 않기로 해서는 안 된다. 예정론을 가르치면 확신이 흔들리고 사람의 생각에 의심과 두려움이 가득 차게 만든다고 반대론을 제기하는 사람들도 있다. 그러나 특히 우리 시대에 있어서 공허한 교인들의 자기만족을 흔들고 냉담한 자들에게 하나님 앞에서 자신을 검증하도록 만드는 진리에 대해 감사해야 한다. 중생교리도 예정교리와 동일한 이유 때문에 가르쳐서는 안 될 것이다. 내가 참으로 거듭났다고 확증하는 것이 내가 하나님의 택함을 받은 자라고 확인하는 것보다 더 쉬울까? 그렇지 않다.

경건하지 않은 자들이 예정교리를 악용하기 때문에, 예정교리 뒤에 숨어 자신들의 냉담과 태연함에 대해 만일 구원으로 예정되었다면 자신이 원하는 대로 죄로 가득한 삶을 살아도 된다고 주장할 것이라는 말로 예정교리에 반대하는 자들도 있다. 이런 반대론은 유치함과 미숙함의 극단이다. 사악한 자들이 어떤 진리인들 왜곡하지 않겠는가? 자, 악인들은 하나님의 은혜를 방탕으로 바꾸고, 하나님의 선하심과 자비하심과 오래 참으심을 자신의 악한 삶을 지속하기 위해 활용한다. 아르미니우스주의자들은 성도의 견인교리는 나태를 부추길 뿐이라고 주장하고, 그 반대쪽 극단에 있는 고등칼빈주의자들은 거듭나지 않은 자들에게 회개와 믿음을 가르치는 것은 피조물에게 그럴 능력이 있다고 가르치는 셈이라는 것을 근거로 그렇게 가르치지 말라고 주장한다. 기록된 말씀을 뛰어넘는 지혜를 가진 척하지 말자. 하나님의 말씀을 있는 그대로, 그 전부를 가르치자. 그리고 그 결과를 하나님께 맡기자.

하나님의 종이라면 순전한 진리를 고백하고 선포하는 것에 결단코 겁을 먹어서도 주저해서도 안 된다. 오늘날 하나님의 종이 맡은 사명은 옛적 에스겔의 사명과 동일한 것이다.

> "너는 비록 가시와 찔레와 함께 처하며 전갈 가운데 거할 지라도 그들을 두려워 말고 그 말을 두려워 말지어다 그들은 패역한 족속이라도 그 말을 두려워 말며 그 얼굴을 무서워 말지어다 그들은 심히 패역한 자라 듣든지 아니 듣든지 너는 내 말로 고할지어다"(겔 2:6-7).

하나님의 종은 특히, 가장 큰 목소리로 신자인 척하는 자들로부터 반대를 받을 것을 예상해야 하고 그런 반대론에 강력하게 맞설 각오를 해야 한다. 초대교회 시대부터, 하나님의 주권적 선택을 가르치면 악독한 정신이 일어나 핍박하였다. 이런 일은 멀리 사무엘 시대에서도 그랬다. 사무엘이 이새에게 일곱 아들에 관하여 "여호와께서 이들을 택하지 아니하셨느니라"라고 선언하자 장남 엘리압은 다윗에게 분노하였다(삼상 16:10,

17:28). 그리스도가 하나님은 사렙다 과부와 수리아 사람 나아만과 같은 이방인들을 선택하여 은혜를 베풀었다고 역설한 때에도 회당 예배자들은 "다 분이 가득하여" 죽이고자 하였다(눅 4:25-29). 그러나 이 엄숙한 진리가 일으킨 바로 그 증오는 그 진리가 하나님에게서 나왔다는 가장 설득력 있는 증거 가운데 하나이다.

첫째, 선택교리를 가르치고 선언해야 한다. 성경 전반에 걸쳐 나타나는 진리이기 때문이다. 하나님의 말씀 가운데 하나님의 택하심을 명확하게 진술하지 않거나 뚜렷하게 실증하지 않거나 분명하게 암시하지 않는 성경 책이 없다. 창세기는 하나님의 택하심으로 가득 차 있다. 하나님은 나홀과 아브라함, 이스마엘과 이삭, 사랑하는 야곱과 미워하는 에서를 구별한 것이 그 적절한 사례들이다. 출애굽기에서 하나님은 애굽사람들과 히브리인들을 구별하셨다. 레위기에서는 하나님은 자신의 택하신 백성을 위하여 속죄와 그 모든 희생제사를 허용하였지만 그 주변의 이방인들에게는 일체 허용하지도 제공하지도 않았다. 민수기에서 여호와는 발람을 사용하여 오직 이스라엘만이 "열방 중의 하나로 여기지 않"고 "홀로 처할" 유일한 백성이라는 사실을 선포하도록 하였다(민 23:9). 그래서 발람은 "야곱이여 네 장막이, 이스라엘이여 네 거처가 어찌 그리 아름다운고"라고 외칠 수밖에 없었다(민 24:5). 신명기에는 "여호와의 분깃은 자기 백성이라 야곱은 그 택하신 기업이로다"라는 말씀이 있다(신 32:9). 여호수아서에는 여리고 성의 기생 라합에게는 차별적인 은혜를 베풀지만 그 나머지 성민 전체는 파멸의 운명을 벗어나지 못한 기록이 있다. 사사기에서 하나님의 주권은 전혀 그럴 것처럼 보이지 않는 도구들 즉, 드로바, 기드온, 삼손을 선택하여 이스라엘에게 승리를 안겨 주는 사건들을 통해서 나타난다. 룻기에서 오르바는 시모에게 작별을 고하고 자신의 조상신들에게로 돌아갔지만 룻은 나오미를 "붙좇았"고 이스라엘 중에서 유업을 얻었다. 누가 오르바와 룻의 운명을 다르게 만들었는가? 사무엘상에서 다윗은 왕으로 선택되었다. 다윗은 형들보다 더 큰 사랑을 입었다. 사무엘하에서 "영원한 언약"이 "만사에 구비하고 견고케" 하였다는 말이 있다(삼하 23:5). 열왕기상에서 엘리야는 많은 과부 중에서 택함을 받은 한 과부에게 축복이 되고 열왕기하에서는 모든 문둥병자 가운데 오직 나아만 한 사람만이 치유함을 받았다. 역대상에는 "택하신 야곱의 자손 너희는"이라는 기록이 있다(대상 16:13). 반면에 역대하에는 놀랍게도 하나님은 므낫세에게 회개의 은혜를 부어주셨다. 목록을 계속해서 작성할 수 있다. 시편, 선지서들, 복음서들, 서신서들은 선택교리에 관한 가르침이 가득 차 있다.

둘째, 선택교리를 두드러지게 가르쳐야 한다. 왜냐하면 선택교리 없이는 복음을 성경적으로 선포할 수 없기 때문이다. 오늘날 세상을 덮은 어둠은 정말 깊고 무지는 정말 넓다. 그래서 하나님의 예정과 복음이 긴밀하게 연결되어 있는 것을 제대로 지각하는 사람이 거의 없다. 그렇다면 잠깐 멈추고 다음과 같은 질문을 진지하게 고찰해보라. *복음의 성패가 우연에 달려 있는가? 이 질문을 다른 방식으로 표현하면, 그리스도의 가장 경이로운 직무수행—즉, 구속사역—의 결실은 인간의 변덕에 달려 있는가? 그리스도는 자기 영혼의 모든 수고가 전적으로 부패한 인간의 의지에 달려 있더라도 만족해할 것이라고 적극적으로 단언할 수 있을까?(사 53:11)* 하나님은 독생자의 죽음에 의해 과연 몇 명이나 구원받을지를 불확실한 상태로 남

겨둘 정도로 무관심하였는가?

"하나님의 복음"(롬 1:1)은 오직 **삼위일체 하나님**을 고백하고 높일 때에만 성경적으로 제시될 수 있다. 타락한 우리 시대의 천박한 "복음"은 청중의 관심을 그리스도의 희생적 죽음에만 한정시킨다. 하지만 구원은 아버지 하나님의 마음에서 시작되었고 성령 하나님의 활동에 의하여 완성된다. (다른 누구도 아닌) 은혜의 택함을 받은 백성 전체를 위하여 그리스도가 구원을 성취하였고, 그 구원의 모든 축복을 하나님의 영원한 계획에 따라 (오직 그들에게만) 전달된다. 신약성경의 첫 번째 장에서 예수는 "**자기 백성**을 저희 죄에서 구원할 자"라고 선언한다(마 1:21). 이 본문은 "구할지도 모르겠다"가 아니라 "구할 것이다"라고, "제안하거나 시도할 것이다"가 아니라 "실제로 구원할 것이다"라고 말한다. 다시 말하자면, 만일 성령이 그리스도가 죽음을 통해서 획득한 공로를 선택된 자손에게 적용해주지 않았더라면 결단코 단 한 영혼도 그 공로로부터 은택을 입지 못하였을 것이다. 그렇다면 아버지 하나님의 선택과 성령 하나님의 주권적이며 유효적인 활동을 **생략하는** 어떤 누구도 비록 '영혼구령자'로서의 명성이 아무리 높아도 하나님의 복음을 전하는 자가 아니다.

전반적인 교리설교와 특히 예정교리 설교에 대해 제기하는 반대론이 얼마나 얼토당토 않은 지를 폭로하였다. 그 다음에는 예정이라는 이 위대한 진리를 선포해야 하는 몇몇 이유를 지적하였다. 첫째, 창세기로부터 계시록까지 성경 전체에 하나님의 택하심에 관한 교훈으로 가득 차 있기 때문이다. 둘째, 예정교리 없이는 복음을 성경적으로 전할 수 없기 때문이다.

그리스도의 공적 제자들 즉, 그리스도가 적절하게 부르고 훈련시킨 종들에게 위임된 위대한 사명은 복음을 전하는 것이다(막 16:15). 복음을 부분적으로가 아니라 그 전체를 전해야 한다. 복음을 조각내서가 아니라 그 전체로 전해야 한다. 그래서 삼위일체의 모든 위격이 똑같이 영광을 받아야 한다. 사지가 절단된 복음을 전한다면, 복음의 전체 체계 가운데 어느 한 부분을 억누른 채 전하면 결코 복음을 전하는 것이 **아니다**. 갈보리 혹은 베들레헴에서 시작하는 것은 중간에서 시작하는 것이다. 우리는 반드시 하나님 은혜의 영원한 계획에서 시작해야 한다. 유명한 개혁가 잔키우스가 이 점을 올바르게 표현하였다.

> "선택은 기독교 체계 전체를 관통하는 황금 광맥이다. …기독교 체계를 연결해주고 결속시켜주는 결속장치이다. 따라서 선택이 없다면 기독교 체계는 모래성처럼 흩어질 뿐이다. 골조를 묶어주는 시멘트이다. 그렇다. 구조물 전체를 살아있게 만드는 영혼이다. 선택은 복음 교리체계 전체와 이리저리 짜여있다. 그래서 선택을 빼버리면 복음 교리체계 전체도 해체되고 죽음에 이른다. 대사는 자신이 맡은 메시지 전체를 전달해야 한다. 어느 한 부분도 생략하면 안 된다. 자신이 대표하는 주권자의 생각을 충분하고 남김없이 선포해야 한다. 주권자가 요구하는 내용을 더하거나 빼거나 해서 전달하면 안 된다. 그렇지 않으면 그는 노여움을 살 것이고 어쩌면 목숨을 잃을 것이다. 그리스도의 종들은 이 점을 잘 헤아리도록 하자"(잔키우스, 1562)

게다가 복음을 "모든 피조물에게" 즉, 유대인이든 이방인이든, 노인이든 소년이든, 부자이든 빈자이든 기독교 사역과 만나는 모든 사람에게 전해야 한다. 하나님의 종들의 섬김을 받는 모든 사람은 복음을 조금도 남김없이 충분하고 명확하게 청취할 권리를 갖는다. 자, 복음의 중요한 부분은 선택교리 즉, 하나님은 어떤 사람들을 영원한 구원에 이르도록 그리스도 안에서 영원하고 값없고 철회할 수 없이 선택하였다는 가르침이다. 하나님은 십자가에 못 박힌 그리스도를 전하는 것의 성공을 타락한 인간들이 내놓는 반응에 좌우되도록 한다면 전적으로 경멸받을 뿐이라는 사실을 미리 아셨다. 이것은 "다 일치하게 사양하여"라는 말에서 분명하게 드러난다(눅 14:18). 그러므로 하나님은 아담의 후손 가운데 남은 자들을 신적 자비의 영원한 기념물로 삼기로 결정하였다. 따라서 그들에게 구원적 믿음과 회개를 베풀기로 작정하였다. 정말이지. 바로 **그것이** 기쁜 소식이다. 모든 것은 하나님의 주권적 의지에 의하여 확실하고 불변적인 것이 되었다.

그리스도는 절대주권적인 복음전도자이다. 그리스도는 자신의 사역 전반에 걸쳐 예정교리를 가르쳤다.

> "그 때에 예수께서 대답하여 가라사대 천지의 주재이신 아버지여 이것을 지혜롭고 슬기 있는 자들에게는 숨기시고 어린 아이들에게는 나타내심을 감사하나이다 옳소이다 이렇게 된 것이 아버지의 뜻이니이다"(마 11:25-26).

> "택하신 자들을 위하여 그 날들을 감하시리라"(마 24:22).

> "내 아버지께 복 받을 자들이여 나아와 창세로부터 너희를 위하여 예비된 나라를 상속하라"(마 25:34).

> "하나님 나라의 비밀을 너희에게는 주었으나 외인에게는 모든 것을 비유로 하나니"(막 4:11).

"너희 이름이 하늘에 기록된 것으로 기뻐하라"(눅 10:20).

"아버지께서 내게 주시는 자는 다 내게로 올 것이요"(요 6:37).

"너희가 내 양이 아니므로 믿지 아니하는도다"(요 10:26).

"너희가 나를 택한 것이 아니요 내가 너희를 택하여 세웠나니"(요 15:16).

가장 위대한 사도의 경우도 동일하다. 바울의 가장 중요한 서신서인, "하나님의 복음"(롬 1:1)을 전력을 다해 펼친 로마서를 살펴보자. 로마서 8장에서 하나님의 "뜻대로 부르심을 입은," 그 결과로 "하나님이 미리" 아셨고 "그 아들의 형상을 본받게 하기 위하여 미리 정"해진 자들을 묘사한다(28-29절). 로마서 9장 전체를 이 문제에 집중시킨다. 즉, 이스마엘과 이삭의 차별, 에서와 야곱의 차별, 진노의 그릇과 자비의 그릇의 차별을 보여준다. 그리고 우리에게 "하나님께서 하고자 하시는 자를 긍휼히 여기시고 하고자 하시는 자를 강퍅케 하시느니라"라고 말해준다(18절). 이런 내용을 어두운 구석에 있는 소수의 사람들이 아니라 로마에 있는 성도들에게 알려주었다. "그것은 결과적으로 예정교리를 보편적 승인도장을 찍어 온 세상에 전하는 것이며, 전 세계의 신자들에게 선포하는 것이다"(잔키우스).

셋째, 선택교리 없이는 하나님의 은혜를 주장할 수 없기 때문이다. 이제부터는 이 점을 명확하게 밝히고 확대 설명하는 데 집중할 것이지만 먼저 간략하게 언급해보자. 오늘날 예정교리를 직·간접적으로 부인하면서도 하나님의 은혜를 높인다고 여기는 아르미니우스주의적 복음주의자들이 매우 많다. 이들의 관념은, 하나님은 자신의 선하심과 사랑으로부터 온 인류 전체에게 그리스도 안에 있는 구원을 제안하였으며 따라서 하나님은 온 인류의 구원을 열망하고 추구한다는 것이다. 이들의 관점은, 하나님은 복음 메시지를 통하여 자신의 구원적 은혜를 제안하고 그 복음 메시지를 듣는 모든 사람의 자유의지에 맡긴다는 것이며, 따라서 사람은 하나님의 제안을 받아들이거나 거부하거나 할 능력이 있다는 것이다. 그러나 **이것은** 전혀 "은혜"가 아니다.

하나님의 은혜와 인간의 공로는 직접적으로 상반되는 양 극단이다. 그러나 아르미니우스주의자들의 "은혜"는 그렇지 않다. 아르미니우스주의자들에게 있어서 은혜란 나에게 제안되는 어떤 것 즉, 나에게 유익을 줄 수 있는 것이라면 반드시 내가 개선해야 하는 어떤 것이다. 그렇다면 내가 은혜를 받아들이는 것은 공로적 행위이고 내가 자랑할 수 있는 근거가 있는 행위이다. 그 은혜를 어떤 사람들은 거절하고 나는 받아들인다면 (이것은 전적으로 복음 메시지를 듣는 사람의 자유의지에 관한 문제이므로), 틀림없이 그것은 내가 그들보다 지각이 뛰어나기 때문이거나, 내 마음이 그들의 마음보다 더 온유하기 때문이거나, 나의 의지가 그들의 의지보다 덜 강퍅하기 때문이다. 만일 아르미니우스주의자에게 "누가 너를 구별하였느뇨"라고 묻는다면(고전 4:7) 그가 할 수 있을 유일하게 진실한 대답은 "그렇게 한 것은 바로 나 자신입니다"라는 말일 것이다. 따라서 영광과 존귀의 면류관을 자기 머리 위에 올려놓을 것이다.

여기에 대해서, "우리는 자연인의 마음이 강퍅하고 그 의지는 완고하지만 은혜로운 하나님은 성령을 보내 자연인에게 죄를 깨우쳐주시고 그 심령을 녹여주시고 그리스도를 찾도록 만들어 주신다고 믿습니다. 하지만 자연인은 반드시 '하나님의 전주곡'에 반응해야 하고 하나님의 '은혜로운 영향력'에 협력해야 합니다"라고 대꾸하는 사람들도 있을 것이다. 이 대답에서도 구원은 **전적으로** 사람의 의지에 달린 문제라는 근거를 버렸다. 그럼에도 하나님의 은혜를 단지 웃음거리로 만들었다. 아르미니우스주의자들은 성령 하나님의 영향을 받는 당사자가 성령 하나님의 영향력에 저항하고 멸망을 당한다는 것을 인정한다. 따라서 구원받는 자들은 자신의 구원이 성령의 전주곡을 **자신이** 개선한 것 –즉, 자신이 성령 하나님과 '협력한' 것– 때문이라고 본다. 이런 경우에 영광을, 성령 하나님의 활동과 자연인의 개선이 나눠서 받아야 할 것이다. 그러나 **이런 것**은 전혀 "은혜"가 아니다.

여전히 성령의 검을 "우리는 예정교리를 믿습니다. 하지만 칼빈주의자들과는 다릅니다. 우리의 해결책을 대변하는 한마디는 '예지'입니다"라는 말로 그 칼날을 무디게 하려는 사람들이 있다. 이들에 따르면, 하나님은 예지에 근거하여 예정한다. 즉, 하나님은 누가 자신의 죄를 회개하고 그리스도를 자신의 구세주로 영접할 자인지를 미리 알았고, 그 미리 알게 된 지식에 입각하여 **그들을** 구원으로 선택하였다. 이 개념에서 인간의 공로를 다시 끌어 들였다. 은혜는 값없는 것이 아니다. 피조물의 "결정"에 의해 단단히 묶여 있다. 이런 육적 개념은 성경의 질서를 **뒤집는다.** 성경은 하나님의 예지는 하나님의 뜻에 입각한다고 가르친다. 즉, 하나님은 어떤 것을 존재하게 하겠다고 작정하였기 때문에 그것이 존재할 것임을 미리 안다. 사도행전 2:23과 로마서 8:28(마지막 부분)과 29절에 있는 **순서**를 주의 깊게 살펴봐라. 성경 어디에서도 하나님은 우리가 회개하고 믿을 것을 미리 보거나 미리 안다고 말하지 않는다. 성경에서 언급되는 하나님의 예지의 대상은 언제나 사람이었지 사람의 **행동**이 아니었다. 즉, 성경에서 하나님은 "**사건 혹은 행위**를 미리 아신 것이" 아니라 "**사람**을 미리 아셨다."

성경은 "누가 그리스도에게 나올 것인가?"라고 묻지 않는다. 가장 중요한 질문은 "구원으로의 부르심에 응답하는 자들의 경우에 그 원함은 어디에서 나오는가?"이다. 그리스도께서 "그러나 너희가 영생을 얻기 위하여 내게 오기를 원하지 아니하는도다"라고 선언한 것처럼(요 5:40) 사람은 본성적 상태에 있을 때에는 그리스도에게 나오기를 원하지 않는다. 그렇다면 위 질문에 대해 올바른 답변은 무엇인가? "여호와께서… 주의 **권능**의 홀을 내어 보내시리니… 주의 **권능**의 날에 주의 백성이 거룩한 옷을 입고 즐거이 헌신하니… 주께 나오는도다"라는 말씀이 올바른 답변이다(시 110:2, 3). 다른 어떤 것이 아닌 오직 하나님의 능력만이 원하지 않는 마음을 원하는 마음으로 바꾸고, 마음속의 모든 적의와 완고함을 극복하게 한다. 그리고 주 예수의 발 앞으로 끌려가든 나아가게든 만들어준다. 하나님의 은혜는 노래로 읊어댈 사랑의 개념을 훨씬 뛰어넘는 것이다. 하나님의 은혜는 전능한 능력, 불굴의 원동력, 모든 저항을 물리치는 승리의 원리이다. "내 은혜가 네게 족하도다"(고후 12:9)라는 말씀은 은혜는 우리로부터의 도움을 전혀 필요로 하지 않는다는 뜻이다. "나의 나 된 것은 (나의 협력에 의해 된 것이 아니라) 하나님의 은혜로 된 것"이라고 바울이 말하였다(고전 15:10).

하나님의 은혜는 죄인들의 구원을 가능하게 만드는 것 그 이상의 것을 성취하였다. 하나님이 택하신 자들의 구원을 **확실한** 것으로 만든다. 택자들에게 구원을 제공할 뿐만 아니라 택자들에게 구원을 가져다준다. 이렇게 함으로써 은혜가 누릴 영광을 피조물이 나눠받지 못한다. 예정교리는 "자유의지"와 인간의 공로라는 우상을 때려 부순다. 예정교리는 만일 우리가 그리스도를 붙잡고 그리스도에 의한 구원을 정말로 소원하고 갈망하였다면 바로 그 소원과 갈망은 하나님의 영원한 뜻이 만들어낸 영향이며 신적 은혜의 유효적 활동이 낳은 결과라고 우리에게 말해준다. 하나님의 선하신 즐거움에 속한 것을 원하고 행동하도록 우리 안에서 만들어내는 이는 바로 하나님이다. 그러므로 우리는 오직 하나님께만 영광을 돌리고 모든 찬양을 하나님께만 돌린다. 본인은 하나님을 구하지 않고 오히려 증오하고 반대하고 하나님을 자신의 생각 속에서 쫓아내려고 노력하였다. 그러나 하나님이 찾아냈고 (다소의 바울처럼) 때려 눕혔고 더러운 반역을 진압하였고 하나님의 능력이 임한 날에 자원하는 마음을 갖도록 만들었다. 바로 그것이 은혜다. 정말로, 주권적이며 경이로우며 승리의 은혜이다.

넷째, 선택교리는 사람을 낮추는 교리이기 때문에 선포되어야 한다. 아르미니우스주의자들은 자신들이 인류의 전적인 부패를 선언함으로써 사람을 낮춘다고 상상한다. 하지만 그런 선언을 하는 즉시 자연인에게는 영적 행위를 실행할 능력이 있다고 주장함으로써 자기모순을 일으킨다. 사실상 아르미니우스주의자들에게 있어서 "전적 부패"는 단지 입에 발린 신학적 표현에 불과하다. 실제로는 "전적 부패"라는 신학적 용어의 엄숙한 내용을 이해하지도 못하고 믿지도 않는다. 타락은 우리 존재의 모든 부분과 기능에 철저히 영향을 미쳤고 부패시켰다. 그러므로 만일 사람이 전적으로 부패하였다면 필연적으로 도출되는 결론은 우리의 의지는 완벽하게 죄에게 예속되어 있다는 것이다. 사람은 하나님께 반역을 일으킨 탓에 오성은 어두워지고 정서는 더럽혀지고 마음은 강퍅해졌다. 마찬가지로 사람의 의지는 완벽하게 사단에게 예속되었다. 사람은 코끼리 발밑에 깔린 벌레처럼 자신을 자유롭게 만들어주지 못한다.

하나님의 백성이 가진 징표 가운데 하나는 전혀 "육체를 신뢰하지 아니하는" 것이다(빌 3:3). 선택교리만큼 하나님의 백성을 그런 상태로 만들어줄만한 것이 없다. 하나님의 예정을 외면해보라. 그러면 반드시 피조물의 행위를 끌어들일 수밖에 없게 되고, 구원을 우연적인 것으로 만들게 된다. 결국 구원은 오직 은혜로 말미암은 것도 아니고 오직 행위로 말미암은 것도 아닌 구역질나는 혼합물에 불과한 것으로 만든다. 자신은 하나님의 택하심 없이 구원받을 수 있다고 생각하는 사람은 아무리 강력하게 육신을 부인할지라도 틀림없이 육신을 신뢰한다. 우리 자신의 의지능력을 통해 우리의 구원에 얼마간의 기여를 한다고 확신하는 한 우리는 육적 확신을 가지고 있으며 따라서 하나님 앞에서 진짜로 겸손하게 낮추지 않았다. 자신에 대해 절망하고, 자신의 능력에 대한 일체의 소망을 포기하는 자리에 이르게 된 뒤에야 우리는 참으로 우리 외부에서 구원을 찾는다.

선택이라는 진리를 하나님이 우리 마음에 적용해줄 때 비로소 우리는 구원은 오직 주권적 하나님의 의지에 좌우된다는 것을 깨닫게 된다.

"그런즉 원하는 자로 말미암음도 아니요 달음박질하는 자로 말미암음도 아니요 오직 긍휼히 여기시는 하나님으로 말미암음이니라"(롬 9:16).

그리스도가 하신 "나를 떠나서는 너희가 아무 것도 할 수 없음이라"라는 말씀의 감각적 의미를 인정하면 우리의 자존심은 치명적 상처를 입는다. 우리를 구원하는 일에 우리가 도움을 줄 수 있다는 미친 관념을 끌어안고 있는 한 우리에게는 전혀 소망이 없다. 그러나 우리는 전능한 토기장이 손에 들린 진흙덩어리에 불과하며 귀하게 쓸 그릇으로든 천하게 쓸 그릇으로든 그 토기장이가 원하는 대로 빚는다는 사실을 깨닫게 될 때 우리는 우리 자신의 힘을 부인하고 자기 능력에 대해 절망하고 하나님의 전능한 활력을 기도하고 복종적으로 기다릴 것이다. 우리는 헛되이 기도하지도 기다리지도 않을 것이다.

다섯째, 선택은 하나님이 정한 믿음의 방편이기 때문에 가르쳐야 한다. 마음을 집중하여 들은 청중에게 주어지는 첫 번째 결과들 가운데 하나는 **"나는 하나님의 택하심을 받은 자인가?"**라고 진지하게 묻고 하나님 앞에서 자신을 철저히 살펴보고 확증하려는 마음을 갖게 되는 것이다. 많은 경우에 이것은 자신의 신앙고백이 텅 빈 것이며 수년 전에 감정적인 압박을 받아 내린 "결단"에 불과한 것에 의존하고 있다는 고통스러운 발견으로 이끈다. 하나님의 택자들이 가진 거듭남의 징표에 관한 성경의 설명만큼 거짓된 회심의 정체를 드러내줄 만한 것이 없다. 구원으로 예정된 자들의 마음속에서 은혜가 이적적인 사역을 일으킨다. 그리고 그것은, "그리스도를 향하여 결단"하거나 어떤 교회의 교인이 된다는 피조물의 행위와는 엄청나게 다른 것이다. 영혼이 초자연적 그리스도와 연합하기 위해서는 자연적 믿음을 훨씬 뛰어넘는 어떤 것이 요구된다.

선택을 설교하는 것은 알곡과 쭉정이를 분리시키는 도리깨처럼 작용한다.

> "그러므로 믿음은 들음에서 나며 들음은 그리스도의 말씀으로 말미암았느니라"(롬 10:17).

만일 선택이라는 진리를 배제한다면 "하나님의 택하신 자들의 믿음"이 어떻게 생겨나고 강화될 수 있을까? 하나님의 예정은 수단의 사용을 무시하지 않는다. 오히려 수단의 지속적인 활용과 효력을 보장한다. 하나님은 하나님을 영화롭게 하는 자들을 영화롭게 하겠다고 맹세하였다. 그리고 가장 큰 영광을 하나님께 돌리는 것이 예정교리를 설교하는 것이고, 그것을 하나님이 가장 크게 복 주는 것이다. 그것은 오늘날에는 언제나 명백하지 않다. 그러나 장차 올 그 날에는, 기독교가 금과 은과 보석으로 간주한 많은 것이 단지 나무토막과 건초와 그루터기에 불과하였다는 사실이 나타날 때에 충분히 드러날 것이다. **진리를 아는 지식**과 구원은 불가분리적으로 연결되어 있다(딤전 2:4). 그러나 그 지식의 가장 중차대하고 기본적인 부분이 전해지지 않았다면 어떻게 진리에 관한 구원적 지식에 도달할 수 있을까?

여섯째, 예정교리를 가르쳐야 하는 까닭은 예정교리는 거룩에 이르도록 자극을 주기 때문이다. 하나님의 주권적이며 경이로운 은혜에 압도된 마음보다 더 강력하게 경건을 지향하도록 자극을 줄 수 있는 것이 무엇일까?

하나님이 영원 전부터 나에게 마음을 쏟아 부었다는 것 깨달음, 하나님의 주목을 끌 자격이 없기는 마찬가지임에도 불구하고 하나님은 유독 나를 선택하였다는 깨달음, 하나님은 나를 선택하여 차별적 은혜를 베풀고 나를 그리스도에게로 인도해주고 내 이름을 생명책에 기록하고 하나님이 정한 때에 나를 사망에서 생명으로 옮기고 하나님의 아들과 생명의 연합을 하게 만들었다는 깨달음, 정말이지, 이런 깨달음이야말로 내 심령을 하나님께 대한 감사로 가득 차게 만들고 하나님께 영광을 돌리고 기뻐하게 만든다. 우리를 향한 하나님의 선택적 사랑은 우리 안에 하나님을 향한 무한한 사랑을 낳는다. 우리의 마음을 몰아붙이는 데 있어서 하나님의 사랑만큼 달콤하거나 강력한 동기부여는 없다.

일곱째, 예정교리는 찬양의 정신을 자극하기 때문에, 하나님의 택하심을 가르쳐야 하는 것은

> "주의 사랑하시는 형제들아 우리가 항상 너희를 위하여 마땅히 하나님께
> 감사할 것은 하나님이 처음부터 너희를 택하사 성령의 거룩하게 하심과
> 진리를 믿음으로 구원을 얻게 하심이니"(살후 2:13).

감사의 마음에서 찬양이 나오기 마련이다. 하나님의 택하신 은혜와 영원한 사랑을 지각할 때 우리는 하나님께 최상의 찬양을 드린다. 그리스도 자신도 아버지 하나님이 택자들에게 베푼 차별적 은혜로 인해 특별한 감사를 드린다(마 11:25). 성도는 회개케 하고 거룩케 하는 성령의 활동으로 인해 감사를 쏟아낸다. 그리스도의 구속적이고 중보적 사역에 의해 성도의 심령은 감사의 마음으로 새롭게 젖어든다. 그러나 구원의 계획 전체를 구상한

아버지 하나님의 주권적 은혜야말로 그 무엇보다 크게 감사하게 만들고 지속적으로 묵상하게 만든다. 하나님의 택하심은 하나님께 드리는 감사의 위대한 내용이기 때문에 하나님의 백성들에게 마음껏 가르쳐야 한다.

이 축복된 교리의 가치는 참된 신자에게 구원의 확실성을 적절하고 충분하게 누릴 수 있게 해주는 데 있다. 거듭난 영혼들이 어떤 택자도 멸망당하지 않는다고 확신할 수 있는 것은 택자가 영화롭게 되는 것을 하나님이 영원한 뜻 가운데 무오하게 확정해 놓았기 때문이다. 거듭난 영혼들은 자신들은 하나님의 택함을 받은 백성에 속한다고 성경적으로 지각할 수 있다. 그렇다면 선택교리는 거듭난 자들의 믿음을 굳건하게 해주고 확증해주지 않을 수 있겠는가? 선택교리를 통해서 강화되는 이런 확신은 결코 제멋대로가 아니다. 진정으로 회심한 모든 신자는 자신을 은혜 받은 성도의 무리에 속하는 자라고 간주할 권리가 있다. 성령 하나님은 아버지 하나님이 예정하고 아들 하나님이 구속한 자들만을 거듭나게 하기 때문이다. 이것이 수치를 당치 않게 하는 소망이다. 성령이 하나님의 사랑을 부어준 심령을 가진 자들은 결코 실망을 낳을 수 없는 소망을 품기 때문이다(롬 5:5).

하나님의 예정이라는 이 위대한 진리를 믿음으로 깨달아 얻는 거룩한 확신을 바울은 로마서 8장을 마무리 지으면서 강력하게 진술한다. 그 진술을 통해 바울은 우리에게 "또 **미리 정하신** 그들을 또한 부르시고 부르신 그들을 또한 의롭다 하시고 의롭다 하신 그들을 또한 **영화롭게** 하셨느니라"라는 확신을 준다(롬 8:30). 시작한 방식과 끝나는 방식이 동일하다. 즉, 영원 속에서 시작한 구원은 틀림없이 영원 속에서 완성된다. 이와 같은 위대한 전제에 입각해서 바울은 "하나님이 우리를 위하시면 누가 우리를 대적하리요"라고 축복된 결론을 내린다(31절). 그리고 "누가 능히 하나님의 택하신 자들을 송사하리요"라고 말한다(33절). 그러고도 다시, "누가 우리를 그리스도의 사랑에서 끊으리요"라고 반문한다(35절). 만일 이런 보배로운 물줄기가 하나님의 택하심이라는 샘에서 흘러나온다면 그 샘의 물구멍이 막힌 모습을 보기를 갈망하는 자들의 광기가 얼마나 심대하고 그 죄악이 얼마나 가증스러운가? 그리스도의 양떼가 누리는 영원한 안전은 하나님의 작정에 기초를 두고 난 뒤에야 그 충분한 힘을 발휘할 수 있다.

두려움에 떠는 신자는 자신의 최종적 견인을 정말 쉽사리 의심하게 된다. 양은 (본성적이든 영적이든) 소심하고 의심이 많은 피조물이다. 야성적이고 고집스러운 염소는 그렇지 않다. 생긴 모습대로 염소는 육적 확신과 육적 자랑으로 가득 차 있다. 그러나 신자는 자신의 연약함, 안목의 죄악성을 지각하고 자신의 변덕스러움과 불안을 깨닫고는 문자 그대로 두려움과 떨림으로 자신의 구원을 이룬다. 게다가 신자는 그토록 많은 사람들이 끝까지 잘 달려가지 못한 것, 전도가 유망했던 믿음이 파선으로 끝난 것, 그토록 많은 사람들이 배교자의 길로 접어든 것을 목격하기 때문에 자신의 상태와 목적을 진지하게 검증한다. 하나님의 택함을 받은 징표를 자기 안에서 찾을 수 있는 자들은 영원한 축복의 확실성을 즐거워할 것이라고 하나님이 말씀을 통해 주신 계시에 의해 그 심령이 견고해진다.

하나님의 참된 종은 이 위대한 진리를 깨달음으로써 얼마나 큰 안정을 누리는지를 지적해보자. 하나님의 종을 불안하게 만드는 것이 얼마나 많은가? 종의 사역에 동참하는 자들의 수가 터무니없이 적은 것, 하나님을 지극히 높이고 사람을 낮추는 이 진리에 가해자는 반대, 수고의 가시적 결실이 너무나 적은 것, 계속해서 이런 식으로 밀고 나가면 결국 청중이 하나도 남지 않을 것이라고 가장 가까운 동료나 친구들조차 제기하는 비난, 하나님조차 이런 식의 노력에는 눈살을 찌푸릴 것이며 당신은 실패자요 당장 그만두는 것이 낫다는 사단의 속삭임, 이런 저런 생각들은 하나님의 종을 실망감으로 채우거나 돛을 내리고 대중의 정서에 떠밀려 흘러가도록 유혹하는 강력한 경향을 낳는다. 정말 그렇다. 필자 자신이 이 가시밭길을 걸어왔다.

아, 그러나 은혜롭게도 하나님은 사단의 독약에 대한 해독제를, 쓰라린 연단을 받아 축 늘어진 종들의 기운을 회생시켜줄 효과적인 강장제를 공급해주셨다. 그것은 무엇인가? 그것은, 자신들의 주 하나님은 자신들을 보내 아무렇게나 멋대로 알아서 하도록 한 것이 아니라 하나님 자신의 영원한 작정을 성취하는 손으로 자신들을 붙잡아 도구로 사용하셨다는 지식이다. 하나님이 자신들의 사역을 통해 모든 사람에게 복음을 전하도록 사명을 맡겼지만 그 모든 사람 혹은 그토록 많은 사람을 구원받게 만드는 것이 하나님의 목적이 아니라고 하나님은 말씀 가운데 명백히 밝혔다. 하나님은 자신의 양떼는 매우 적다고(눅 12:32), 단지 "은혜로 택하심을 따라 남은 자"들 뿐이라고(롬 11:5), 멸망으로 인도하는 넓은 길로 다니는 사람은 많지만 생명으로 인도하는 좁은 길로 가는 사람은 적다고 밝혔다.

이 선택된 남은 자들을 세상으로부터 불러내기 위하여 그리고 그들을 먹이고 세워주기 위하여 하나님은 일차적으로 자신의 종들을 활용한다. 다른 어떤 것보다도 이 사실에 대한 적절한 깨달음과 개인적인 믿음이야말로 사역자의 심령을 평안하고 든든하게 만들어준다. 하나님의 종이 하나님이 주권, 신적 작정의 효력, 하나님의 계획은 충분히 실현될 것이라는 절대적 확실성에 의존할 때, 하나님이 자기에게 위임한 과업은 틀림없이 성취될 것이라며 어떤 사람도 어떤 마귀도 가로막지 못할 것이라고 확신한다. 하나님의 종은 자기 주변의 모든 것이 파괴된 모습에 깜짝 놀라도 자신의 서글픈 실패로 인해 비참해지더라도 하나님의 계획은 틀림없이 무오하게 완성된다는 것을 안다. 아버지 하나님이 작정한 자들은 믿는다(행 13:48). 아들 하나님이 대속해준 자들은 틀림없이 구원 받는다(요 10:16). 성령이 소생케 하는 자들은 유효적으로 끝까지 견딜 것이다(빌 1:6).

하나님의 종이 주님의 이름으로 전달할 메시지를 받을 때 흔들림 없는 확신으로 다음과 같은 약속을 의존하면 된다.

> "내 입에서 나가는 말도 헛되이 내게로 돌아오지 아니하고 나의 뜻을 **이루며** 나의 명하여 보낸 일에 **형통하리라**"(사 55:11).

하나님이 기필코 이룰 것이고 해낼 것이라고 다짐한다. 설교자가 소원하는 것을 성취하지 못하는 경우가 있는 것이 아니며, 성도들이 갈망하는 정도까지 형통하지 못하는 수도 있는 것이 아니다. 땅 위나 지옥에 있는 어떤 권세도 하나님의 뜻이 성취되지 못하도록 가로 막지 못한다. 만일 하나님이 어떤 사람을 선택해서 어떤 특정한 설교를 통해서 진리를 깨달아 구원에 이르도록 하였다면, 그 영혼이 제아무리 죄악에 파묻혀 있더라도 양심의 찔림을 제아무리 외면하더라도 (바울이 그랬던 것처럼) "주여, 내가 무엇을 하기를 원하십니까?"라고 외치게 된다. 그렇다면, 종의 마음을 위한 안식처가 여기에 있다. 바로 여기에서 그리스도가 위안을 찾았다. 온 나라가 그리스도를 거부하고 절망에 빠뜨렸을 때 "아버지께서 내게 주시는 자는 다 내게로 **올 것이요**"라는 사실에서 위안을 찾았다(요 6:37).

이 교리는 영혼들을 기도하도록 실질적으로 격려해준다는 점에서 그 가치가 다시 나타난다. 하나님이 우리의 하나님이며 우리는 하나님의 택하심으로 된 백성이라는 깨달음만큼 영혼으로 하여금 은혜의 보좌 앞으로 나가도록 만들어주는 것이 없다. 하나님이 택하여 자기 백성으로 삼은 자들은 하나님의 각별한 보물이며, 눈동자와 같이 소중한 존재이며, 그 모든 백성에게 귀를 기울인다.

> "하물며 하나님께서 그 밤낮 부르짖는 택하신 자들의 원한을 풀어 주지 아니하시겠느냐"(눅 18:7).

분명히 하나님은 그렇게 하신다. 하나님이 택하신 자들은 온유하게 하나님께 탄원하고 자신들의 요청을 하나님의 주권적 즐거움에 굴복하여 제출하는 유일한 백성이다. 오, 나의 독자들이여, 우리가 무릎을 꿇을 때 영원 전부터 하나님은 우리에게 마음을 쏟았다는 이 사실은 틀림없이 열정과 믿음을 불러일으킬 것이다. 하나님이 우리를 사랑하기로 선택하였는데 우리에게 귀를 기울이기를 거절할 리가 있는가? 그렇다면 우리가 예정되었다는 사실로부터 용기를 얻어 더욱 열렬히 간구하자.

"여호와께서 자기를 위하여 경건한 자를 택하신 줄 너희가 알지어다 내가 부를 때에 여호와께서 들으시리로다"(시 4:3).

"'**알지어다.**' 어리석은 자들은 배우지 못합니다. 그래서 동일한 것을 반복해서 들어야 합니다. 배우기 힘든 진리일수록 특히 그렇습니다. 경건한 자들은 하나님의 택함을 받은 자들이며 차별적 은혜에 의하여 다른 사람들과 구별되어 따로 세워졌다는 사실이 그런 진리입니다. 선택은 거듭나지 않은 사람들은 견뎌내지 못하는 교리입니다. 그럼에도 선택은 영광스럽고 잘 확증된 진리이며 시련을 겪는 신자에게 위로를 주는 교리입니다. 선택은 완전한 구원을 보증하고, 은혜의 보좌 앞에서 성공하기 위한 논거입니다. 자기를 위하여 우리를 선택한 분은 분명코 우리의 기도에 귀를 기울여줄 것입니다. 주님의 택함을 받은 자들은 정죄 받지 않을 것입니다. 그 부르짖음이 외면당하는 일도 없을 것입니다. 다윗은 하나님의 작정에 의해서 된 왕입니다. 그와 동일한 방식으로 우리는 하나님의 백성이 되었습니다. 우리의 원수들이 우리의 영혼을 뒤엎으려고 시도할 때 하나님과 운명을 상대로 싸우는 것이라고 원수들의 면전에 대고 말해줍시다"(스펄전).

선택의 진리를 아는 지식은 기도하도록 힘을 북돋아줄 뿐만 아니라 중요한 교훈과 지침을 제공해준다. 우리의 간구는 반드시 하나님의 진리와 조화를 이루도록 틀을 갖춰야 한다. 만일 우리가 예정교리를 믿는다면 우리는 그 믿음에 의거하여 기도해야 한다. 우리가 구사하는 말은, 창세전에 그리스도 안에서 택함을 받은 무리가 있으며 그리스도는 오직 그들만을 위하여 고난을 받고 죽었다는 사실과 일치하여야 한다. 만일 (보편속죄론이 아니라) 개별적 제한속죄를 믿는다면 주 예수께 그렇게 구속한 자들을 존중해달라고 간구해야 한다. 이것이 올바른 깨달음을 유지하는 수단이며, 다른 사람들 앞에 적절한 모범을 세우는 것이다.

오늘날 개탄스러운 표현을 사용한, 하나님의 뜻이나 말씀에 상반된, 따라서 전적으로 정당화될 수 없는 기도를 많이 한다. 오늘날 설교단에서 참석한 모든 이들의 구원을 간구하는 경우가 얼마나 많은가? 가장이 모든 식구가 영원한 영광에 이르기를 구하는 경우도 얼마나 많은가? 무슨 목적으로 이렇게 하는가? 누구를 구원할지 주님께 지시할 생각인가? 오해하지 말자. 설교자에게 회중 전체를 위하여 기도하는 것에 반대한다는 말이 아니다. 복음의 진리에 정면으로 충돌하는 기도를 하지 말라는 것이다. 기도는 반드시 하나님의 작정에 종속되어야 한다. 그렇지 않으면 반역죄를 짓는다. 다른 사람들의 구원을 위하여 기도할 때는 언제나 "만일 주께서 택하신 자라면" 혹은 "주님의 주권적인 뜻이라면"이라는 단서조항 혹은 다른 비슷한 제한조건을 붙여야 한다.

주 예수는 다른 모든 경우처럼 이 문제에서도 우리에게 완전한 모범을 남겼다. 요한복음 17장에 기록된 저 위대한 대제사장 기도에서, "내가 저희를 위하여 비옵나니 내가 비옵는 것은 세상을 위함이 아니요 내게 주신 자들을 위함이니이다 저희는 아버지의 것이로소이다"라고 말한다(9절). 우리 주님은 택자들을 향한 아버지 하나님의 선한 뜻과 즐거움을 전체적으로 알았다. 선택행위는 하나님의 생각 속에 있는 주권적이며 철회할 수 없는 행위라는 것을 알았다. 주님 자신은 그 택자의 수에 하나라도 더할 수 없음을 알았다. 자신은 아버지가 오직 그 택자들을 살리기 위하여 보냄을 받았다는 사실을 알았다. 이런 사실에 완벽하게 동의하여 "내가 저희를 위하여 비옵나니 내가 비옵는 것은 세상을 위함이 아니요"라고 선언하였다. 만일 그리스도가 세상을 제외하였다면, 만일 그리스도가 비택자들을 위해서 기도

하지 않았다면, 우리도 그렇게 해야 한다. 우리는 반드시 그리스도로부터 배워야 하고, 그리스도의 발자취를 따라야 한다. 하나님의 주권적 의지의 전적으로 선한 즐거움에 분개하지 말고 오히려 기뻐해야 한다.

하나님의 뜻에 복종한다는 것은 가장 배우기 힘든 교훈이다. 본성적으로 우리는 자의적이며 우리를 가로막는 것에 분개한다. 우리의 계획을 뒤엎는 것, 우리가 소중하게 간직한 소망을 좌절시키는 것, 우리의 우상을 때려 부수는 것, 그런 것에서 육적 적개심이 불타오른다. 하나님이 우리를 취급하는 대로 묵묵히 받아들이고 진심으로 "이는 여호와시니 선하신 소견대로 하실 것이니라"라고 말하기 위해서는 은혜의 기적이 필요하다(삼상 3:18). 하나님은 이 기적을 일으킬 때 **수단**을 사용하신다. 하나님은 우리의 마음에 자신의 주권에 대한 유효적인 지각을 새겨 넣는다. 그 결과 우리는 하나님은 자신의 피조물에 대해 자신이 원한대로 행할 무제한적인 권리를 갖고 있다고 깨닫게 된다. 이 중차대한 교훈을 우리에게 가르쳐주는 성향이 선택교리만큼 강력한 다른 교리가 없다. 하나님이 우리를 구원에 이르도록 선택하였다는 사실에 대한 구원적 지식은 우리의 모든 일을 하나님께 맡길 자발성을 낳으며 "내 원대로 마옵시고 아버지의 원대로 되기를 원하나이다"라고 외치게 만든다(눅 22:42).

이 모든 고려사항을 염두에 둘 때, 선택교리를 분명하고 자유롭게 선포하지 말아야 하는가? 만일 하나님의 말씀이 선택교리에 충만하다면, 만일 선택교리 없이는 복음을 성경적으로 전파할 수 없다면, 선택교리를 억누르면 하나님의 은혜를 주장할 수 없다면, 만일 선택교리를 선포할 때 사람이 지극히 낮아진다면, 선택교리는 하나님이 정한 믿음의 방편이라면, 만일 선택교리가 거룩을 증진하게 만드는 강력한 자극제라면, 만일 선택교리가 영혼 속에서 찬양의 영을 불러일으킨다면, 만일 선택교리가 신자를 확고부동하게 세워준다면, 만일 선택교리가 하나님의 종을 흔들리지 않게 붙잡아주는 근원이라면, 만일 선택교리가 영혼으로 하여금 기도하게 만들고 귀중한 교훈을 제공해준다면, 만일 선택교리가 하나님의 뜻에 즐거이 복종하게 만들어준다면, 그렇다면 단지 개들이 낚아챈다는 그 이유 때문에 이 고귀한 양식을 하나님의 자녀들에게 주지 말아야 할까? 아니면 단지 염소들이 소화하지 못한다는 그 이유 때문에 이 양식의 너무나도 중요한 구성요소를 양들에게 주지 말아야 할까?

이제, 이 선택교리를 어떻게 선포해야 하는가에 관한 몇 마디 말로 결론을 내리자.

첫째, 선택교리를 **기본적으로** 제시해야 한다. 선택교리는 부차적 혹은 이차적 진리가 아니라 근본적인 중요성을 갖는 교리이다. 그러므로 구석에서 머리를 맞대거나 숨을 죽이고 소곤거려서는 안 된다. 예정은 하나님 은혜의 전체 체계의 밑바탕에 놓여 있다. 이 사실은 로마서 8:30에서 분명히 나타난다. 그 본문에서 유효적 소명, 칭의, 영화 이전에 예정이 언급되어 있다. 에베소서 1장에서 제시한 순서에서도 다시 분명하게 나타난다. 우리를 하나님의 아들들이 되게 한 것(4절), 하나님이 사랑하신 자 안에서 우리를 받아주신 것과 그리스도의 피를 통하여 구속을 받은 것(5-7절)보다 선택이 앞선다(4절). 그러므로 하나님의 사역자가 청중에게 분명하게 선포해야 할 것은, 하나님은 먼저 한 족속을 선택하여 자신만의 보물로 삼았고 그 다음에 자기 아들을 보내 그들을 훼손된 율법의 저주로부터 구속하게 하고 이제는 성령을 보내 그들을 소생케 하고 영원한 영광으로 이끈다는 것이다.

둘째, 선택교리를 **두려움 없이** 전해야 한다. 하나님의 종은 사람들의 찡그린 표정에 겁을 집어먹어서는 안 된다. 어떤 형태의 반대에 직면해서도 자신의 본분 이행에 머뭇거려서도 안 된다. 복음사역자는 "그리스도 예수의 좋은 군사로… 고난을" 감당하는 소명을 받은 것이다(딤후 2:3). 원수를 두려워하거나 도망치는 군사는 왕에게 아무런 쓸모가 없다. 왕 중의 왕을 섬기는 직분을 가진 자들에게도 타당한 원칙이다. 사도 바울이 얼마나 겁이 없었는가? 루터와 칼빈이 진리를 위하여 얼마나 용감무쌍했는가? 선택교리를 옹호한다는 이유로 화형당한 수많은 사람들은 얼마나 용감하였는가? 그렇다면 복음을 전하라고 그리스도가 불러낸 자들은 사람을 두려워하기 때문에 이 진리를 감추지 말자. 주님은 "누구든지 이 음란하고 죄 많은 세대에서 나와 내 말을 부끄러워하면 인자도 아버지의 영광으로 거룩한 천사들과 함께 올 때에 그 사람을 부끄러워하리라"라고 분명하게 경고하였다(막 8:38).

셋째, 선택교리를 **겸손하게** 전해야 한다. 두려워하지 말라는 것은 과장하라는 뜻이 아니다. 하나님의 거룩한 말씀을 존중과 침착한 마음가짐으로 다뤄야 한다. 사역자가 청중 앞에 설 때에 청중은 그 사역자의 태도를 통해서, 그가 지극히 높으신 하나님 앞에서 곧 바로 청중 앞으로 나왔다고 느껴야만 한다. 그렇다. 여호와를 경외함이 그 사역자의 영혼에 달려 있는 것이다. 하나님의 주권, 하나님의 영원한 계획, 하나님이 어떤 이들을 선택하고 다른 이들을 간과하신 것에 관하여 설교하는 것은 너무나 엄숙한 문제여서 육신의 활력으로 감당하지 못한다. 비굴한 태도, 변명하는 태도, 정치적 장광설 양식을 수용하는 것 사이에는 행복한 매개체가 존재한다. 열심이 비속(卑俗)으로 전락해서는 안 된다. "거역하는 자를… 혹 하나님이 저희에게 회개함을 주사 진리를 알게 하실까"하여 "온유함으로" 가르쳐야 한다(딤후 2:25).

넷째, 선택교리를 **균형에 맞춰** 전해야 한다. 비록 기초가 제일 중요하지만 기초는 그 위에 상부구조물을 세우지 않으면 거의 가치가 없다. 선택교리를 선포하는 것은 복음의 다른 주요 진리들을 위해 길을 닦는 것이다. 만일 오로지 한 교리만 가르치면 그 교리는 일그러진다. 진리를 제시할 때는 보존해야 할 균형이 있다. 진리의 어떤 부분도 억눌러서는 안 되지만 어떤 부분도 지나치게 부각시켜도 안 된다. 단 한 줄만 가지고 현악기를 연주하는 것은 큰 잘못이다. 하나님의 주권을 주장하는 것만큼 사람의 책임성을 제시해야 한다. 사역자는 한편에서는 아르미니우스주의자들에 의해서 위축되어서도 안 되지만 다른 편에서는, 회심하지 않은 자들에게 회개하고 복음을 믿으라고 촉구하기를 거부하는 고등칼빈주의자들에 의해 쩔쩔매서는 안 된다(막 1:15).

다섯째, 선택교리를 **체험적으로** 전해야 한다. 사도들은 선택교리를 체험적으로 알았다. 이 사실은 "더욱 힘써 너희 부르심과 택하심을 굳게 하라"라는 말씀에서 분명하게 드러난다(벧후 1:10). 만일 우리가 선택교리를 그 본성과 적용을 통해서 배우지 않는다면 어떻게 이 말씀대로 할 수 있을까? 선택교리는 자신이 하나님의 택함을 받은 백성이라는 올바른 근거를 가진 확신을 가질 때까지는 별로 큰 위로를 주지 못한다. 그리고 그것은 자신이 그리스도의 양떼라는 성경적 증표를 소유하고 있다고 확인함으로써만 가능할 것이다. 우리는 이미 이런 측면을 어느 정도 분량으로 다뤘기 때문에 이에 관해서는 더 이상 말을 삼가자.

주님께서 이 글을
자신의 영광과 그 사랑하는 성도들을 축복하는데
사용하시기를 바라며…